MAX WAGNER

DIE LEXIKALISCHEN UND GRAMMATIKALISCHEN ARAMAISMEN

MAX WAGNER

DIE LEXIKALISCHEN UND GRAMMATIKALISCHEN ARAMAISMEN IM ALTTESTAMENTLICHEN HEBRÄISCH

1966

VERLAG ALFRED TÖPELMANN · BERLIN

BEIHEFTE ZUR ZEITSCHRIFT FÜR DIE
ALTTESTAMENTLICHE WISSENSCHAFT
HERAUSGEGEBEN VON GEORG FOHRER

96

Printed in Germany
Satz und Druck: Walter de Gruyter & Co., Berlin 30
Archiv-Nr. 3822664

Herrn Professor D. Dr. Walter Baumgartner
dem hochverehrten Lehrer

VORWORT

Die Anregung zu der hier vorgelegten Untersuchung wurde mir von Herrn Prof. Dr. W. Baumgartner gegeben, dem ich für seine stete Anteilnahme und seine unermüdliche Hilfe zu tiefem Dank verpflichtet bin. Er hat mir freundlicherweise auch Einblick in die im Entstehen begriffene 3. Auflage des »Lexicon in Veteris Testamenti Libros« von Köhler-Baumgartner gewährt. Dank gebührt weiterhin der Theologischen Fakultät der Universität Basel, insbesondere den beiden anderen Vertretern der alttestamentlichen Wissenschaft, den Herren Prof. Dr. W. Eichrodt und Prof. Dr. J. J. Stamm, für die während des Studiums gebotene Belehrung, und ferner den verehrten Freunden Prof. Dr. Ed. Buess, Prof. Dr. M. Geiger, Prof. Dr. B. Hartmann und Prof. Dr. E. Jenni für mancherlei Anregung und freundschaftliche Aufmunterung. Dankbar gedenke ich auch der Universitätsbibliothek Basel für die umfangreiche und allzeit bereitwillige Hilfe, die ich dort gefunden habe.

Wieviel Unterstützung, geduldiges Mittragen und selbstlose Rücksichtnahme ich freilich von seiten meiner Frau erfahren durfte, ohne die ich diese Arbeit neben den Pflichten und Geschäften eines Pfarramtes nicht hätte vollenden können, vermag in Worten nicht ausgedrückt zu werden. Ihr vor allem gilt daher auch mein inniger Dank. Desgleichen sind in diesem Zusammenhang mein hiesiger Kollege und Freund Pfr. W. Vogt und die Kirchenpflege, vorab Dr. O. Buess und Dr. E. Martin zu nennen, welche mir immer mit großem Verständnis begegnet sind und mir nach Möglichkeit Erleichterungen verschafft haben.

Für die Aufnahme dieser Abhandlung in die Reihe der Beihefte zur ZAW sowie einige nützliche Hinweise weiß ich mich schließlich Herrn Prof. Dr. G. Fohrer und dem Verlag Alfred Töpelmann sehr verbunden.

Sissach (Baselland), Pfingsten 1964 M. Wagner

INHALTSVERZEICHNIS

I. Teil. Einleitung

Kap. 1. Sprachgeschichtliche Grundlagen 1
§ 1. Aramäisch 1
§ 2. Hebräisch 4

Kap. 2. Abriß der Forschungsgeschichte 8
§ 3. 19. Jh. 8
§ 4. E. Kautzsch 9
§ 5. G. R. Driver 10

Kap. 3. Sprachwissenschaftliche Voraussetzungen 11
§ 6. Allgemeines 11
§ 7. Lexikalische Aramaismen 11
§ 8. Grammatikalische Aramaismen 14

Kap. 4. Bemerkungen zur nachfolgenden Untersuchung 14
§ 9. Lexikalische Aramaismen 14
§ 10. Grammatikalische Aramaismen 17

II. Teil. Wortuntersuchung

Kap. 1. Lexikalische Aramaismen 17

Kap. 2. Grammatikalische Aramaismen 121

A. Schriftlehre 121
§ 1. Scriptio plena 121

B. Lautlehre 122
§ 2. Nominalform *qᵉtāl* 122
§ 3. Nominalform *qᵉtīl* 122
§ 4. Nominalform *qᵉtūl* 122
§ 5. Nomina mit anlautendem ' und ursprünglichem *ĭ* > *ĕ* > *ē* 123
§ 6. Umgekehrte Segolata 123
§ 7. Restitutionsformen 124
§ 8. Erhaltung des *ā* 125
§ 9. Masoretische Vokalfixierung 127
§ 10. Auslautendes *h*/' 128
§ 11. *ś*/*s* 128
§ 12. *bgdkpt*-Laute 129
§ 13. *ḫ* > *ḥ* 129
§ 14. Vereinzeltes 129

C. Formenlehre 130
§ 15. Pronomen 130

§ 16. Nomen 130
1. Afformative, *-ūt*, *-aj*, *-jā* 130
2. Infinitivformen 132
3. Status constructus 134
4. Pluralbildungen 134
5. Rückbildungen 135
6. Vereinzeltes 135
§ 17. Verbum 136

III. Teil. Auswertung

Kap. 1. Die Häufigkeit der Aramaismen im AT 139
§ 1. Die absolute Häufigkeit in den einzelnen Büchern und Quellenschriften 139
1. Tabelle 1 139
2. Ergebnisse 143
§ 2. Die relative Häufigkeit in einzelnen Büchern 145
1. Tabelle 2 145
2. Ergebnisse 145
§ 3. Aramäisches Original einzelner Texte 146
§ 4. Nordisraelitische Herkunft einzelner Texte 148

Kap. 2. Die zeitliche Einordnung der Aramaismen 148
§ 5. Allgemeine Übersicht 148
1. Tabelle 3 149
2. Ergebnisse 150
§ 6. Einzelne Wortgruppen 151
1. Altes Erbgut 151
2. Nomina propria 151
3. Nomina loci 151
4. Partikeln 151
5. Lehnbedeutung 151
6. Durch das Aramäische vermittelte Fremdwörter (indirekte Aramaismen) 152
a. Allgemeines 152
b. Fremdwörter akkadischer Herkunft 152
c. Fremdwörter persischer Herkunft 152
d. Fremdwörter griechischer Herkunft 153
e. Fremdwörter unbekannter Herkunft 153

Kap. 3. Die thematische Gliederung der Aramaismen 153

Kap. 4. Zusammenfassung 158
§ 7. Anteil der Aramaismen am gesamten Wortbestand des alttestamentlichen Hebräisch 158
§ 8. Verhältnis Nomina/Verba 158
§ 9. Aramaismen in poetischen Texten 158
§ 10. Aramaismen und Abstrakta 158

Abkürzungs-, Autoren- und Literaturverzeichnisse 159

Allgemeines 159

Autoren und Literatur 163

I. TEIL. EINLEITUNG

KAP. 1. SPRACHGESCHICHTLICHE GRUNDLAGEN

§ 1. *Aramäisch.* Nach der Trennung des Ostsem. vom West- u. Südsem. und später des Südsem. vom NW-Sem. erfolgte schließlich auch innerhalb des letzteren eine Scheidung zwischen dem Kan.[1] und Aram.[2]. Diese komplizierten Entwicklungen können mangels einer zureichenden Anzahl entsprechender Dokumente weder in allen Einzelheiten erhellt noch zeitlich genau fixiert werden, zumal sie sich über längere Perioden erstreckten. Was das Kan. u. Aram. betrifft, vermögen wir indessen doch in äg. Umschriften aus der Zeit um 2000 v. Chr. den kan. Sprachtypus zu erkennen[3], während die frühesten bisher bekannten Zeugnisse aram. Charakters mit LEWY[4] wohl in den aass.-kappadokischen Texten von Kültepe, die nach ALBR.[5] dem 19. vorchr. Jh. entstammen, gesehen werden dürfen — wie sich übrigens ein aram. Einschlag vielleicht auch im Ug. bemerkbar macht[6]. Das läßt eine Aufgliederung des NW-Sem. in die beiden Hauptäste Kan. u. Aram. etwa Ende 3./Anfang 2. Jt. annehmen[7].

Dafür mag auch sprechen, daß zu ungefähr gleicher Zeit mittelbar auf die Existenz von Aramäerstämmen als Eindringlingen im Zweistromland geschlossen werden kann, deren Heimat ursprünglich die

---

Vorbem. Die oft reiche Lit. kann nur in Auswahl zitiert werden; ältere ist im allgemeinen weggelassen worden. Solche des Erscheinungsjahres 1964 hat nur ausnahmsweise noch berücksichtigt werden können.

[1] s. zu diesem Begriff die klärenden Ausführungen FRIEDR.s Scientia 43, 1949, 220ff.; ferner BRO. HbOr. III, 40ff.

[2] s. HARRIS Dev. 5ff.; BAUMG. ZATU 221 u. BHH I, 119. — Allgemein auch NÖLD. SSpr.; BGSTR., Einführung; DHORMES, Langues; BRO. u. a. m. op. cit. 135ff.; BOWMAN JNESt.7, 1948, 65ff.; HAMMERSHAIMB RGG V, 1694ff. u. FRIEDR. op. cit. 222f., BiOr. 9, 1952, 154ff.

[3] s. ALBR. Voc., bes. 18f.; HARRIS op. cit. 27; ZATU a. a. O.; vgl. auch ALBR. JAOS 74, 1954, 222ff.

[4] ZA 38, 1928, 243ff. u. RHR 110, 1934, 40. 46; ZATU 221[5]. Eher ablehnend ROSENTH. AF 21ff.

[5] VSZC 235.

[6] s. BAUMG. ThR 12, 1940, 179.

[7] Einen beträchtlich späteren Ansatz, nämlich ungefähr die erste Hälfte des ersten vorchr. Jt.s, schlagen MOSCATI, z. B. Studi Orientalistici II, 202ff., bes. 211. 214 u. 218ff., und sein Schüler GARBINI SNO 182ff. vor.

syr.-ar. Wüste gewesen sein wird[8]. Jedoch bleibt dies vorderhand hypothetisch, da der erste inschriftliche und direkte Beleg erst in die Jahre Tiglat-Pilesers I. (1116—1090) fällt[9]. Vornehmlich in NW-Mesopotamien seßhaft geworden[10], haben sie offenbar im Laufe der 2. Hälfte des 2. Jt.s, auf deren Ende ihre Blütezeit zu fallen scheint, nach und nach Syrien besiedelt[11].

Leider sind wir über ihre damalige Sprachgeschichte schlecht unterrichtet, weil uns bloß einige wenige Inschriften erhalten geblieben sind, deren älteste das 9. Jh. nicht überschreiten[12], und die außerdem über zweifellos bestehende dialekt. Besonderheiten kaum etwas verraten[13], da sie bereits den Charakter einer Schriftsprache tragen, wie solche im Sem. auch andernorts besonders rasch ausgebildet worden sind[14]. Sie lassen indes erkennen, daß sich die Aramäer zunächst des Kan., vielleicht einer Art phön. Koine[15] (samt zugehöriger phön. Schrift[16]), als Schriftsprache bedient haben, woraus allmählich eine eigene aam.[17] Schriftsprache (etwa gleichzeitig mit einer eigenen aram. Schrift[18]) erwachsen ist[19]. Mehrere Gründe wie

---

[8] vgl. ALT, Kl. Schr. I, 174f.; O'CALL. 105; DUP.-S., Les Araméens 15ff. u. Congr. Vol. Copenh. 48; MOSCATI, Kulturen 90; KOOPM. I, 1; DELEKAT BHH I, 119.

[9] RLA I, 131ff. u. NOTH ZDMG 68, 1949, 20. — Zum Namen »Aramäer« s. NOTH a. a. O. u. JEPSEN RGG I, 531.

[10] O'CALL. 100ff.; DUP.-S. Congr. Vol. Copenh. 40ff.

[11] ROSENTH. AF 3ff.; ALT Kl. Schr. III, 30f.; EHO 63; KUPPER, Nomades 111ff.; JEPSEN RGG a. a. O.; v. SODEN ebd. V, 1692 u. KAI II, 202. NOTH Namen 43f. u. neuerdings Urspr. 29ff. (im Zusammenhang mit den Textfunden in Mari; vgl. auch Fschr. ALT 127ff.) belegt die Semitenschicht, die von Anfang des 1. vorchr. Jt.s ab in den aram. Reichen Nordsyriens zu selbständigen Staatenbildungen gelangte, mit dem Namen »protoaram.« und bringt damit auch bestimmte nn. pr., im besonderen impf.-Bildungen, in Zusammenhang. Die Ausführungen sind umstritten, s. schon ROSENTH. AF 21[1] u. nunmehr bes. EDZARD ZA 56, 1964, 142ff. In der Tat können von den von NOTH Urspr. 29f. 34ff. als A notierten Vokabeln vorläufig nur wenige zuverlässig als solche gelten. — Zu der Bezeichnung »Amoriter« bzw. »Ostkanaanäer« (TH. BAUER) s. O'CALL. 18ff., NOTH Urspr. 22ff. u. ZATU 223f.

[12] ROSENTH. AF 3ff.; DRIVER SW 119ff.; DUP.-S., Les Araméens 79ff.; EHO 21ff.; KOOPM. I, 16ff.; KAI II, 202.

[13] ROSENTH. AF 1f.; EHO 29; BRO. HbOr. III, 137 : : GARBINI AA 1ff.; vgl. auch MOSCATI, Studi Orientalistici II, 213. Auszunehmen sind die Had.- u. Pan.-Inschr., deren Sprache, das sog. »Jaudisch«, ein Problem für sich bildet, aber dennoch aram. ist, s. z. B. EHO 63f.; KOOPM. I, 6. 30 : : FRIEDR. Gr. 153ff.; vgl. ferner KAI II, 214.

[14] FRIEDR. Scientia a. a. O. 223; vgl. auch R. MEYER ZAW 63, 1961, 234[4].

[15] FRIEDR. ebd. u. KAI II, 1.

[16] EHO 31; KAI II, 202.

[17] zum Begriff »aam.« s. KBL XIX.

[18] ZATU 221; s. auch unten § 2.

[19] Besonders deutlich geht dies aus der Klmw-Inschrift von Sam'al-Sendschirli (ca. 830 v. Chr.) u. der Zkr-Stele von Hamat (ca. 800 v. Chr.) hervor, deren Phön. bzw.

nationales Prestige oder Zweckmäßigkeit beim Verkehr der Aramäerstaaten untereinander mögen dazu geführt haben, vor allem indessen die Notwendigkeit, beim ausgedehnten Handel, den die Aramäer im 1. Jt. betrieben haben, und der die Grundlage für die weite Verbreitung des Aram. als Verkehrssprache geworden ist, ein möglichst allgemeingültiges Verständigungsmittel zur Hand zu haben[20]. Mit ihrem relativ einfachen gramm. u. syntakt. Bau, vereint mit der gegenüber der Keilschrift unvergleichlich bequemeren Schrift, eignete sich die aram. Sprache dazu in vorzüglicher Weise. Diese Vorteile mochte sie auch den Assyrern empfehlen, die zuerst mit ihren anderssprachigen Untertanen, dann aber auch unter sich auf aram. zu verkehren begannen[21]. Dabei blieb freilich eine Einwirkung des Akk. auf das Aram. nicht aus, was die mancherlei akk. Lww. im Aram. erklärt[21a]. In der Folge setzte sich das Aram. im internationalen Bereich stets mächtiger durch[22], wurde im n.-ass. und nbab. Staat[23] und, darauf fußend, vor allem im Perserreich zur offiziellen Kanzleisprache erhoben — von Markwart treffend »Reichsaram.« genannt[24] — und gewann schließlich eine Bedeutung, die weit über das

---

Kan. schon die aram. Volkssprache der späteren Sendschirli-Inschriften anzeigt, s. Lidzb. Eph. III, 2f.; Dup.-S., Les Araméens 81ff.; Bowman JNESt. 7, 1948, 71; ZATU 211². 221; Bro. HbOr. III, 136f.; Harris 68f. u. KAI II, 30ff. 204ff.

20 Kittel GVI III, 2, 520f.; Gord., Studi Orientalistici I, 417.

21 Kittel a. a. O. Vgl. u. a. auch den sog. Assurbrief (Mitte 7. Jh.; s. Koopm. I, 80ff. u. KAI II, 282ff.) u. die aram. Beischriften auf akk. verfaßten Geschäftsurkunden, s. Delap., bes. 7; Driver SW 30. 122 u. Tafel 17; Bro. HbOr. III, 137f.; auch Cant. Syr. 14, 1933, 194f. u. unten Nr. 3a. Aus ungefähr dem 3. vorchr. Jh. stammt der für den Vokalismus wichtige, in bab. Keilschrift geschriebene aram. Brief aus Uruk, s. Dup.-S. RA 39, 1942/4, 35ff. u. Koopm. I, 181ff. In gleicher Hinsicht bedeutsam ist der allerdings noch manche Probleme bietende Papyrus in demot. Schrift aus dem 4./3. Jh., s. Bowman JNESt. 3, 1944, 219ff.; Koopm. I, 180f. u. KBL XXII.

21a vgl. KBL XXVIIIf., ferner III § 6, 6b u. v. Soden Gr. §§ 192bc, 193 u. 196bc.

22 vgl. etwa den wohl gegen Ende des 7. vorchr. Jh.s geschriebenen und in Saqqara gefundenen Brief des Fürsten Adon an Necho II. (609—595), s. Koopm. I, 88ff.; Alth.-St. ASpr. 229; KAI II, 312ff.

23 ZATU 228; KBL XX; Rosenth. AF 70; Fohrer, Hauptprobl. Ez. 126; Albr. in Intr. Rev. Stand. Vers. OT 39; vgl. damit auch die Abbildung eines in Keilschrift und eines offenbar aram. schreibenden Mannes aus der Zeit Tiglat-Pilesers IV.: Driver SW Tafel 23A und ANEP Nr. 367. 235 sowie Seite 276.

24 Ungar. Jahrbücher 7, 1927, 91 Anm. 1. — Über das Reichsaram. handeln u. a.: Rosenth. AF 24ff.; Baumg. Eissf. Fschr. I, 50, KBL XXIII u. BHH I, 119; Dup.-S., Les Araméens 89ff.; Bowman JNESt. 7, 1948, 76ff.; Kahle ThR 17, 1948, 204ff.; Bro. HbOr. III, 139ff.; Alth.-St. AuR. 62ff. u. ASpr. passim; Widgr. IsK. 25ff. u. KAI II, 202ff.; viel Lit. ferner bei Koopm. I, 103ff. — Aus dem Gebrauch in der pers. Kanzlei lassen sich die pers. Lww., die durch aram. Vermittlung bis in das He. gelangt sind, leicht verstehen; s. III § 6, 6c.

Semitentum hinausreichte: als eine Art Kunstsprache[25], deren Unterschiede gegenüber dem Aam. vorwiegend im Lautstand zu finden sind[26], ist sie in dem riesigen Gebiet, das sich zwischen Ägypten, Kleinasien und dem Indus erstreckt, zur Verwendung gekommen. Vertreten wird sie durch die aram. Ideogramme im Mpe. (Pehl.), die äga. Inschriften und das Ba., am untern Rand durch das Palm. u. Nab.

Nachdem zu Beginn des 3. vorchr. Jh.s mit dem Anbruch des hellenist. Zeitalters das Griech. die Rolle der offiziellen Sprache übernommen hatte[27], setzte der Zerfall des Reichsaram. ein, wenngleich es vorerst noch in etwelchem Gebrauche blieb[28]. Immer stärker traten aber von nun an lokale Dialekte wie palästin. -ja., ja^{b}. (s. Suppl. 127), sam. cp. sy. u. md. einzelner religiös geprägter Volksgruppen in Erscheinung[29], die eine selbständige Lit. und teilweise eine eigene Schrift zu schaffen anhoben[30]. Im Nsy. u. Nar.[31] sind Reste solcher Dialekte bis in unsre Tage lebendig geblieben.

§ 2. *Hebräisch.* Mit zu diesen aram. Völkerstämmen haben urspr. auch die Hebräer gehört, was in der israelitischen Vätertradition noch deutlich zum Ausdruck kommt[31a]. Im Zusammenhang einer großen Völkerbewegung haben sie zwischen dem 14. und 12. vorchr. Jh. in mehreren Schüben und anfänglich offenbar im Gefolge des Weidewechsels auf friedliche Weise palästinisches Gebiet in Besitz genommen, wobei die Einzelheiten recht komplexer Natur sind und hier übergangen werden können[32]. Von Bedeutung für unsern Ge-

---

[25] s. KBL XXIII u. GINSBERG AJSL 50, 1933, 1ff. u. 52, 1936, 95ff.; welcher Lokaldialekt zugrunde liegt, ist schwer zu entscheiden; nach GINSBERG a. a. O. ist es ein östlicher; s. auch BRO. HbOr. III, 140.

[26] BRO. HbOr. III, 140f.

[27] Es macht sich nunmehr ein immer stärker werdender Einfluß des Griech. auf das Aram. und durch dieses Medium auch teilweise auf das He. geltend, s. BLA 5i u. unten III § 6, 6d; vgl. jedoch auch ALBR. Arch. 195f.

[28] KAHLE op. cit. 213; ALTH.-ST. AuR. a. a. O.; nach KAI II, 202 war die Bedeutung des Reichsaram. indes auch unter griech. und röm. Herrschaft noch beträchtlich.

[29] s. ROSENTH. AF 104ff.; KBL XXIIIff.; BLA 7ff.; BOWMAN JNESt 7, 1948, 87ff.; DUP.-S., Les Araméens 98ff.; ALTH.-ST. AuR. a. a. O. u. WAs. I, 42ff.; BRO. HbOr. III, 149ff.; ALBR. Arch. 196f. u. ROSENTH. Gr. 5.

[30] nach KAHLE op. cit. 208f. u. BAUMG. BHH I, 120 ebenfalls in Form von eigentlichen Schriftsprachen. Erst in christl. Zeit fällt die Scheidung in West- u. Ostaram.

[31] s. BRO. HbOr. III, 156ff.

[31a] Vgl. u. a. Dtn 26 5 u. s. NOTH. Urspr. 31f.; EISSF. ThLZ 88, 1963, 188.

[32] Grundlegend ALT Kl. Schr. I, 89ff. u. 126ff.; NOTH GI 78ff. u. Urspr. passim; vgl. auch ROST ZDPV 66, 1943/4, 205ff. u. GALLING ThR 2, 1930, 108f. Abzulehnen ist die Verlegung der Landnahme ins Zeitalter der Hyksosunruhen, s. KRAELING, Aram a. Israel 32ff. — Zum Namen »Hebräer« s. ALT RGG III, 105.

sichtspunkt ist jedoch, daß sie mit der Übernahme der ihnen überlegenen Landeskultur auch ihren angestammten, wohl aram. Dialekt mit einem der neuen Heimat entsprechenden kan. Idiom vertauschten[33], Bestandteile der früheren Muttersprache aber — gewissermaßen als Ergbut — in den neuen Dialekt hinübernahmen, worauf eine Reihe alter A zurückzuführen ist. Aram. Einfluß geht somit auf die Anfänge der he. Sprachgeschichte zurück. (Zum Problem der »Mischsprache« s. im übrigen II § 8.)

Wann dieser verwickelte Vorgang des Sprachwechsels, der sich gewiß über eine längere Zeitspanne hinzog, seinen Abschluß gefunden hat, bleibt uns verborgen. Ob unmittelbar danach noch Entlehnungen aus dem Aram. stattgefunden haben, wissen wir ebenfalls nicht; gegenseitiger Handelsverkehr, der wohl nie ganz zum Erliegen gekommen ist, läßt u. a. die Möglichkeit dazu offen. Bezeugt sind uns direkte Kontakte zwischen Hebräern und Aramäern, wenn man von der historisch undurchsichtigen Stelle Jdc 3 7-11 absieht (Noth UegSt. 50f.), freilich erst wieder gegen Ende des 11. vorchr. Jh.s: seit Sauls Kampf mit dem König von *Ṣōbā* (I Sam 14 47) über Jh.e dauernde, mehr oder weniger enge, bald kriegerische und bald friedliche Beziehungen geschaffen hat[34]. Man denke z. B. an Davids Reich, das ein gut Stück aram. Gebietes miteinschloß, an die Fehden Omris und Ahabs in der 1. Hälfte des 9. Jh.s, an die Notiz I Reg 20 34, daß Ahab erlaubt sei, in Damaskus Bazare zu eröffnen, wie es früher aramäische in Samaria gegeben habe, an die Verbrüderung der frühern Gegner angesichts der gemeinsamen ass. Gefahr Mitte des 9. Jh.s oder an die starke Abhängigkeit von Damaskus, in welche Juda und Israel gegen 800 v. Chr. gerieten. Selbstverständlich war dabei der nördliche Teil des Landes, an der Sprachgrenze gelegen, aram. Druck jederzeit stärker ausgesetzt als südlichere Gegenden, und man wird deshalb

[33] Was im einzelnen vorgefallen ist, läßt sich kaum mehr genau eruieren, da die Hebräer vor der Landnahme wohl weder ethnologisch noch sprachlich eine Einheit gebildet haben, s. ZATU 222ff. (mit Lit.-Angaben in den Anm.) u. Baumg. Eissf.-Fschr. II, 27; Driver Problems 105; Widgr. SKgt. 7f.; Birkel. 10; Albr. VSZC 240 u. in Intr. Rev. Stand. Vers. OT 37; Noth WAT 179f. u. Urspr. 28f.; R. Meyer RGG I, 1126ff. u. BM § 5, 2; Fohrer, Hauptprobl. Ez. 125f. (mit weiteren Lit.-Angaben) u. Galling ThR 2, 1930, 109f. Freilich ist zu bedenken, daß die Unterschiede zwischen dem damaligen Aram. u. Kan. nicht sehr groß gewesen sein werden, s. Ed. Meyer, Israeliten 246; Caspari ZAW 27, 1907, 176f. u. ZATU 224. — Man vergleiche in dieser Hinsicht auch den Ausdruck »Sprache Kanaans« Jes 19 18, einer allerdings jungen Stelle (Eissf. Einl. 387).

[34] Für das Nachfolgende sei an dieser Stelle generell auf die großen Darstellungen der Geschichte Israels von Kittel und Noth verwiesen; s. außerdem Albr. VSZC 288ff.; Gord. Grdl. 145ff.; Jepsen AfO. 14, 1941, 153ff.; Dup.-S., Les Araméens 26ff. u. die einschlägigen Arbeiten Alts.

von vornherein sprachlich dort mehr aram. Fremdgut erwarten als hier, wenngleich wir im einzelnen wenig wissen (vgl III § 4)[35]. Eine radikale Änderung hat 722 v. Chr. der Fall Samarias bewirkt, indem die siegreichen Assyrer alles Nationale, wozu auch die volkseigene Sprache gehörte, auszurotten trachteten und u. a. aram. sprechende Stämme ins Land verpflanzten. Das He. wird darum im ehemaligen Nordreich allmählich völlig dem Aram. gewichen sein[36]. — In Juda nahm demgegenüber die Entwicklung einen langsameren Verlauf. Um 700 v. Chr. verstand die führende Schicht zwar aram. (vgl. II Reg 18 26), das damals, wie oben erwähnt, wohl bereits als internationale Diplomatensprache diente[37], doch noch ein Jh. später scheint, wie vor allem die Ostraka aus Lachis dartun, die Umgangssprache he. gewesen zu sein[38]. Immerhin konnten die Ereignisse im Norden nicht ohne Auswirkungen bleiben, zumal die Sprachgrenze sich nach Süden verlagert hatte. So wird seit etwa dem 8. Jh. mit vermehrtem und stetig zunehmendem aram. Einfluß zu rechnen sein[39]. Doch ist ein entscheidender Umschwung erst mit dem Exil eingeleitet worden. Die Zurückgebliebenen unterlagen wahrscheinlich bald der nun rasch einsetzenden Aramaisierung. Die Exulanten benötigten im Verkehr mit Fremden zwar das Aram., werden sich aus nationalen und kultischen Gründen aber mehrheitlich so weit wie nur möglich der Pflege der überlieferten Sprache gewidmet haben. Dennoch wurde die Lage immer schwieriger, besonders, als nach der Heimkehr das Reichsaram. ringsum an Bedeutung gewann[40]. Wie nicht anders zu

---

[35] s. ZATU 226f. u. DRIVER Congr. Vol. Copenh. a. a. O. 35. Ohne vermehrten aram. Einfluß auszuschließen, weist GORD. IEJ 5, 1955, 85ff. auch auf die Wahrscheinlichkeit eines stärkeren ug. oder phön. Einschlages hin; ähnlich WIDGR. SKgt. 104, 35.

[36] s. DUP.-S., Les Araméens 88.

[37] s. BM § 5, 5; ZATU 228; DUP.-S. a. a. O. 89 u. ROSENTH. Gr. 6.

[38] s. DUP.-S., Les Araméens 88; ALBR. BASOR 70, 1938, 17.

[39] vgl. KITTEL GVI III, 2, 522ff. Diesen Vorgang lassen auch israelit. Masse u. Gewichte erkennen, die, urspr. zweisprachig beschriftet, allmählich unter Aufgabe des Akk. nur noch aram. Bezeichnungen beibehalten, s. KITTEL a. a. O. 520; FOHRER, Hauptprobl. Ez. 126; vgl. auch KLAMROTH 49[1]. — Welcher Umgangssprache man sich in Elephantine bediente, ist umstritten, s. ZATU 228[3]; für he. haben sich in neuerer Zeit u. a. KITTEL a. a. O. u. KAHLE ThR 17, 1948, 201ff., für aram. BLA 4 u. KRAELING BMAP 49f. u. RGG II, 416 ausgesprochen; s. im weiteren GORD. JNESt. 14, 1955, 56ff. u. Studi Orientalistici I, 413f.; SEGERT ArchOr. 24, 1956, 400ff.

[40] ZATU 228f.; KLAMROTH 49; WELLHAUSEN IJG 155; vgl. auch DRIVER EBr. 11, 1956, 363f. Ungeklärt ist noch immer, was unter »asdodisch« Neh 13 24 zu verstehen sei, s. ZATU 228[3] u. RUDOLPH Neh 208f. Die meisten, wie z. B. EISSF. Philister 33. 36f. u. BLA 4[3], verstehen darunter einen aram., andere, wie SCHAED. 29 u. DRIVER PaB 74 hingegen einen philistäischen Dialekt, während NOTH WAT 195 für einen kan. eintritt.

erwarten, zeigen die atl. Texte etwa vom 5. vorchr. Jh. an denn auch eine deutlich aramaisierende Tendenz, die bisweilen beinahe zu einer he.-aram. Sprachmischung führt. Und da zuletzt trotz des Widerstandes gewisser Kreise das He. als Volkssprache vom Aram. verdrängt wurde[41], kann nicht wundernehmen, daß sich in Esr u. Dan schließlich längere Stücke in aram. Idiom finden. Obwohl das He. nunmehr eine bescheidene Existenz als Kult-, Gelehrten- und Schulsprache führen mußte[41a], erlebte es zu Zeiten aus nationalistischen und politischen Gründen doch auch wieder eine Aufwertung und Neubelebung, wie z. B. die he. niedergeschriebenen und glücklicherweise erhalten gebliebenen Befehle Bar Kochbas zeigen[42]. Es lassen ferner Bücher wie etwa Mal aus dem 5. (EISSF. Einl. 545f.) oder Sir aus dem beginnenden 2. Jh. (ebd. 739), desgleichen und trotz ihres gelegentlichen aram. Einschlages[43] die z. T. recht umfänglichen he. Qumrantexte, darauf schließen, daß es auch im nachexil. Judentum noch lange Zeit Kreise gegeben hat, die ein gutes He. zu schreiben imstande waren.

Ungefähr parallel zur Übernahme des Aram. als Volkssprache wird sich auch der Wechsel von der althe. Schrift zur aram. »Quadratschrift« vollzogen haben (vgl. oben § 1), die etwa ab 6. vorchr. Jh. im Vorderen Orient allgemein gebräuchlich geworden ist. (s. LIDZB. NE 117f. u. 189ff.; DRIVER SW 231, 128 n. 3; WÜRTHWEIN 9f.; BLH 57ff. u. BM § 6,4f.). Nach der jüdischen Tradition soll Esra die Schrift aus dem Exil mitgebracht haben, doch handelt es sich in Wirklichkeit zweifellos um einen allmählichen Prozess der Einbürgerung, wobei die pers. aram. Kanzleischrift maßgebend wurde. Im einzelnen s. CROSS IBL 74, 1955, 147ff. u. Fschr. ALBR. 133ff.

---

[41] nach KAHLE MW I, 43 u. CG 137 zu Esras Zeiten; vgl. auch CASPARI ZAW 27, 1907, 197ff. u. KITTEL GVI III, 2, 525f. Auch hier handelt es sich hinsichtlich der Einzelheiten um ein kompliziertes Geschehen.

[41a] Vgl. R. MEYER, Fschr. ZUCKER 260f. u. ZAW 70, 1958, 45f.

[42] RB 60, 1953, 376ff. — BIRKEL. Language 27ff. vermutet als Sprache des gemeinen Volkes noch zu Jesu Zeiten ein volkstümliches He., was aber unwahrscheinlich ist, s. SEGERT ArchOr. 25, 1957, 21ff.; vgl. ferner ALBR. Arch. 198.

[43] vgl. ELLIGER 78; BIRKEL. Language 23; SEGERT a. a. O. u. 33; MANSOOR JSSt. 3, 1958, 44ff.; HEMPEL, Texte 331; MILIK DJD III, 226f. und bes. KUTSCHER X. 19ff. Nach R. MEYER ZAW 63, 1951, 229; SEGERT in Q-Pr. 315ff. u. a. m. ist für Qumran das Aram. als Umgangssprache anzunehmen. — Zum Einfluß, den das Aram. auf die griech. Übersetzung der Septuaginta ausübte, vgl. u. a. FISCHER BZAW 56, 1930, 9f., DRIVER AnOr. 12, 1935, 66[2], SCHREINER 109ff. u. ZIEGLER NAWG, phil.-hist. Kl. 1958, 45ff., ferner THOMAS OTMST 254f. u. SEGERT ArchOr. 29, 1961, 94ff.

KAP. 2. ABRISS DER FORSCHUNGSGESCHICHTE

§ 3. *19. Jh.* Das Aufsuchen und die Bearbeitung von A (oder Chaldaismen, wie man sich infolge eines Mißverständnisses von Dan 2 4 ausdrückte), wobei es sich meist um die sog. lexikalischen A (s. I §§ 6 u. 7) handelte, setzte schon frühzeitig ein. So hatte GESEN. 1817 in seinem Werk »Lehrgebäude der hebräischen Sprache« 195f. darauf hingewiesen, daß schon in frühen atl. Texten A zu finden seien und sie als ev. Archaismen gedeutet, doch wurde dieser Vermerk nur selten beachtet (als Ausnahme vgl. etwa WELLHAUSEN, Proleg. 414[1]), weshalb man im allgemeinen von der Voraussetzung ausging, aram. Lww. könnten erst in späterer Zeit vom He. übernommen worden sein. Sie gewannen damit gewissermaßen die Bedeutung von Leitfossilien, indem ihr Auftreten zum vornherein zuverlässige Auskunft über das geringe Alter der Texte zu geben schien. Aus diesem Grunde erlangten sie das Interesse der Literarkritik und wurden ein willkommenes Mittel, um späte Entstehungszeit zu begründen. (So spielten sie z. B. bei der Diskussion um das Alter von P keine geringe Rolle, s. abschließend HOLZINGER, Einl. Hex. 212f. 455). Hierin mag mitbegründet sein, daß man sich kaum mit den einzelnen Wörtern näher beschäftigte, sondern es bei einer bloßen Aufzählung bewenden ließ und auf sprachwissenschaftliche Auswertung und Klassifizierung verzichtete; HIRZEL, der sich 1830 in seiner Arbeit »De Chaldaismi Biblici Origine et Auctoritate Critica Commentatio« als erster dieser Aufgabe zuwandte, kam nicht eben weit. Gleichermaßen wird von da aus verständlich, daß das Bemühen, den Fw.-Bestand zu erheben, in erster Linie den einzelnen Büchern und Quellenschriften, kaum aber dem gesamten Wortmaterial galt (auch in dieser Hinsicht ist HIRZELS Schrift der erste zusammenfassende Versuch). Um der Gerechtigkeit willen muß freilich bedacht werden, daß eine solide Basis für eine eingehende philolog. Behandlung der A noch fehlte. Neue Textfunde und zuverlässige Textausgaben, Bereitstellung des Wortmaterials, wie es z. B. LEVY (1867/8 in seinem 2-, 1876—89 in seinem 4-bändigen Wb.) für das Ja. u. Mhe. oder P. SM. (1879ff.) für das Sy. besorgten, vor allem jedoch die bahnbrechenden aramaistischen und semitistischen Forschungen NÖLD.s (NsG 1868, MG 1875, SG 1880), LIDZB.s (NE 1898), BRO.s (VG I/II 1908/13) u. a. m. mußten sie erst schaffen. Es ist daher nicht verwunderlich, wenn vorher z. T. viel Fragwürdiges und Unrichtiges als A ausgegeben wurde. Freilich kann man sich da und dort des Eindrucks nicht ganz erwehren, man habe um der vorgefaßten These von Spätentstehung willen unbedingt A finden oder sich mit der Erklärung als A ungewohnte grammat. Formen vom Halse schaffen wollen. Um so höher sind jene Werke zu veranschlagen, die in umsichtiger und sachlicher Art eine schon recht zutreffende Darstellung des aram. Fremdgutes bieten.

Allen voran muß hier GESENIUS genannt werden, der mit sicherm Blick ein erstaunlich reiches Material gesammelt hat, s. »Geschichte der he. Schrift und Sprache« §§ 9f. (1815), HWb. ([1]1810, [2]1815 gekürzte Aufl.) u. Thes. (1829ff.); vgl. dazu MILLER u. a. 34. Eine beachtliche Anzahl von A ist ferner in SIMONIS' »Lexicon manuale Hebraicum et Chaldaicum«, 1828 neu bearbeitet von EICHHORN, registriert, doch mag hier Abhängigkeit von den Werken des GESEN. vorliegen. Aus der ersten Hälfte des 19. Jh.s verdienen des weitern Erwähnung: EICHHORN (Einl., [4]1823), HIRZEL (s. o.), HARTMANN (Qoh, 1829) und KNOBEL (Jeremias chaldaizans, 1831; Qoh, 1836); aus der zweiten: RENAN (Hist. générale, 1858), BÖTTCHER-MÜHLAU (Lehrbuch der he. Sprache, 1866/8), ZIMMER (Aramaismi Jeremiani, 1880), SELLE (De aramaismis libri Ez, 1890), die Kommentatoren DILLMANN (Hi, 1869), GRAETZ (Qoh, 1871), FZ. DELITZSCH (Ps, 1859/60; Cant, 1871; Qoh, 1875) und CHEYNE (JaS., 1887; OrPs., 1891), ferner FRAE. (1886), LAG. (Ue., 1889), SR. DRIVER (Intr., [1]1891, [9]1913), BARTH (u. a. Nom., [2]1894) u. MANNES (1897). An diesem Ort sei auch der Bearbeiter des HWb.s von GESEN. gedacht. Obwohl sie anfänglich manche gemeinsem. Entsprechung, die GESEN. seinerzeit gebracht hatte, wegließen, steuerten sie andererseits neue und, was das Aram. betrifft, dialektisch stärker differenzierte Belege bei, gingen freilich in der Bestimmung von A nicht wesentlich über GESEN. hinaus. Bis und mit der von MÜHLAU-VOLCK besorgten 10. Aufl. (1886) druckten sie auch einen mehrfach überarbeiteten Auszug aus der Vorrede der 3. Aufl. (1823) »Von den Quellen der he. Wortforschung« ab, der u. a. eine Liste von A poetischer Texte enthielt. Ein wirklicher Fortschritt hinsichtlich der A setzte erst mit der von BUHL bearbeiteten 12. Aufl. (1895) ein, indem von jetzt an, dank der inzwischen erfolgten Fortschritte in der aramaistischen Forschung, mit größerer Sicherheit ein umfangreicherer Wortbestand als bisher auf das Aram. zurückgeführt werden konnte. In den verschiedenen Auflagen dieses Wörterbuchs spiegelt sich eben ganz allgemein der Stand der jeweiligen semitistischen Forschung.

§ 4. E. KAUTZSCH. Es ist das große Verdienst von KAUTZSCH, 1902 in seiner Schrift »Die A im AT« erstmals nach HIRZELS erwähntem Versuch den Wortbestand umfassend und nach philolog. Grundsätzen gesichtet und behandelt zu haben. Er kommt dabei auf 153 sichere (122 Stämme, 63 Verba, 80 Nomina und 10 Partikeln) und, neben einer ganzen Reihe bloß möglicher, 9 sehr wahrscheinliche lexikalische A (99. 105ff.; die geplante Bearbeitung der grammatikalischen mußte leider wegfallen), von denen nach unsrer Untersuchung nur

28 bzw. 3 zu Unrecht genannt werden. In Anbetracht der damaligen Hilfsmittel zeugt dieses Resultat von der Solidität seiner Arbeitsmethode, die sehr streng war. So ließ er einen A nur gelten, wenn 1) ein Wort wohl mit den aram., nicht aber mit den he. Lautgesetzen übereinstimmt; 2) wenn es im Kan. und Südsem. nicht, dagegen im Westaram. in gleicher Bedeutung belegt ist; und 3) wenn es vorexil. nicht oder in anderer Bedeutung, nachexil. indessen häufig vorkommt. Allerdings erwachsen der praktischen Anwendung dieser Grundsätze erhebliche Schwierigkeiten, weil eine sichere Beurteilung wegen des sehr verschieden stark überlieferten und aus verschiedenen Zeiten stammenden Wortschatzes der sem. Sprachen oft beinahe unmöglich wird. Darüber hinaus ergibt sich ein falsches Bild des aram. Einflusses im gesamten, wenn er von vornherein alle ererbten A ausschließt (6ff.), ebenso alle frühzeitig übernommenen, die im Laufe der Zeit ihren Fremdcharakter völlig eingebüßt hätten (8ff.), zumal letzteres heute ja kaum mehr feststellbar ist. Nicht beachtet sind ferner alle jene Wörter fremden Ursprungs, bei welchen das Aram. nur Vermittlerdienste geleistet hat. Das Werk erfuhr denn auch bald nach seinem Erscheinen eine kritische Würdigung durch Nöld. ZDMG 57, 1903, 412ff., der etwa 25 Wörter als A ablehnte und seinerseits etwa 20 neue vorschlug. Des weitern ergriff 1925 R. D. Wilson in seinem Aufsatz »Aramaisms in the OT«, PThR 23, 234ff. (vgl. auch die Vorarbeiten ebd. 17, 1919, 401ff. u. bes. 421ff.), das Wort, nicht aber, um neues Material beizusteuern, sondern bloß, um Kautzschs Ergebnisse anzugreifen, indem er bis auf ungefähr 50 Wörter alles von Kautzsch als A in Vorschlag Gebrachte verwarf. Dabei geschah dies auf Grund so starrer und schon damals überlebter Kriterien (maßgebend ist für einen A z. B. allein das ausschließliche Vorkommen eines Wortes im He. u. in einem oder mehreren alten aram. Dialekten), daß der Ertrag sehr gering und das Ganze trotz guter Kenntnisse recht unbefriedigend bleiben mußte (vgl. auch Fohrer, Hauptprobl. Ez 123). Zutreffend war freilich der Vorwurf an Kautzsch, er habe andere gemeinsem., z. B. akk. Entsprechungen zu wenig beachtet (253).

§ 5. G. R. Driver. Eine fruchtbare umfänglichere Diskussion und Überprüfung der Kautzschen Schrift trat darum erst 1953 mit Drivers Abhandlung »Hebrew Poetic Diction«, Congr. Vol. Copenh. 26ff., wieder ein, wenn man von kleineren Stellungnahmen wie z. B. Rosenth. AF 41f.; ZATU 228[6] oder Fohrer, Hauptprobl. Ez. 122f., absieht. Darüber hinaus ist Drivers soeben genannte Arbeit bedeutsam, weil hier mittels eigener und weiterführender Untersuchungen neue Vorschläge hinsichtlich des aram. Lw.-Bestandes im He. unterbreitet werden, ohne jedoch das gesamte aram. Fremdgut erheben zu wollen (35). Freilich waren inzwischen in Grammatiken wie z. B. BLH, in

Komm. u. a. m. viele wertvolle Einzelhinweise gegeben worden. Indessen ist DRIVER eine neue, wenn auch beschränkte Gesamtschau zu danken, bei welcher er die he. Synn. (vornehmlich der Poesie) zugrunde gelegt und damit deren Bedeutung ins Licht gerückt hat. Er kommt zum Ergebnis, »that the Aramaic is by far the largest single extraneous element in the Hebrew language« (35). Ferner hat er in sehr viel ausgiebigerem Maße als es bisher geschehen ist, auf SEM Entsprechungen, u. a. ug., geachtet. Leider zitiert er sie nur summarisch und gibt keine Belege, was eine Nachprüfung erschwert, auch vermerkt er nicht, in welchem Grade er einen A als gesichert erachtet. Daß im übrigen der Satz, den DRIVER in Hinsicht auf KAUTZSCH geschrieben hat: »in fact, hist list shows only too well the difficulty of bringing such an enquiry to a satisfactory conclusion« (36), bei den Schwierigkeiten, denen jede Beschäftigung mit den atl. A begegnet, und die bei DRIVER eine eindrückliche Darstellung erfahren (26ff. u. 36ff.), auch für ihn selber gilt, möge in der abweichenden Beurteilung, zu der wir bei einzelnen Vokabeln auch seiner Listen gelangen, zum Ausdruck kommen.

KAP. 3. SPRACHWISSENSCHAFTLICHE VORAUSSETZUNGEN

§ 6. *Allgemeines.* Aram. Einflüsse machen sich 1) auf lexikalischem, 2) grammatikalischem und 3) syntaktisch-stilistischem Gebiet bemerkbar. Die vorliegende Untersuchung beschränkt sich auf die beiden ersten Gruppen, wobei die traditionelle Terminologie »lexikalische« und »grammatikalische« A beibehalten wird. Zu 1) gehören Wörter, die entweder wurzelmäßig, in ihrer Gestalt, oder in gewissen Bedeutungen dem Aram. entstammen[43a]; zu 2) Eigenschaften der Schrift-, Laut- und Formenlehre einzelner Wörter oder ganzer Wortgruppen, die sich auf das Aram. zurückführen lassen; zu 3) s. III § 1, 2 Anm. 1a.

§ 7. *Lexikalische A.* Sicher als A zu bestimmen sind im Grunde nur jene Wörter, deren Lautstand sie als solche ausweist (vgl. z. B. die Interdentalen ursem. ḏ = he. z, aram. d; ursem. ṯ = he. š, aram. t; oder postdentales ursem. ḍ = he. ṣ, aram.ʿ; s. VG I, 128; GdUM § 5. 13 u. ROSENTH. Gr. 14). Doch fällt nur ein geringer Anteil des aram. Lehngutes unter diese Kategorie[44]. Es muß darum meist auf

[43a] Auf eine Unterscheidung zwischen »Fremdwörtern« und »Lehnwörtern« ist dabei verzichtet worden, da sie sich nicht wirklich durchführen läßt (vgl. KAUTZSCH 10 u. SCHALL 9ff.); die Ausdrücke »Fw.« u. »Lw.« werden deshalb promiscue verwendet.

[44] z. B.: אַרְיֵה בזר בְּרוֹת* גְּבַל גדף דִּבְיוֹנִים הוה II
היך חֲדַתָּה חִידָה טלל טְלֶם טנה טען II יְקָר כנת*
כְּתָב מַדַּע מְהֵיטַבְאֵל מחה/א מְחִיר I/II מְנָת* מְשֵׁיזַבְאֵל

Grund anderer Kriterien geprüft werden, ob ein A vorliegt, wobei mehrere Unsicherheitsfaktoren den Entscheid erschweren:

1. Wir kennen nur einen geringen und bestimmte Gebiete beschlagenden Wortbestand des He., dessen zeitliche Einordnung zudem schwierig ist, nicht nur, weil uns die Entstehungszeit mancher Texte unbekannt ist, sondern auch, weil ein Wort lange vor seinem ersten schriftlichen Auftreten im Umlauf gewesen sein kann. Weiter haben wir nurmehr eine recht unvollständige Kenntnis des vormasoretischen He. und seiner Dialekte. Immerhin sind in den letzten Jahrzehnten durch die Textfunde von EA, Ugarit und Qumran, sowie durch die Forschungen KAHLES u. a. m. erfreuliche Fortschritte erzielt worden (s. BAUMG. ZATU 219ff. u. Eissf. Fschr. II, 25f.; R. MEYER ZAW 63, 1951, 221ff. u. unten II §§ 8f.).

2. Das NW-Sem., sowohl in seinem kan. als auch aram. Sprachzweig, läßt sich wegen der Lückenhaftigkeit der Überlieferung nur unvollkommen überblicken. Manches Wort, das uns mangels weiterer Belege heute als A erscheint, würde sich u. U. als gemein-nw.-sem. erweisen, wenn wir die nötige Vergleichsbasis besäßen (s. ROSENTH. AF 43; HONEYMAN OTMSt. 278 u. ZIMMERN 3f.)[45]. Allerdings braucht das Vorkommen eines Stammes etwa im Phön., Ug. oder auch Ar. einen A nicht von vornherein auszuschließen, da der räumliche und zeitliche Abstand des He. im Einzelfall von Bedeutung sein kann und das komplexe Verhältnis der Einzelsprachen und Dialekte eine generelle und schematische Beurteilung ausschließt (vgl. die sog. Wellentheorie JOH. SCHMIDTS in »Die Verwandtschaftsverhältnisse der indogermanischen Sprachen«; FRIEDR. Scientia a. a. O.; BAUMG. Eissf. Fschr. II, 27 u. ZATU 215. 237; GdUM § 14. 9). — Im übrigen kann ein Wort auch eine so starke Hebraisierung erfahren haben, daß wir es nicht mehr als urspr. aram. zu erkennen vermögen.

3. Der SEM Sprachvergleich ist oftmals erschwert, weil zum einen die Identität der Wurzeln nicht immer sicher, zum andern Nichtbelegung vielleicht bloßer Zufall ist. Außerdem kann bei gewissen Bedeutungen in einzelnen Sprachen sekd. Entwicklung vorliegen, was ev. zu falschen Schlüssen verleitet (s. NÖLD. ZDMG 54, 1900, 157¹ u. BLAU VT V, 1955, 338)[46].

קטל פֶּתֶן עֲרָד I עֵדֶר II סְתָו סַרְעַפָּה* נתצ נטר נהר
רעע II רַעְיוֹן רְעוּת II רֵעַ III רַהַט רבע קְרָב קְצָת*
תַּרְעִית* שַׁרְבִּיט שְׂרָד

[45] Besondere Vorsicht ist geboten, wenn außer he. nur noch ja. Belegung nachzuweisen ist, da es sich bei letzterer um einen Hebraismus handeln kann (was natürlich auch bei anderen aram. Dialekten wie z. B. beim Md. möglich ist).

[46] Beispiele für Wörter, die sich auf Grund ihrer Bedeutung als A zu erkennen geben, s. III § 6, 5.

4. Bei einer Reihe von Wörtern hat das Aram. lediglich Vermittlerdienste geleistet, während der Ursprung in andern, z. T. sogar außersem. Sprachen liegt. Natürlich handelt es sich bei solchen Wörtern nicht um im strengen Sinn eigentliche, sondern bloß mittelbare, indirekte A. Dennoch kann bei einer Darstellung des aram. Fremdgutes nicht darauf verzichtet werden. Freilich bleibt es manchmal — mit Ausnahme etwa des Pers. oder Griech., wo aus chronologischen Gründen am ehesten aram. Vermittlung in Frage kommt — ungewiß, ob der Weg wirklich über das Aram. geführt hat, s. unten § 9,4 u. III § 6,6.

Aus diesen Bemerkungen und dem Umstand, daß manche Indizien mehrdeutig sein können, geht hervor, daß es weithin von der Bewertung durch den Bearbeiter abhängt, ob eine Vokabel zu den A gezählt wird oder nicht. Meist kann es sich nur um einen Entscheid von relativer Sicherheit handeln, auch wenn von »sichern« A die Rede sein mag. Es liegt daher in der Natur der Sache selbst begründet. daß jede Liste von A unvollständig und anfechtbar bleiben muß. Um jedoch der Gefahr zu entgehen, sich auf dem uferlosen Meer vager Vermutungen zu verlieren, und um die Abhandlung nicht unübersichtlich werden zu lassen, ist in dieser Arbeit, wenn nicht besondere Gründe zu einer Ausnahme rieten, von der Diskussion stark zweifelhaften Fremdgutes abgesehen worden[47]. Wo für einen A zureichende Sicherheit nicht gewährleistet ist, wird dies zum Ausdruck gebracht (vgl. Anm. 1 zu Tabelle 1, III § 1).

---

[47] Auf eine Liste mit all den als A schon vorgeschlagenen und hier ausgeschiedenen Wörtern, wie Kautzsch 105ff. sie bietet, ist verzichtet worden. Als Beispiele mögen 2 Stämme dienen, von welchen der erstere u. a. von Bro. VG I, 154h Anm. 1; Bgstr. Gr. I § 19d u. BM § 24, 4, der letztere von Gord. UM Nr. 477 aram. Herkunft verdächtigt wird: a) קטר »Opfer in Rauch aufsteigen lassen«. Hier handelt es sich nicht um eine Nr. 254 analoge Assim. eines urspr. *t* an *q*; die Grdf. heißt vielmehr *qṭr*, doch dissimilierte im Akk. *ṭ* zu *t*, weil sich nicht 2 emphatische Laute in einer (nicht geminierten) Wurzel vertragen (v. Soden Gr. § 51e; vgl. auch Reiner AfO 18, 1957f., 395); dementsprechend finden sich in den verschiedenen sem. Sprachen, z. T. nebeneinander, beide Formen, wobei die *t*-haltige auf letztlich akk. Einfluß zurückgehen kann; im übrigen ist der Stamm aram. ausgesprochen schwach vertreten. b) דלל »baumeln, gering sein«; zwar wäre von ug. *dl* »gering, arm« aus ein A möglich, da ursem. *ḏ* mit wenigen Ausnahmen als *d* wiedergegeben wird (GdUM § 5. 3f.); indessen sind die Wurzelverhältnisse zwischen dieser ug. Form, he. דלל u. זלל »gering machen«, aram. דלל »arm sein« u. זלל »verächtlich sein«, ar. *ḏalla* »gering sein«, *zalla* »schwanken« u. *dalla* »hinweisen«, asa. *ḏll* »gering machen« so kompliziert und undurchschaubar, daß daraus nichts Verläßliches erschlossen werden kann und die Postulierung eines A besser unterbleibt (s. Nöld. ZDMG 54, 1900, 156f.; Frae. 197 u. XIV; vgl. ferner Rin BZ 7, 1963, 25).

§ 8. *Grammatikalische A.* 1. Versuche zu ihrer systematischen Behandlung haben KNOBEL, Jeremias chaldaizans (1831), ZIMMER Aramaismi Jeremiani (pars I, 1880, enthält nur grammat. A; pars II mit den lexikal. ist nie erschienen) und SELLE, De aramaismis libri Ez (1890) unternommen, die selbstverständlich überholt sind (zu SELLE, auf den sich u. a. TORREY, Pseudo-Ez 86 beruft, s. die krit. Nachprüfung durch FOHRER, Hauptprobl. Ez 123f.). Außerdem betreffen sie nur je ein atl. Buch. So wird mit gegenwärtiger Untersuchung ein erster allgemeiner Überblick über den aram. Einfluß auf die he. Schrift-, Laut- und Formenlehre vorgelegt. Indessen kann noch viel weniger als bei den lexikalischen A der ganze Bestand erhoben werden, weil hier die Unkenntnis des vormasoretischen He. und seiner Dialekte entsprechend stärker ins Gewicht fällt. Die fortschreitende Aufhellung der he. Sprachgeschichte (vgl. oben § 7, 1 u. unten II §§ 8f. u. 17, 1) darf darum gerade auch für dieses Gebiet neue Erkenntnisse erwarten lassen.

2. Die hier darzustellenden Spracherscheinungen selbst erklären sich durch im Grunde aram. denkende Autoren und Abschreiber, die unbewußt gelegentlich aram. Formelemente miteinfließen ließen. Darüberhinaus bewirkte der Druck von Seiten des Aram. (s. oben § 2) auch mehr oder weniger bewußte Übernahme einzelner Teile des aram. Vokalismus und der Formenlehre, die sich im He. dann analogisch ausbreiteten, wenn man nicht gar, wie bei den Masoreten, zu teilweise absichtlicher Umgestaltung überlieferten he. Sprachgutes schritt. Freilich waren im letzteren Fall nicht nur aram., sondern z. B. auch ar. Tendenzen mit im Spiel (s. KAHLE MW 50f., CG 94f. 108; ZATU 219; ALBR. in Intr. Rev. Stand. Vers. OT 33; BIRKEL. 15 u. unten II §§ 8f. u. 17, 1). Außerdem ist mit innerhe. Entwicklungen zu rechnen, die nicht immer leicht von Fremdeinflüssen zu unterscheiden sind, vgl. BM § 5,4. Im übrigen wird sich der Fremdeinfluß primär auf den Wortschatz und erst sekd. allmählich auf Formenbildung und Syntax ausgewirkt haben, s. FOHRER, Hauptprobl. Ez 124.

Anmerkungsweise sei noch beigefügt, daß sich ebenfalls der umgekehrte Vorgang einer gewissen Hebraisierung aram. Dialekte feststellen läßt, doch waren hier natürlich andere Gründe maßgebend, s. KBL XXIXff.; BLA 10 suv; ROSENTH. AF 50ff.; POWELL; BLAKE u. ROSENTH. Gr. 57; vgl. auch oben § 7 Anm. 45.

KAP. 4. BEMERKUNGEN ZUR NACHFOLGENDEN UNTERSUCHUNG

§ 9. *Lexikalische A.* 1. Wert gelegt wurde auf breite Belegung aus dem Aram. Öfters konnte dabei auf den von BAUMG. bearbeiteten ba. Teil von KBL (1047ff., stets mit Seitenzahl zitiert, während der von

KÖHLER besorgte he. Teil, 1—1043, meist ohne solche erwähnt ist), das dazugehörige Suppl. und auf DISO, gelegentlich auch auf ALTH.-ST. ASpr. 264ff., verwiesen werden. Wo keine Quelle genannt ist, stammen die Belege aus den bekannten und leicht zugänglichen Wbb. Näheres entnehme man KBL XIXff. und dem Lit.-Verzeichnis S. 163ff. (hinsichtlich des Md. s. nunmehr MdD; viel Lit. zum Aram. ist neulich von KOOPM. I passim u. DONNER-RÖLLIG KAI II, 202ff. zusammengetragen worden). Es werden allerdings nicht sämtliche Belege, Formen und Bedeutungen aufgeführt, sondern nur die für unsre Frage notwendigen; mögen keine wichtigen übersehen worden sein! In gleicher Weise wie mit dem aram. ist mit dem mhe. u. gemeinsem. Wortmaterial verfahren worden. Bei DSS-Belegen ist in Ermangelung eines eigentlichen Qumranwörterbuches auf KQT (vgl. dazu die Ergänzungen RdQ 4, 1963, 163ff.) hingewiesen, soweit es sich nicht um eine einzige Belegstelle handelt, die jeweils direkt genannt wird. Was die modernen südar. Dialekte betrifft, die verschiedentlich in auffallender Weise mit dem Aram. zusammengehen (vgl. auch CHRISTIAN 3ff. 25f.), sind nur Soq. u. Mehr. berücksichtigt worden; weitere Belege findet man bequem bei LESLAU. Nebenbei hat gelegentlich auch das Jiddische Berücksichtigung gefunden.

Zitiert wird, was das Aram. betrifft, im allgemeinen die ba. Form eines Wortes, sofern eine solche belegt ist. Bei Zitaten aus der Lit. ist die Transkription des betr. Werkes übernommen worden, wenn nicht die Wiedergabe in he. Schriftzeichen den Vorzug erhalten hat. Sonst liegen der Umschrift in lat. Lettern die Umschrifttabellen Suppl. XIff. zugrunde.

2. An Synn. sind vor allem die mehrfach belegten oder in besonders früher Zeit vorkommenden vermerkt. Doch ist zu bedenken, daß sich die Bedeutungen manchmal wohl berühren, nicht aber decken, und daß außerdem eine Vokabel noch weitere abweichende Bedeutungen haben kann. Gelegentlich fehlen Synn. überhaupt ganz. Neben einer Angabe über die ungefähre Häufigkeit orientiert eine Belegstelle darüber, ob sich ein Syn. schon in älterer oder erst in späterer Zeit findet. Indessen handelt es sich dabei, falls dies nicht ausdrücklich erwähnt ist, nicht um den frühesten Beleg schlechthin, da derselbe meist gar nicht eindeutig bestimmt werden kann. Weggelassen wurden Angaben über Synn., wenn es um einen A geht, dessen Wurzel auch im He. genuin, dessen Form aber aram. ist, ebenso in der Regel bei letztlich nicht-sem. Lww. — Beherzigenswert sind im übrigen die wohlbegründeten Warnungen NÖLD.s ZDMG 57, 1903, 413 und DRIVERS Congr. Vol. Copenh. 28ff. vor falscher Einschätzung und Verwertung der Synn. Vgl. auch III § 9.

3. Die (mit Ausnahme der außersem. Lww.) am Ende einer jeden Wortbehandlung beigefügte Liste von Werken, in welchen das be-

treffende Wort ebenfalls als A bezeichnet wird, ist unter Beschränkung auf das Wichtigste angelegt. Da sie indessen die neuere Lit. zur Hauptsache erfaßt, kann daraus doch ein Schluß auf die allgemeine Beurteilung gezogen werden. Unerwähnt bleibt in der Regel, wo ein A bloß vermutet, nicht aber als sicher ausgegeben wird.

4. Um die bloß durch aram. Vermittlung in das He. gelangten Wörter nicht-aram. Ursprungs (s. oben § 7,4) deutlich zu kennzeichnen, sind die Nummern der betr. Vokabeln in eckige Klammern [ ] gesetzt. — Sehr schwierig ist in solchen Fällen im übrigen meist die Grdf. der aus dem Pers. übernommenen Fww. zu bestimmen, da die neueren Forschungsergebnisse der Iranistik noch nicht durchwegs gefestigt sind (vgl. KBL XXIX). Es muß darum, unter Verweisung auf die einschlägige Lit., verschiedentlich beim Nebeneinander-Stellen der vorgeschlagenen Lösungsversuche bleiben.

5. Personennamen werden nur soweit berücksichtigt, als ihre Träger Hebräer sind, Ortsnamen, soweit sie israelit. Ortschaften betreffen (Ausnahmen s. III § 6, 3).

6. Auf Derr., welche das He. nach Übernahme eines aram. Stammes selbständig gebildet hat, weshalb eine aram. Entsprechung denn auch meist fehlt, ist im allgemeinen bloß summarisch hingewiesen. Freilich ist eine sichere Entscheidung, ob wirklich eine eigenständige he. Bildung vorliegt, mehrfach nur schwer, wenn nicht gar unmöglich zu fällen.

7. Begründungen für Emendationen, durch welche Belegstellen neu hinzukommen bzw. wegfallen, ersehe man in Komm. u. Wbb. Werden durch cjj. Wörter in Vorschlag gebracht, welche im atl. He. sonst nicht belegt sind und als A gelten müssen, sind sie durch ein vorgesetztes »cj.« kenntlich gemacht. Da man sich hierbei aber auf unsicherm Boden bewegt, die Vorschläge auch recht zahlreich und von ganz unterschiedlichem Gewicht sind, wurden nur ein paar wenige Beispiele herausgegriffen[48].

8. Wo sich das Alter einer Belegstelle von selbst ergibt, wird nicht näher darauf eingegangen, s. jedoch die Übersicht III § 5, 1. Bei den Pentateuch-Quellen findet sich als Lit.-Hinweis in erster Linie Eissf. Hex. (L indessen bloß gelegentl. vermerkt) bei den Ps Gkl.; Weiteres, insbesondere Noth UegPt., bzw. Kraus nur, sofern abweichend. Bei den übrigen Büchern wird vor allem auf Eissf. Einl. verwiesen.

9. Über die im atl. He. belegten A hinaus enthält Sir noch andere (s. Smend Sir XLIIf. LXI, dessen Listen aber wohl zu umfangreich sind). Einige davon, die sichere Lww. zu sein scheinen, sind hier mitaufgenommen worden[49].

---

48 תַּרְעִית* שָׁלָף* קִיט* עטם* כְּלִילָה* טִבָּה* חָצִין* חמה I המס גַּו II*

49 תשניק תשבחה תגר שעיה (Nr. 313) שעה (Nr. 312) שעה שבח רשה רז ממון אונס

10. Als Anordnung empfiehlt sich nach wie vor die alphabetische vor der thematischen (s. KAUTZSCH 18[1]), welch letztere FRAE. für das Ar., LEWY für das Griech. und ZIMMERN für das Akk. angewandt haben. Vgl. indessen die thematische Auswertung III Kap. 3.

11. Die Abkürzungsart für Autorennamen usw. schließt sich jener in KBL an, mit welchem Werk diese Arbeit in engstem Zusammenhang steht.

12. Die fortlaufende Numerierung der Wörter ist wegen nachträglich erfolgten Änderungen gelegentlich unterbrochen, indem einerseits Einschübe mit Buchstaben (z. B. 6a, 74a, b, c usw.) bezeichnet und andererseits entstandene Lücken mit dem Vermerk »fällt weg« versehen werden mußten. Eine abschließende Korrektur ist zu meinem Bedauern aus zwingenden Gründen nicht möglich gewesen.

§ 10. *Grammatikalische A.* 1. Anders als bei den lexikalischen A wird hier, der veränderten Fragestellung gemäß, auf eingehende Darstellung der Verbreitung eines Stammen oder Wortes im aram. oder SEM Bereich wenig Wert gelegt, sondern solchen Belegen nur soweit Raum gewährt, als sie der Erklärung der he. Form dienlich sind. Die formale, grammatikalische Gestalt einer Vokabel und nicht ihre SEM Entsprechung, bzw. ihre Wurzel, stehen hier zur Diskussion. Oft findet sich auch gar keine genaue aram. Parallele, da das Wort im Aram. überhaupt nicht, oder dann nicht in dieser Form u. Bedeutung vorkommt. Freilich kann man bisweilen im Zweifel sein, ob man es am Ende mit einem lexikalischen A und nicht bloß einer aramaisierenden Form zu tun habe.

2. Wo es sich um eine Erscheinung ganzer Wortgruppen handelt, ist auf Anführung vieler he. Beispiele verzichtet worden, zumal manche Wörter in formaler Hinsicht nur schwer zu analysieren sind; einige wenige sollen das Grundsätzliche illustrieren.

3. Als Ordnungsprinzip ist das bei der Darstellung der he. Grammatik übliche gewählt worden.

II. TEIL. WORTUNTERSUCHUNG

KAP. 1. LEXIKALISCHE ARAMAISMEN[1]

1. אַבְדָן Untergang: Esth 9 5 u.* אָבְדָן Esth 8 6.

Mhe. אָבְדָן/אוֹ״/אֶ״. *'*abadān* mit sf.-*ān* < '*bd* »verloren gehen, umkommen« > aram.* אַבְדָנָא (BLA 67 u. 43e) > durch Wiedereintritt der explosiven Aussprache, wohl unter fälschlicher

[1] Zur Numerierung s. I § 9, 12.

Voraussetzung einer Segolatform (s. ebd. 226y. 43g), ja. cp. sy. u. md. אבדנא »Untergang«, ja. u. sy. auch אֲבְדָנָא nach der im Aram. um sich greifenden *quṭlān*-Form (s. Barth Nom. § 200f.). Davon leitet sich he. אֲבְדָן/אֲ״ her, wobei Schwa medium auf die schon im Aram. erfolgte Vokalelision hinweist und somit die lautlich richtigere Wortgestalt in Erscheinung treten läßt; Verbalnomina des Typus *qatalān* werden im He. sonst zu קְטָלוֹן oder קִטְלוֹן (BLH 498c; zur Erhaltung des *ā* s. ferner II § 8). Syn. פִּיד, 4x, schon Prov 24 22.

Eine he. mhe. u. DSS- (KQT 1) Hybridform mit sekd. Gemin. des 3. Radikals und Umlautung *-ān* > *-ōn* liegt vor in אֲבַדּוֹן Ps 88 12 Prov 15 11 Hi 26 6 28 22 u. 31 12 »Akt und Ort des Untergangs« > Engelname (vgl. Ἀβαδδών Apc 9 11, s. ThWb. I, 4), wovon md. ע/אבדוניא (MG 140; MdD 3) entlehnt ist, cf. בבדוניא תיתאייא »in den unteren Abaddons« (Lidzb. Md. Litg. 67, Z. 4). Prov 27 20 mit auffälliger Verkürzung der Endung *-ōn* zu K אֲבַדֹּה u. Q אֲבַדּוֹ (s. Barth a. a. O. §§ 194c 2. 224b u. GK § 85v; falls nicht ־דּוֹן zu lesen ist, s. BH z. St.).

A: Kautzsch 105; GB; KBL; BLH 499h; BM § 41, 1a; Nöld. ZDMG 57, 417.

אֲבִישׁוּר s. Nr. 304b.

[2.] אֱגוֹז Baumnuss (Juglans regia L): Cant 6 11.

Mhe. Die ursprügliche Heimat des Baumes ist schwer bestimmbar, vielleicht liegt sie zwischen NW-Himalaya und Kleinasien. Es handelt sich um ein außersem. sehr stark verbreitetes Wort letztlich unbekannten Ursprungs (s. Hehn 404ff.; Hübschm. I, 393; Laufer 254ff. u. Löw II, 29), das dem Aram. offenbar über das Pers. zugekommen ist: ape. Beleg fehlt (müßte nach Laufer 254[4] etwa **agōza*, **angōza*, nach Bailey BSOAS 20, 1957, 50 **angauza-* gelautet haben), vgl. indessen mpe. *amgōz* (Widgr. IsK. 89), npe. *gōz* (Hehn a. a. O.), andererseits ja. אֱגוֹ/וזָא, אַמְגּוֹ/וזָא u. אגוֹזָא (Löw, Aram. Pfln. 63), sy. *gauzā* (mit mehreren Derr.), md. אנגוזא u. אמוזא (Widgr. a. a. O. u. MdD 25) u. nar. *ġauzō* (pl., Bgstr. Gl. 32) > ar. *ǧauz* u. äth. *gauz, gōz* (Nöld. NB 43) »Walnuss«. Das Wort ist durch aram. Vermittlung in das He. gelangt, wobei א-proth. beigefügt wurde, das meist vor *s*-Lauten, *b* und *g* steht (BM § 40, 1) und sich bei diesem Nomen auch ja. findet. Ob ug. *'rgz* hierher gehört, ist sehr zweifelhaft, vgl. aber Aistl. Wb. Nr. 2095 u. Dahood Bibl. 44, 1963, 292.

[3.] *אֲגַרְטָל Ledersack (?; GB »Becken«, KBL »Korb«): Esr 1 9 (2x).

Fehlt mhe. Bestandteil einer Liste (vv. 9-11), die vielleicht auf auf ein aram. Original zurückgeht, s. Rudolph Esr 5. 7 u. Galling

ZDMG 60, 1937, 183. Traditionell wird das Wort aus gr. κάρταλλος »Korb« (z. B. schon von GESEN. HdWb. 1810, 11), von TORREY AJSL 24, 1907, 16 etwas abweichend aus gr. κρατήρ »Mischkrug«, hergeleitet, was aber von HUMBERT ZAW 62, 1950, 199f. u. RUDOLPH op. cit. 5 abgelehnt wird, die eher an eine freilich auch ungesicherte Ableitung aus pers. *ḫirtāl* »Lederbeutel« denken. S. ferner RABIN Or. 32, 1963, 126f. (< heth. *kurtal* »Behälter«) u. ELLENB. 9f. G verwendet ψυκτήρ »Weinkühler«. Ja. u. a. קַרְטָלָא, קַרְטִילָא oder f. קַרְטַלִּיתָא, sy. *qarṭālā*, > ar. u. a. *qirtallat* »Korb« (FRAE. 77f.), äth. *qarṭalō* u. soq. *qarṭeleh*. Trotz der lautlichen Differenz, die durch das Fw. bedingt sein mag, wird im He. aram. Vermittlung vorliegen; man beachte auch das unverändert gebliebene *ā* (s. II § 8).

[3a.] אִגֶּרֶת Brief: Esth 9 26. 29 Neh 2 7-9 6 5. 17. 19 II Chr 30 1. 6.

Mhe. Hatte man früher eine Herleitung aus dem Pers. versucht (so u. a. NÖLD. GGA 1884, 1022; SCHEFT. 37f.; ANDREAS bei MARTI BaGr. 51*; vgl. mpe. **hangērt, angērt, angird*, av. *hañkurutis*, npe. *angāra* »Erzählung, Bericht«, ferner ἄγγαρος »Eilbote«, s. LAG. GA 184 u. NÖLD. ZDMG 40, 1886, 733), die indes von FRD. DELITZSCH, Proleg. 148; ZIMMERN KAT 649; ED. MEYER, Entst. 22 u.a.m. bald abgelehnt worden ist, so gehen heutzutage die meisten, zusammen mit den Letztgenannten, von akk. *egi/ertu*, selten *igertu*, »Brief, eine Tafelart« aus, s. z. B. SCHAED. 75[1]; ZIMMERN 10. 19; LS 5; KBL 1048; EIL. 31 oder KÖBERT Or. 14, 1945, 78ff. (anders MEISSNER ZA 15, 1900, 414: < akk. *igirtu* »Unterweisung«); < sum. *i/egarra* »Wortmachung > Satz oder Formel«, s. LANDSB. MAOG 4, 1928f., 315f.; > aram. über mehrere Dialekte verbreitetem אִגְּרָה/א »Brief«, s. DISO 4; KBL 1047f. u. vgl. LANDSB. a. a. O. zu den aram. Aufschriften auf akk. Geschäftsurkunden, ferner oben I § 1 Anm. 21. (Aega. אגרת leitet sein *-t* nach BARTH ZA 21, 1908, 191 u. ROSENTH. AF 53 vom akk. Ursprung her :: LIDZB. Eph. III, 82; NÖLD. ZA a. a. O. 198 u. LEAND. 112. Md. ענגאר, das nach MG 155[3] analog מדין, s. Nr. 152, die f.-Endung fallen lasse und als m. aufgefaßt werde, ist nur als cs.-Form belegt und weist im status abs. stets ein *t* auf, s. MdD. 353). Neuestens wird nun freilich die akk. Herkunft des Wortes wieder angefochten, weil das Nomen akk. erst spät auftritt, vgl. v. SODEN AHw. 190, der ein aram. Lw. im Akk. erwägt, was erneut an pers. Ursprung denken läßt, da eine Ableitung im Aram. ja fehlt. Andererseits vermutet KÖBERT a. a. O. (wie ähnlich schon ED. MEYER a. a. O.), daß im Pers. ein akk. Fw. vorliege, das mit klangverwandtem *angird* (s. o.) kontaminiert sein könnte. Syn.: סֵפֶר häufig, in gleicher Bedeutung z. B. I Reg 21 8; s. auch Nr. 193.

A: v. SODEN a. a. O.

[4.] אֲדָר Adar (Monatsname): Esth 3 7. 13 8 12 9 1. 15. 17. 19. 21.

Die kan.-althe. Monatsnamen (יְ״ הָאֵיתָנִים, יֶרַח זִו, חֹדֶשׁ הָאָבִיב u. יְ״ בּוּל) sind zunächst durch die bloße Bezifferung der Monate abgelöst worden, wovon sich der älteste Beleg Jer 36 9 findet (s. Morgenstern HUCA 10, 1935, 118ff.; Kutsch RGG I, 1812). Ungefähr im 5./4. Jh. v. Chr. erfolgte dann die Übernahme der bab. Monatsbezeichnungen, welche auf den Kalender von Nippur, der die übrigen mesopotamischen Lokalkalender verdrängt hatte, zurückgehen (Barrois II, 175ff.; Segal VT 7, 1957, 281), der auch im pers. Reich als Staatskalender eingeführt und z. B. in Eleph. benützt worden ist (BRL 309f.; de Vaux I, 282). Das späte Auftreten dieser Namen im He. und die z. T. typisch aram. Nominalform (vgl. אֲדָר u. שְׁבָט; s. II § 2) legen die Annahme aram. Vermittlung nahe, was die Tradition des Jerus. Talm. zu bestätigen scheint: »Die Namen der Monate kamen in ihrer (d. h. der Exilierten) Hand aus Babel herauf« (zit. bei König ZDMG 60, 1906, 614f.). Einige religiöse Kreise haben sich im übrigen der Neuerung offenbar widersetzt, wie man u. a. den Jub oder DSS entnehmen kann (de Vaux a. a. O.). — Die Verwendung ist uneinheitlich und zeigt ein Übergangsstadium: 7× bei Esth und 2× bei Sach wird dem Monatsnamen die Ziffer beigesetzt, während der Name 3× bei Neh und 4× Esth 9 (Esr 6 15 auch ba.) allein steht.

He. Name	*Monatszahl*	*Aram. Name*	*Bab. Name*
נִיסָן	I	נִיסָן	*Nisānu, Nisannu*
fehlt	II	אִיָּר	*Aiaru*
סִיוָן	III	סִיוָן	*Simānu*
fehlt*)	IV	תַּמּוּז	*Du'ūzu, Dūzu*
fehlt	V	אָב	*Abu*
אֱלוּל	VI	אֱלוּל	*Elūlu, Ulūlu*
fehlt	VII	תִּשְׁרִי	*Tišrītu*
fehlt	VIII	מַרְחֶשְׁוָן	*Araḫšamna/u*
כִּסְלֵו	IX	כִּסְלֵו	*Kis(i)līm/wu*
טֵבֵת	X	טֵבֵת	*Ṭebītu*
שְׁבָט	XI	שְׁבָט	*Šabāṭu*
אֲדָר	XII	אֲדָר	*Ad(d)aru*

*) Vgl. תַּמּוּז n. d. Ez 8 14.

Als Ergänzung zu dieser Tabelle s. die in Eleph. belegten äg. Entsprechungen Koopm. I, 102.

A: Benzinger 170 u. Rignell 20.

אֲדָר: Mhe. Aram. Belege s. KBL 1048 u. Suppl. 197, außerdem nab. palm. md. u. nar. (*ōḏar* »März«, Bgstr. Gl. 22) > ar. *ʾandar* (Haupt ZDMG 64, 1910, 705ff.). Nach GB (ohne Beleg) auch pers. Noch ungeklärt bleibt, ob der Ursprung in akk. *adāru* »finster sein« oder *a/idru* »Tenne« (> aram. אִדַּר, s. Nr. 5) zu suchen ist (vgl. v. Soden AHw 12f., KBL^3 s. v. u. ferner Ellenb. 14f.).

[5.] אַדָּר (חֲצַר־) n. l.: Jos 15 3.

Das zweite Namenselement kann sich zwar von אדר »mächtig, herrlich sein« herleiten, eher wird man es aber auf aram. אִדַּר (KBL 1048; Suppl. 197 u. DISO 6) > ar. *ʾandar* (Frae. 136) < akk. *a/idru* (v. Soden AHw 13 u. 364) »Tenne« zurückführen und den ganzen Namen mit Noth Jos 146 als »Tennengehöft« auffassen. Ug. *ʾdr* in der Bedeutung »Tenne« (Sidney-Smith PEQ 1946, 5ff.; Herdner Syr. 26, 1949, 152 u. Driver CML 135) ist unsicher (GdUM Nr. 57 u. Aistl. Wb. Nr. 95). He. Syn.: גֹּרֶן, etwa 30×, schon Jdc 6 37.

A: Borée 21. 84.

[6.] *אֲדַרְכּוֹן Darike: Esr 8 27 I Chr 29 7.

Mhe. דַּרְכּוֹן, דָּרִיכוֹן u. אֲדַרְכּוֹן. Herleitung umstritten: Traditionell aus pers **darika-* »golden« (so z. B. Meillet 67; Weissbach ZDMG 65, 1911, 643; LS 167; vgl. auch Gesen. HWb. 1810, 14) doch handelt es sich dabei bloß um eine hypothetische Form. Demgegenüber versucht Schwyzer IdgF. 49, 1931, 15ff. von der gr. Namensform des pers. Königs Darius, Δαρεῖος, bzw. vom gen. pl. δαρ(ε)ικῶν des davon abgeleiteten adj.s δαρ(ε)ικός (vgl. die Benennungen der von Darius 417/4 ausgegebenen Reichsmünzen Δαρ(ε)ικοί στατῆρες u. Δαρ(ε)ικοῦ χρυσίου στατῆρες, s. Jongkees JbEOL 9, 1944, 163ff.; de Vaux I, 315) auszugehen, > phön. דרכן, sy. *drīkōnā* u. *darkōnā*, woraus im He. dann eine hybride Bildung mit א-proth. entstanden ist; Albr. BiOr. 17, 1960, 242 vermutet wohl zu Unrecht »corruption of *dark^{e}mōnīm*« vgl. (Vgl. Nr. 69; s. ferner Ellenb. 17f.).

אונס s. Nr. 22.

6a. אֲזַי dann: Ps 124 3-5 (nachexil., Gkl. 547).

Fehlt mhe. Ältere Form des he. häufigen אָז, vgl. אֶל, עַד u. עַל mit ihren älteren, in poetischen Texten vorkommenden Nebenformen אֱלֵי־ < **ʾilaj-* (cf. ar. *ʾilā^j*), עֲדֵי־ < **ʿadaj-* u. עֲלֵי־ < **ʿalaj-* (cf. ar. *ʿalā^j*) und sf.-Bildungen wie עָלַי < **ʿalajja* (so auch ar.) oder עָלֶיךָ < **ʿalajka* (s. BLH 640h; vgl. ferner VG I 496f. u. v. Soden Gr. §§ 113k u. 114o). Da unsre ganz vereinzelt und nur in dem auch sonst aramaisierenden Ps 124 (s. Fz. Delitzsch Ps II, 233f. u. Gkl. a. a. O.) belegte Partikel bloß in aram. אזי Assbr. 14 (As. 4 ist textl. unsicher, s. DISO 7) eine genaue Parallele hat, darf ein A erwogen werden, wenngleich solche urspr. auf *-aj* endigenden Formen nicht auf das Aram. beschränkt gewesen sind.

A: Fz. Delitzsch a. a. O.; Ewald § 103e.

7. אזל (qal) hin-, weg-, vergehen, schwinden: vorexil.: I Sam 9 7 u. cj. Jdc 5 8[1]; nachexil.: Hi 14 11[2] u. Prov 20 14; unbestb.: Dtn 32 36[3]. — Es fallen weg: Jer 2 36 u. Ez 27 19.

Anm.: 1) Im sehr alten Deboralied, s. Eissf. Einl. 117ff. 2) אָזְלוּ־מַיִם »das Wasser vertrocknet«, Zusatz aus Jes 19 5, wo נשת syn. verwendet wird. 3) Gegenüber dem im Laufe des 19. u. 20. Jh.s immer häufiger gewordenen Spätansatz des »Liedes Moses« heute wieder stärkere Neigung zu höherem, s. Eissf. Einl. 271 u. Sellin-R. Einl. 49; אָזְלַת, pf. 3. sg. f., wohl weniger aram. Verbalform (so z. B. Gesen. HG 1813, 46) als archaische Bildung oder dialekt. Besonderheit, s. Bgstr. Gr. II § 4a; BLH 310m. 371s; BM § 64, 2b; Torcz. EJ III, 134 u. ZATU 226.

Fehlt mhe. Im Aram. verbreiteter Stamm in der Bedeutung »(fort)gehen«, ja. u. sy. auch »sterben« (nach Nöld. NB 96[1] urspr. Euphemismus), Belege s. KBL 1048 u. DISO 7. Ar. *'azalī* »längst vergangen«. Synn.: הלך, יצא u. סור, alle häufig und früh belegt.

A: KBL a. a. O.; Dhorme Sam 76 7; Driver Congr. Vol. Copenh. 32; Wildeboer Prov XIV.

כְּאֶחָד s. Nr. 124.
* אַחְוָה s. Nr. 92.

7a. אחז (qal) verschließen, verriegeln: Neh 7 3.

Mhe. nicht belegt. Der gemeinsem. sehr häufige Stamm *'*ḫḏ* trägt sowohl im He. als auch im Aram. (אחד) hauptsächlich die Grundbedeutung »packen, ergreifen, festhalten«. Das Aram. hat daraus u. a. »verschließen, verriegeln« entwickelt, s. BMAP 241. 13, DISO 10, KBL[3] s. v. u. vgl. auch KAI Nr. 226. 4 (vom Mund), welche Bedeutung das He. entlehnt hat.

A: KBL[3] a. a. O.; BMAP a. a. O.; Rudolph Neh 138.

[8.] * אֲחַשְׁדַּרְפְּנִים Satrapen: Esr 8 36 Esth 3 12 8 9 9 3.

Fehlt mhe. Ape. *xšaça*, av. *xšaϑra-* »Königtum, Königreich«, npe. *šähr* »Stadt« (Kent 181), sogd. *'γšδrkt'k* »fürstlich« (Gershevitch § 157) < sanskr. *kṣatrá-* (Kent a. a. O.), enthalten in ape.

**xšaϑrapāna* (bzw. *xšaśapāvā*, Rosenth. Gr. 58 u. Nober Bibl. 42, 1961, 246), seleukid. u. a. *aḫšad(a)rapānu* (Eil. 78[4]; mpe. Formen s. ferner KBL 1049 u. Suppl. 197) > ba. (KBL u. Suppl. a. a. O.; näher dem pers. Original steht or. *'aḥšedarpan*, BLA 44a) u. ja. אֲחַשְׁדַּרְפְּנַיָּא »Satrap«, mit א-proth., um analog der keilschr. Vorschlagssilbe Doppelkonsonanz am Wortanfang zu vermeiden (Bgstr. Gr. I § 23e), in welcher Form das Wort vom He. übernommen worden ist. Eine etwas abweichende Entwicklung haben demgegenüber sy. *saṭrāpā* (mit mehreren Derr.) u. gr. σατράπης (vgl. aber (ἐ)ξατράπης) genommen.

[9.] אֲחַשְׁתְּרָנִים herrschaftlich, königlich: Esth 8 10. 14.

Fehlt mhe. Aus ape. *xšaça*, av. *xšaϑra-* »Königtum, Königreich« (s. Nr. 8), mit *-ana-* als adj. -sf.; zum א-proth. s. ebd. Obwohl aram. Belege fehlen, wird am ehesten aram. Vermittlung in Frage kommen, s. III § 6, 6c.

10. אֵיכָה Cant 1 7 u. אֵיכֹה II Reg 6 13 (vorexil.): wo?

Fehlt mhe., vgl. jedoch אֵיכָן »wo?«. Komposition aus *'aj (> gew. he. Fragepartikel אֵי, vgl. ug. ³y, »wo?«) und dem Deuteelement *ka, > wohl in Analogie zu אֵיפֹה »wo?«: אֵיכֹה (Haupt SBOT IX, 206). Entsprechend אֵיךְ (ug. ³k) bedeutet das Wort im He. etwa 15× »wie?«, während »wo?« sich vom Aram. herleitet: ja. אֵיכָא (neben הֵיכָא), sy. *'aikā*, nsy. *ē/īkā* »wo?«. Aass. *ajjakam*, m/jbab. *ajjika*, spbab. *ēkā* (v. Soden Gr. § 118a) u. bes. EA *ajakam* »wo?« könnten zwar aram. Ursprung, wenigstens für den vorexil. Beleg, fraglich werden lassen, doch finden sich II Reg 6 noch 3 weitere A (s. III § 1, 2).

A: Kautzsch 21; König Wb.; GB; Suppl. 136; S. R. Driver Intr. 448; Montg.-Gehm. 383; Rudolph Cant 110 u. 125; ZATU 228[3].

11. אֱיָל Kraft (GB »Hilfe«): Ps 88 5 (wohl nachexil.)[1].

12. אֱיָלוּת dass.: Ps 22 20 (wahrscheinlich ebenfalls nachexil.)[2].

Anm.: 1) Gkl. 382; entsprechend der neueren Tendenz allerdings z. T. höher angesetzt, s. Kraus 608. 2) Gkl. 95; mit Afform. *-ūt*, s. II § 16, 1.

Mhe. אֱיָל. Die Wurzel * אול ist wenig durchsichtig, s. GB u. KBL. Nominalbildung nach der bei med. וי-Stämmen des *qatāl*-Typus im Aram. üblichen Art (Barth Nom. § 52bα), die auch akk. ar. u. äth. bekannt, he. indessen sehr selten ist; nach Nöld. ZDMG 37, 1883, 526 kannte das He. bei ע״וי-Stämmen »aufgelöste Formen« (Barth a. a. O.) wie ar. *qijām* oder gar *qiwām* mit Ausnahme von אֱיָל und * עֱיָם (Jes 11 15, wofür aber wohl עֹצֶם »Machtfülle« zu lesen ist) überhaupt nicht. Entsprechungen, wenn auch nicht eben zahlreich, finden sich aram. in sy. *'ījālā* (neben *'ajālā*, VG I 69ff.) u. *'ījālūtā* »Kraft, Hilfe«. Ar. *wa'l* »Zuflucht« (GUILLAUME Abr-Nahrain I, 1959f., 6. 18f.) liegt weiter ab. Synn.: u. a. I אוֹן etwa 20×, schon Hos 12 9, desgleichen גְּבוּרָה, חַיִל, I כֹּחַ u. I עֹז, alle häufig und schon bei Jdc belegt; s. ferner Nr. 329—331.

A: KAUTZSCH 105; LAG. Ue. 175; BDB; LS 15; DRIVER Congr. Vol. Copenh. 30; DUHM Ps 219; GKL. 382; NÖLD. ZDMG 35, 1881, 526.

אִישַׁי s. Nr. 28b.

13. אכף (qal) jemandem zusetzen: Prov 16 26 Sir 46 5. 16 (textl. unsicher).

14. Der.* אֶכֶף Drängen: Hi 33 7.

Mhe. nur אֻכָּף »Packsattel«. Ein ja. (auch in Redensart: DALM. Gr. 245), cp. u. sy. belegter Stamm mit der Bedeutung »drücken« > einerseits (pe.) »besorgt sein, sich kümmern«, sy. auch »drängen«, mit Derr. wie ja. אַכְפָּא »Gewicht, Last«, sy. *'ukkāpā, 'ukpānā* »Rücksichtslosigkeit, Drängen«, andererseits ja. (pa.) »satteln« mit Der. אֻכָּפָא = sy. *u/ikkāpā* > ar. *'u/'ikāf* (FRAE. 105f.; LS 19) »Esel-, Packsattel«. Vgl. akk. *ekē/āpu* »dicht herankommen« (v. SODEN AHw. 194). Syn. אלץ Jdc 16 16.

A: KAUTZSCH 105; TUR SINAI Job 464; WILDEBOER Prov XIV.

15. II אלה (qal) wehklagen: Joel 1 8[1].

Anm.: 1) אֱלִי: imp. 2. sg. f., s. GK § 631; KELLER EvMm. 1962, 90[2] zieht abweichend sbst. in Erwägung. Textänderungen sind durch G nicht gerechtfertigt, da ihr θρηνησον προς με mit SELLIN Joel z. St. aus Doppellesung des -לִי von אֱלִי herstammt.

Fehlt mhe. Ja. md. u. sy. אלא »klagen«, cp. nur אלויא (*qittūl*-Typus, wenn richtig überliefert, SCHULTH. Lex. 8) »Wehklagen«. He. Äquivalent ist der auch aram. vorkommende Stamm ילל hif., etwa 30×, u. a. schon Am 8 3, der wahrscheinlich in bestimmtem Verwandtschaftsverhältnis zu aram. אלא, ar. *'alla* »klagen« u. soq. *'álah* »rufen« steht, ebenso zu der he. u. mhe. Interjektion אַלְלַי »wehe!«.

A: KAUTZSCH 21; GB; KBL; DRIVER Congr. Vol. Copenh. 30; MARTI Joel 120; NOWACK Joel 97; SELLIN Joel 117; ROBINSON Joel 58 u. WELLHAUSEN Joel 215.

16. אִלּוּ wenn: Qoh 6 6 Esth 7 4.

Mhe. אִ(י)לּוּ. Zusammengesetzt aus **'in* (entspricht he. אִם) u. *lū* < *lau* (unverändert erhalten in ar. *'in lau* »wenn«), wobei אִ(י)ן

jüngere Form für הֵן ist, vgl. הן לו AP 37, 8 u. Aḥ. 35. 81 (vgl. DISO 136; phön. אל *Aḥīrām* 2 ist strittig, würde aber bei den 2 späthe. Belegen nicht gegen einen A sprechen). Zur Hauptsache dient im Aram. הֵן als Konjunktion »wenn« (s. Nr. 74), doch findet sich daneben ja. öfters אִלּוּ (DALM. Gr. 238), sy. *'ellū* (NÖLD. SG § 375). Die Übernahme erfolgte wohl bereits in der kontrahierten Form. He. Äquivalent: אִם.

A: KAUTZSCH 21; GESEN. Hwb. 1810, 42; GB; KBL; BARDTKE Esth 354[10]; BLH 652b; FZ. DELITZSCH Qoh 198; S R. DRIVER Intr. 475; HERTZBERG Qoh 28[3]; PODECHARD 45; SIEGFRIED Esth 140; WILSON PThR 23, 1925, 257.

[17.] אֱלוּל Elul (Monatsname): Neh 6 15. — Es fällt weg: Jer 14 14.

Mhe., auch n. m. אֱלוּלִי »im Elul geboren«. Ja. אֱ/אֱלוּל (DALM. Gr. 93e), äga. nab. u. palm. אלול, sy. *'ī/'ailūl*, md. עלול, > ar. *'ailūl*. Von LEVY ArchOr. 11, 1939, 40f. auf akk. *alālu* »singen, jauchzen« (= he. II הלל »preisen«) zurückgeführt (:: HAUPT ZDMG 64, 1910, 704). Akk. *Elūnum, Elūlu* u. *Ulūlu* (v. SODEN AHw. 210, Or. 55, 1956, 242), woraus sich ableiten die nn. m. *Ulūlāja* »im Elul geboren« (APN 239), 'Ελουλαῖος (Jos. Ant. IX, 14, 2), * 'Αλουλιος u. * 'Ιλιλει (PREISIGKE 517. 522), > *Lulī* (König von Sidon, s. P.-W. 2. Reihe 2[2], 1923, 2218). Grdb. aber noch immer ungeklärt, s. v. SODEN a. a. O. Vom He. wohl analog אֲדָר durch aram. Vermittlung übernommen, s. Nr. 4.

אֱלִיאָתָה u. אֱלִיָּתָה s. Nr. 32.

18. I אלף (pi.) (be)lehren: Hi 15 5 33 33 35 11 cj. 32 13.

Mhe. nicht belegt. מַלְּפֵנוּ Hi 35 11 < * מְאַלְּפֵנוּ u. cj. יַלְּפֵנוּ 32 13 < * יְאַלְּפֵנוּ (BLH 224h); ja. wird bei אלף א regelmäßig elidiert, wenn Praefixe hinzutreten (DALM. Gr. 298, 2). Der Stamm trägt he. 11x die auch ar. *'alifa* »vertraut sein, Zuneigung fassen, umgehen mit« eignende Bedeutung »vertraut werden mit; zutraulich«, ist aber :: KBL 56 zu trennen von akk. *elēpu/alāpu* II (G-Stamm) »sprießen«, (Gt-Stamm) »zusammenwachsen«, welchen v. SODEN AHw. 199 u. CAD 4, 86ff. im Anschluß an LANDSB. MSL 1, 115f. u. JENSEN KB VI, 1, 326 ar. *wālibat* »Wurzelschoß« zuordnen. Demgegenüber entwickelte sich bei aram. אלף (ילף; Had. 34 אלב, DISO 15 u. KAI II, 223; zum Wechsel *p/b* s. Nr. 37) die spezif. Bedeutung pe. »lernen« u. pa. »(be)lehren«, s. DISO a. a. O., außerdem ja. (ja[b]. af., ROSSEL 123), cp. sam. u. md., z. T. mit Derr. (zu md. לאופא s. ROSENTH. AF 230 u. SCHALL in MG Nachdruck 497 :: MdD 227f.) Häufige und schon bei Jdc belegte Synn. sind III ירה u. למד.

A: KAUTZSCH 21f.; GB; CHEYNE, JaS. 294; DRIVER Congr. Vol. Copenh. 31; EB 1, 595; WILSON PThR 23, 1925, 256; vgl. auch DHORME Job 488: »le pi. de אלף ... est spécial au livre de Job«.

[18a.] אָמָּן Künstler: Cant 7 2[1].

Anm.: 1) nach jüd. Tradition auch Prov 8 30 anstelle von I אָמוֹן, s. KBL 59; GEMSER Prov u. RINGGREN Prov (ATD) z. St.

Mhe. אָמָּן dass., אֻמָּנוּת Kunstfertigkeit, Handwerk. Im Westen findet sich der früheste Beleg für akk. *umm(i)ānu* »Werkmeister« (< sum. *ummea*, DEIMEL SL 107b) im Taanekbrief 1, 20 (wo *u-ma-an* an Stelle von *u-ba-an* zu lesen ist, s. ALBR. BASOR 94, 1944, 18[28]) aus dem 15. vorchr. Jh. (ALBR. ANET 490[28]; vgl. im übrigen das n. m. *Šamaš-um-ma-nu* in den Nuzitexten, NPN 124. 298). Jünger ist phön. *ammun*, zu dem lautlich he. I אָמוֹן Prov 8 30 (s. o.) Jer 52 15 u. cj. 39 9 zu stellen ist, während אָמָּן der aram. Form אָמָּנָא entspricht, Belege s. DISO 17 u. außerdem ja. cp. sy. u. md. (MdD 344), vgl. ferner ja. cp. sy. u. md. אֻמָּנוּתָא (md. auch *aimanuta* u. *'manuta*, MdD 15) »Kunstfertigkeit, Handwerk«. Zu *ŭ* > *å* s. BLH 196lm, BM § 23c, zu dissimil. erhaltenem *ā* BLH 215i. Das Nomen kommt im übrigen auch asa. vor, s. SMITH BSOASt. 11, 1945, 452ff. u. RINGGREN, Word a. Wisdom 103[3]. He. Äquivalent ist das etwa 35× u. z. B. schon Hos 8 6 belegte חָרָשׁ.

A: KAUTZSCH 22.

19. I אֱנוֹשׁ Mensch: vorexil.: Jes 8 1 Jer 20 10 Ps 114 3[1]; exil./nachexil.: Jes 13 7. 12[2] 24 6[3] 33 8[4] 51 7. 12 56 2 Ps 9 20f. 10 18[5] 55 14[6] 66 12[7] 73 5[8] 90 3[9] 103 15[10] Hi 18× (davon 4× in den Elihureden) II Chr 14 10; unbestb.: Dtn 32 26[11] Ps 8 5[12] 56 2[13] 104 15[14].

20. II אֱנוֹשׁ n. m.: Gen 4 26 (J ?)[15] 5 6-11 (5× ; P)[16] I Chr 1 1.

Anm.: 1) GKL. 605f. 2) EISSF. Einl. 385; FOHRER Jes I, 164f. 3) EISSF. op. cit. 393f.; FOHRER op. cit. II, 1. 4) EISSF. op. cit. 394f.; FOHRER op. cit. II, 133. 5) GKL. 32f. 6) KRAUS 403; GKL. 239 verzichtet auf Zeitangabe. 7) GKL. 278; vgl. auch KRAUS 457. 8) GKL. 316. 9) KRAUS 629; GKL. 399 hält vv 1-12 für vorexil. 10) GKL. 444. 11) s. Nr. 7 Anm. 3. 12) Nach GKL. 29 vorexil.; nach KRAUS 67 zeitl. nicht sicher festlegbar. 13) Gkl. 243. 14) GKL. 454; nach KRAUS 709 ev. vorexil. 15) EISSF. Hex. 7*; nach NOTH UegPt. 12[26] sekd. 16) EISSF. Hex. 8*.

Mhe. Die Ableitung des Nomens ist zwar immer noch ungeklärt, doch heißt die Grdf. offenbar **'unāš* (BLA 190u), worauf die he. Form dissimil. zurückgeht (BLH 192j. 215k); vgl. im übrigen אֲנָשִׁים, pl. zu wurzelmäßig wohl verschiedenem אִישׁ »Mann«. Auffällig ist das allmähliche Verschwinden des fast ausschließlich in poet. Texten belegten Wortes (vgl. KBL 68 u. FOHRER Hi 131[17]), das vom Syn.

I אָדָם abgelöst worden ist. Da aram. אֱנָשׁ (betr. אֱנוֹשׁ s. KBL XXX; zu md. *'anuš* MdD 26) das eigentliche Äquivalent zu he. I אָדָם ist (Belege s. KBL 1052; Suppl. 198 u. ALTH.-ST. ASpr. 265f.), liegt die Annahme eines alten aram. Lw., das unter Hebraisierung des Vokalismus in das He. übernommen worden ist, nahe. Akk. *nīšu* »Leute«, ar. *'ins(ān)*, pl. *'unās* u. *nās* »Mensch«, asa. *'ns* »Mensch, Mann« (CONTI 107f.), aeth. *'ans* »Mann«, auch ug. *nšm* »Menschen« (sg. *nš*), *bnš* < *bn* + *nš* »Mensch« u. *'nš* »mannhaft sein« (AISTL. Wb. Nr. 318. 539, GdUM Nr. 335).

A: GESEN. HWb. [6]1863, XXXVI[97]; BLH 23n; DRIVER Congr. Vol. Copenh. 27.

21. אנס (qal) nötigen: Esth 1 8 Sir 34 21.

22. Der. אונס Zwang: Sir 20 4.

Verbal auch mhe. u. 1 QCD 16, 13, derivativ mhe. אֹ(וֹ)נֶס »Zwang; Todesfall«. Außer in ar. *nassa* »drängen« (GUILLAUME Abr-Nahrain I, 1959f., 6) nur noch aram. belegt, s. KBL 1052 u. Suppl. 198, vgl. auch ja. אוּנְסָא »Zwang, Gewalttat«. KAUTZSCH 22 bemerkt zu Recht, daß ein Stamm, zu dessen Verwendung im AT oft Gelegenheit gegeben wäre, mehr als nur 1× bei Esth in Erscheinung treten müßte, würde er echt he. sein. Syn.: חזק hif., häufig, u. a. schon II Reg 4 8.

A: KAUTZSCH a. a. O.; GESEN. Wb. 1810, 53; GB; KBL a. a. O.; BARDTKE Esth 276; SR. DRIVER Intr. 484; GK § 2v; HALLER Esth 118; SIEGFRIED Esth 140; SMEND Sir XLIII; TORCZ. EJ III, 134; WILDEBOER Esth 179.

[23.] אָסוֹן tödlicher Unfall: Gen 42 4. 38 u. 44 29 (J)[1] Ex 21 22. 23 (E)[2] Sir 34 22 38 18 41 9.

Anm.: 1) EISSF. Hex. 86*. 92*. 2) im Bundesbuch, nach oft vertretener Ansicht von E überliefert (EISSF. Hex. 150*; SELLIN-R. Einl. 50f.), s. indes NOTH UegPt. 39[139].

Mhe. Akk. *asū(m)* »Arzt« (v. SODEN AHw. 76) < sum. *a-zu* »Wasserkundiger« (LEANDER ZA 18, 1904/5, 390); > aram. אָסְיָא »Arzt«, denom. אסא pa. »heilen«, s. DISO 20, außerdem ja. (neben אָסְאָה u. אָסָא) cp. sam. sy. u. md. (s. NÖLD. NB 104 u. MdD 28); > ar. *'ās* »Arzt«, mit Derr. (FRAE. 261), u. äth. *'asōt* »Heilmittel, Heilung« (NÖLD. op. cit. 45). Es liegt im He. offenbar ein Euphemismus vor (vgl. im übrigen auch NÖLD. ib. 101ff. betr. Privativa), wobei als Grdf.* אָסָן vorauszusetzen ist. — Nicht ausgeschlossen ist freilich auch ein Zusammenhang mit dem Stamm ar. *'asija* »betrübt, grauenvoll sein«, womit ein A dahinfiele, da es sich hier um eine von der obigen zu unterscheidenden Wurzel handeln wird (s. FRAE. a. a. O.). Eine Entscheidung bleibt deshalb ungewiß.

24. אִסָּר Enthaltungsgelübde: Num 30 (11×, P. Eissf. Hex. 192*).

Mhe., neben אֱסָר. Grdf. *'isār (BLH 533f.; BLA 189r) < אסר »binden«. Während das He. bei anlautendem א *ĭ* in offener Silbe zu *ĕ* werden und unmittelbar vor der Hauptdrucksilbe normalerweise zu *ē* dehnen läßt (s. II § 5), kennt das Aram. (neben Reduktion zu Schwa compositum, BLA 661) auch sekd. Gemin. des 2. Rad. zur Erhaltung des urspr. *i* (BLA 40 k, 56c; vgl. BLH 219h; die bab. Überlieferung setzt kurze Vollvokale, BLA 66n): ja. אִסָּרָא, s. KBL 1053. Die suffigierten he. Formen sind lautgesetzlich (BLH 533f.).

A: Lag. Ue. 175; BLH 473i.

[25.] *אַפֶּדֶן Prachtzelt: Dan 11 45.

Fehlt mhe. Ape. *apadāna-* »Palast« (Kent 168; Eil. 32[1]) < sanskr. *apadhā́-* »Verborgenheit« (Kent a. a. O.), parth. *apadnā* (Alth.-St. ASpr. 266 **apaδānak*; in Edessa offenbar die gew. Bezeichnung für den kgl. Palast, Widgr. IsK. 30[109]) > spbab. *appadān* »Säulenhalle« (v. Soden AHw. 59) u. ja. sy. אַפַּדְנָא, Nisā אפדנך (DISO 21; s. auch Sznycer Sém. 5, 1955, 87; zu palm. פדנא s. Schulth. ZAW 30, 1910, 63[3]), > ar. *fadān*, pl. *'afdān* »Palast« (Frae. 27). Hier. *apedno*, s. Kahle KG 192.

[26.] אַפִּרְיוֹן Tragsessel: Cant 3 9.

Mhe., neben פּוֹ/וּרְיוֹן. Meist aus gr. φορεῖον »Sänfte« hergeleitet (so schon Hier. im Komm. zu Jes 7 14, entsprechend G, die HL 3 9 mit φορεῖον übersetzt; aus neuerer Zeit BLH 25p; Eissf. Einl. 604; Krauss I, 238; ZATU 232[1] u. Rundgren ZAW 74, 1962, 70ff.), was gegenüber andern Ableitungsversuchen (vgl. Gordis JBL 63, 1944, 263ff. < sanskr. *paryanka* »Ruhebett«, Nf. *palyanka* > franz. engl. *palanquin*; Widgr. SKgt. 112[80] < iran. **upari-yāna* »Sänfte« u. Zorell < armen. *aparank* »Königspalast«) noch immer die größte Wahrscheinlichkeit für sich hat, s. Rudolph Cant 139f.; > ja. אִיפּוּרְיָין, אַפִּרְיָין, פּוֹ״/פּוּרְיָא, פּוּ״/פִּרְיָנָא u. a. m., sy. *purjōn, purjā* »Sänfte, Lager, Bettstelle«. Zum א-proth. vgl. Nr. 2.

[27.] אַרְגְּוָן Purpur: II Chr 2 6.

Mhe. u. DSS (KQT 22). Akk. *argamannu* »Purpur, Tribut« (v. Soden AHw. 67) ug. *'rgmn* (PRU II, 134, 1 *[3]rgmn*) »Geschenk« oder eher »Tribut« (GdUM Nr. 240; Virolleau CRAI 1956, 63) > he. etwa 35× u. mhe. אַרְגָּמָן »mit rotem Purpur gefärbte Wolle« (betr. *ā* vgl. II § 8). Aram. (wie auch anderwärts im Sem., bes. im Akk., s. v. Soden Gr. § 31; GdUM a. a. O.) wird indessen *m* vor *n* zu *w* (Abart der Dissim.

m > *b*, Ruž. 95f.), weshalb sich aram. אַרְגְּוָנָא (md. ארגבא u. רגואן) »Purpur(gewand)« ergibt, s. KBL 1053 (md. auch »Geld«, s. Drower. Prayerbook 94[3] u. MdD 36), > ar.*'arǧawān* (Suppl. 198), bzw. *'urǧuwān* (GdUM u. v. Soden AHw. a. a. O.). Herkunft und ursprüngliche Bedeutung noch unabgeklärt: a) Albr. BASOR 50, 1933, 15 geht von einem anatol. Lw. **argan-* »Tribut« aus, das die Bedeutung »Purpur« erhielt, weil der Tribut der sy. Seestädte meist aus Purpurwaren bestand (an ein [phön.?] Fw. im Akk. denkt auch Galling BRL 153 und in seinem Gefolge Hönig 128; vgl. Nr. 323); b) nach Friedr. ZDMG 96, 1942, 483 u. Heth. Wb. 30 handelt es sich um ein akk. Lw. im Heth.: *arkama(n)-*, das hier die Bedeutung »Tribut« annahm, die durch heth. Beeinflussung auch dem Ug. zukam (vgl. Otten ZA 51, 1955, 275, Rabin Or. 32, 1963, 116ff., Driver CML 135[12], KBL 83 u. a. a. O. u. MdD a. a. O.; ferner Zimmern 37); c) Eissf. u. Aistl. JSSt. 5, 1960, 43f. u. Wb. Nr. 2491 schließlich legen die Wurzel *rgm* = akk. »Anspruch erheben, reklamieren« (vgl. akk. *regemtu* »Aufruf zur Bezahlung, Forderung«) zugrunde und übersetzen ug. *'rgmn* mit »Einforderung, Konto« u. ä. — Auf den Ableitungsversuch aus sanskr. *rāgam/wan* »rot« einzutreten (EB 1, 529; Zorell 78) erübrigt sich, s. Gradwohl 66[1,2] u. 68[33].

A: Gesen. HWb. 1810, 62; Driver SW 232; Gradwohl 66; vgl. auch Lag. Ue. 205.

28. אַרְיֵה Löwe: vorexil.: Gen 49 9 (2×) u. Dtn 33 22[1] Jdc 14 5. 8f. II Sam 17 10 23 20 (K) I Reg 20 36 Jes 31 4 Jer 2 30 4 7 5 6 12 8 Hos 11 10[2] Am 3 4. 8 cj. Ps 76 5[3]; exil./nachexil.: Jes 35 9[4] 65 25 Jer 49 19[5] 50 44[5] Ez 1 10 10 14 Joel 1 6 Mi 5 7[6] Ps 10 9[7] 22 14. 22[8] Hi 4 10 Thr 3 10 (K) Qoh 9 4 I Chr 12 9; unbestb.: I Reg 13 24-26. 28[9] Jes 11 7[10] 15 9[11] Ps 7 3[12] 17 12[13]. — Es fällt weg: Dtn 33 21 u. 45 11.

Anm.: 1) im Jakobs- u. Mosesegen, beides alte Texte, aber nicht genau datierbar, s. Eissf. Einl. 273f.; Noth UegPt. 18[54] u. 202[518]. 2) nach Wolff Hos 251 unecht, aber altes Traditionsgut. 3) Gkl. 330f. 4) Eissf. Einl. 395; Fohrer Jes II, 138. 5) sekd., s. Rudolph Jer XVI. 250 u. 256f. 6) Robinson Mi 127; Eissf. Einl. 502. 7) Gkl. 37. 8) Gkl. 95; Kraus 177 verzichtet auf Zeitbestimmung. 9) s. Eissf. Einl. 348f. u. 362; Noth UegSt. 81. 10) nach Eissf. Einl. 384 u. Fohrer Jes I, 151 unecht; nach v. Rad ThAT II, 179ff. u. a. m. aber echt. 11) G: Αριηλ; Eissf. Einl. 385ff.; Fohrer Jes I, 186f. 12) Gkl. 25 ohne Zeitangabe; nach Kraus 56 ev. schon vorexil. 13) Gkl. 56.

Mhe. Urspr. 4-radikalig (von Bro. ZDMG 94, 1940, 357[1] allerdings bezweifelt): **'arjajā* (Nöld. SG § 146 אַרְיָיא) mit Endung *-aj*, die he. in hauptbetonter offener Endsilbe, falls nicht erhalten geblieben, zu *-ā̈* (BLH 203o), aram. aber zu *-ē* (BLA 37j, 200l; VG I 412αα unrichtig als südsem. Endung gewertet; vgl. BLH 502f.), durch haplolog. Silbenellipse (Bro. SG § 70) auch zu *-ā* wurde (אַרְיָא, f. אַרְיוּתָא mit Dissim. *ji* > *ju*, VG I, 252u), s. Belege KBL 1053f. Angesichts der durchgehenden Schreibung mit *-ē* (die sich übrigens auch im Äth. findet, s. u.), kann im He. nicht nur ein masoret. Versehen vorliegen, wird wohl vielmehr mit einem schon in früher Zeit übernommenen Lw. zu rechnen sein. Urspr. Bedeutung, wie teilweise noch im He. u. Äth.: »großes, wildes, numinoses Tier« (s. Ullendorff VT 6, 1956, 192f.), daher Bezeichnung für verschiedene wilde Tiere geworden: akk. *a/erū* »Adler (v. Soden AHw. 247), ar. *'urwajjat* »weibl. Steinbock« (Ullendorff a. a. O. :: Nöld., der MG 167[1] die Zugehörigkeit des Nomens zu diesem Stamm bezweifelt) u. äth. *'arwē* »wildes Tier, Reptil, Schlange« (Dillm. Lex. aeth. 743). — Zur pl.-Form אֲרָיוֹת s. II § 16, 4c. Synn. u. a.: אֲרִי, etwa 20×, schon Jdc 14 5, u. לָבִיא, etwa 10×, schon Gen 49 9 (alt, Sellin-R. Einl. 47).

28a. אִשׁ es ist / sind vorhanden: II Sam 14 19 Prov 18 24 (אִישׁ). — Es fällt weg Mi 6 10.

28b. אִישַׁי n. m.: I Chr 2 13.

Im He. sonst ungefähr 130× יֵשׁ (< *יִשַׁי, das auf **jiṯaj* zurückgeht, vgl. MG 293[5] u. H. Bauer Islamica II, 1926, 8), wobei auf I/II Sam u. Prov je rund ein Dutzend Belege entfallen. Es handelt sich um eine SEM Partikel (s. KBL 408), die ug. in der Form *'ṯ*, akk. *išū* (»haben«, v. Soden AHw. 402f.) u. aram. אִיתַי/אית (aam. auch ליש; s. KBL 1049f., DISO 12 u. 286 u. KAI Nr. 216, 16) auftritt. Die beiden singulären אִ(י)שׁ-Belege gehen wohl auf aram. Einfluß zurück, wobei es sich um eine Mischform (vgl. Gemser Prov 75; ferner Bgstr. Gr. I § 17t) handeln wird. — Im Zusammenhang damit steht wahrscheinlich auch der Personenname אִישַׁי (:: Noth, Namen 236), der mit akk. Namensbildungen, die mit *ibašši* zusammengesetzt sind, zu vergleichen ist (cf. Stamm 135; H. Bauer ZAW 48, 1930, 77 u. v. Soden AHw. 113); zur Endung *-aj* s. II § 16,1b. (He. אִיתַי n. m., I Chr. 11 31, leitet sich wohl im Unterschied dazu von אִתַּי = Kurzform für * אִתִּיאֵל > אִיתִיאֵל n. m., Neh 11 7, her).

[29.] אָשְׁיָה Pfeiler, Stütze: Jer 50 15 (K אַשְׁוִיֹּתֶיהָ ?, s. BH z. St., Q אָשְׁיֹתֶיהָ, sekd., s. Rudolph Jer XVI. 257).

Fehlt mhe. Akk. *asītu, asa'ittu*, n.-ass. auch *i/esītu* »pfeilerartiger Turm« (Zimmern 14; v. Soden AHw. 74; ev. Fw., s. Baumg. ZA 36, 1925, 233) > ja. u. a. אָשִׁיתָא, אַשִּׁיתָא, אוּשְׁיָתָא« starke Mauer«, sy. *'āšītā* »Säule«, md. אשיתא »Wand« > ar. *'āsijat* »Säule« (Frae. 11). Grundsätzlich zu trennen von ba.* אשׁ »Fundament« (weitere aram. Belege

KBL 1054, > ar. *'ussun*, s. FRAE. a. a. O.). Hauptsächliches Syn.: עַמּוּד, häufig, u. a. schon Jdc 16 25f.

A: DUHM Jer 362.

[30.] אָשָׁף Beschwörer: Dan 1 20 2 2.

Fehlt mhe. Akk. *(w)āšipu* »Beschwörungs-, Sühnepriester« (ZIMMERN 67) > gemäß Philippischem Gesetz (VG I 147g; BLA 30a) ba. אַשַּׁף, woraus, wohl in Angleichung an die Form *qattāl* der nomina agentis, die vielfach für Berufsnamen dient (BLH 478h), und weil die *qātal*-Form als Nominalbildung fremd war (s. JENNI 3f.), אַשָּׁף (Var. אָשָׁף) wurde, s. KBL 1055 (md. nur denom., MdD 41). Im Sy. setzte Entwicklung nach *qātōl* hin ein, das als Typus für nomina agentis hier am lebendigsten geblieben ist (MG 113; VG I 343c); im Ar. ist die spezielle Verwendung der *qattāl*-Form für Berufsnamen erst unter aram. Einfluß erfolgt (MG 120; VG I § 149).

A: PRÄT. Litbl. orPhil. 1884, 197; SMITH JPhil. 1885, 123f.; ZIMMERN KAT 590[1]; MONTG. Dan 138f. 153.

31. אתה (qal) kommen: vorexil.: Dtn 33 2[1] Jer 3 22[2] cj. 12 9[3]; exil./nachexil.: Jes 21 12[4] 41 5. 23. 25 44 7 56 9. 12 Mi 4 8[5] Ps 68 32[6] Prov 1 27 Hi 3 25 16 22 30 14 37 22, (hif. »bringen«) Jes 21 14[7].

32. אֱלִיאָתָה I Chr 25 4 u. אֱלִיָּתָה[8] I Chr 25 25: n. m.

Anm.: 1) s. Nr. 28 Anm. 1. 2) אָתָנוּ: Vokalismus nach Analogie der Verba ל״א, s. BLH 442g. 3) s. RUDOLPH Jer 74; zur Form אֵתָיו s. II § 17, 12. 4) EISSF. Einl. 388 u. FOHRER Jes I, 220; zur Form s. vorstehende Anm. 3. 5) ROBINSON Mi 127. 6) GKL. 286f.; s. auch KRAUS 471f. 7) s. vorstehende Anm. 4; zur Form auch BLH 442. 8) s. KBL 53 u. RUDOLPH Chr 166.

Fehlt mhe. Aram. das über alle Dialekte verbreitete und gebräuchliche Wort für »kommen«, s. KBL 1055; Suppl 198; DISO 29f. dessen he. Äquivalent das sehr häufige בוא ist. Beide Stämme waren weit über den gemeinsem. Bereich verbreitet (s. KBL[3] s. v.) und ursprünglich wohl auch den Hebräern bekannt. Doch wurde offenbar schon bald אתה von בוא verdrängt, denn das fast völlige Fehlen eines so alltäglichen Wortes im vorexil. He. kann nicht zufällig sein. Das vermehrte Auftreten in exil./nachexil. Zeit erklärt sich am leichtesten durch aram. Beeinflussung, während beim alten Dtn-Beleg ev. aram. Erbgut vorliegen dürfte.

A: KAUTZSCH 7f.; BLH 23n. 442f.; DHORME Job 37; EB 1, 595; PFEIFFER Intr. 467; PROCKSCH Jes 270; Torrey Dtjes 477; TUR SINAI Job 68.

אֲשֶׁר לָמָּה s. Nr. 298.
II* בַּד s. Nr. 34.

33. בדא (qal) ersinnen: I Reg 12 33 (unbestb.)[1] Neh 6 8[2].

34. Der. II* בַּד (*בַּדָא?, KBL 108) leeres Geschwätz, unwahres Reden: exil./nachexil.: Hi 11 3 cj. Jes 58 13 u. Ps 141 6[3]; unbestb.: Jes 16 6[4] = Jer 48 30[5]. — Es fällt weg: Jes 44 25 Jer 50 36.

Anm.: 1) s. Eissf. Einl. 362. 348f.; Noth UegSt. 81[1]. 2) בוֹדָאם < * בּוֹדְאָם, Bgstr. Gr. I § 15e. 3) Gkl. 59. 4) Eissf. Einl. 386; Fohrer Jes I, 186. 5) Rudolph Jer 243.

Mhe. (qal, pi.) »erlügen«, mit Derr. wie בַּדָאוּת »Lüge«, בַּדַּי »Lügner«. Im Aram. ein lebendiger Stamm, vgl. äga. (pe., DISO 32), ja. (pa.) u. sy. (pe. pa.) »erdichten, ersinnen«, mit Derr. wie z. B. ja. בִּדְיָא, בִּדְתָא, בַּדָאוּתָא »Erdichtung, Lüge«, בַּדָּאָה »Lügner«, sy. *bedjā* u. *bud(d)ājā* »Possen«, *mebadjānā* »Possenreißer, Schwätzer«. Sonst noch asa. *bd'n* »Geschwätz« (Müller ZAW 75, 1963, 307), soq. *béde* u. mehri *bedú* »lügen« (Leslau 82). Nichts damit zu tun hat das KBL erwähnte phön. בד aus בדום Ešm. 6, das mit Friedr. Gr. § 283, 11 u. DISO 32 in בד(בר)נא zu korrigieren ist, was auch Harris 86 in Betracht zieht. Ebenso steht es wohl mit *baddum* der Marisprache (ARM II, 30, 9', XV, 192; :: Noth Urspr. 34f., s. Edzard ZA 56, 1964, 143f.). Indessen sinkt vielleicht die Wahrscheinlichkeit eines A, wenn mit Guillaume Abr-Nahrain I, 1959f., 6.20 auch ar. *faddād* »stolz« zu diesem Stamm zu zählen ist. Synn., z. T. mit Bedeutungsnuancen: חשב, häufig, u. a. Am 6 5, לָצוֹן, 3×, schon Jes 28 14 u. II שִׂיחַ, etwa 15×, vgl. bes. II Reg 9 11.

Cf. Kautzsch 105.

35. בָּהִיר glänzend (?): Hi 37 21.

Mhe., neben בָּהוֹר »weiß, glänzend«, Der. von בהר pi. »glänzen; sich verfinstern«. Dieselbe ambivalente Bedeutung auch bei ja. בְּהִירָא »glänzend« neben »glanzfleckig, trüb« u. sy. *bahī/ūrā* »verdunkelt« neben *šubhārā* »Glanz, Ruhm«, dagegen verbal ja. sy. (šaf.) u. md. (LS 61) בהר nur »glänzen, leuchten«, ebenso ar. u. äth. (vgl. auch Nr. 114ab). Die Meinungen, was an unsrer Stelle vorzuziehen sei, sind geteilt: im allgemeinen wird »glänzend« bevorzugt (so u. a. GB; KBL; Hölscher Hi 86; Tur Sinai Job 516 u. Fohrer Hi 483; für »verdunkelt« treten im Anschluß an Fz. Delitzsch u. Budde z. B. Dhorme Job 521 u. Echterbibel ein). So oder anders ist indessen mit einem A zu rechnen. Syn. צַח, 4×, schon Jes 18 4.

A: Dhorme op. cit. LXXXII; EB 1, 595; Hölscher Hi 87; Terrien Job 27[1]; Torcz. EJ III, 134.

36. בהל (nif.) eilen, hasten: vorexil.: Prov 28 22 Zeph 1 18[1]; nachexil.: Qoh 8 3[2], (pi.) 5 1 7 9 Esth 2 9, (pu.) 8 14 (מְבֹהָלִים »eiligst«) cj. Prov 13 11 u. 20 21, (hif. »eilig fortschaffen« u. ä.) Esth 6 14 II Chr 26 20.

Anm.: 1) l. aber wahrscheinlich בֶּהָלָה. 2) ev. pi.

Mhe. He. etwa 30×, wie auch aram., »beunruhigen, erschrecken, in Bestürzung versetzen« (vgl. das Der. בֶּהָלָה »jäher Schrecken«, s. II § 16, 2b). Daneben kennt indessen das Aram. die spezielle Bedeutung »eilen« (s. KBL 1056f. u. Suppl. 198; vgl. ferner Derr. wie sy. *bᵉbehlā*, = ba. בִּבְהִילוּ Esr 4 23, »schnell«, u. mit Metathese sy. *bulhājā* »Eile«), welche das He. aus dem Aram. entnommen hat. Synn.: חוּשׁ, etwa 20×, u. a. schon I Sam 20 38, u. I מהר, häufig, schon Jdc 9 48.

A: Kautzsch 106; Baumg. Eissf. Fschr. I, 53; Fz. Delitzsch Qoh 198; SR. Driver Intr. 475; Podechard Qoh 46; Siegfried Qoh 19; Wilson PThR 23, 1925, 257.

37. בזר (qal) aus-, zerstreuen: Ps 68 31 (nachexil., Gkl. 286f.) Dan 11 24.

He. etwa 10× in der Form פזר, ebenso teilweise mhe. u. ja. Im Aram. schreibt sich der Stamm indessen sonst immer mit *b*, vgl. ja. u. pehl. Frah. 4, 2 בזר, ferner ja. בִּזְרָא u. md. באזרא (> ar. *bazr* »Same«, Frae. 138), und mit *d* statt *z* (ZATU 85ff.) בדר, Belege s. KBL 1056; Suppl. 198 u. DISO 32f. Zum Lautwechsel *p*/*b* s. Frae. BAss. 3, 1898, 72; Dahood Bibl. 43, 1962, 362 u. KBL[3] sub ב, wo sich noch weitere Beispiele finden (vgl. im übrigen auch die Nr. 18. 232/4 u. 242a).

A: GB; KBL; LS 60; Barth EtSt. 24; Bentzen Dan 80; Charles Dan 300; Frae. a. a. O.; Gkl. a. a. O.; Montg. Dan 453.

38. II בחר (qal) prüfen: Jes 48 10 Hi 34 4. 33, (nif., ps.) Prov 10 20, (pu., ps.) cj. Hi 36 21 (s. Hölscher Hi 85).

Während die Doppelbedeutung a) »prüfen« und b) »(erprobt finden > als gut) auswählen« für das Aram. (ja. cp. sy. md., s. MG 311[1]) charakteristisch ist, verwendet das He. II בחר etwa 160× nur im Sinne von »auswählen«, wogegen für »prüfen«, wie auch mhe. u. DSS (KQT 31), בחן gebraucht wird. II בחר in der Bedeutung »prüfen« ist daher zweifellos dem Aram. entlehnt. Vgl. auch die Ersetzung von בחר durch בחן 1QJes[a] 48 10. Akk. entspricht *bēru*(*m*) »auswählen, aussuchen« (»prüfen« unsicher, s. v. Soden AHw. 122f.; *beḫēru* »auswählen« ist aram. Lw., ebd. 117f.), beduinisch-ar. *baḥar* »(Jagdtier) plötzlich erblicken« u. *baḥḥar* (auch palästin.-ar., Tur-Sinai Job 476) »blicken, hinsehen«, nach Driver AnOr. 12, 1935, 55[3] auch ar. *maḥara* »prüfen«. Zu beachten ist freilich Dhorme Job

465: » Au fond, les racines (בחן/II בחר) . . . développent une idée commune: éprouver par le creuset, examiner avec soin, finalement choisir ce qui est jugé bon«. Desgleichen rechnen PHILIPPI ZDMG 32, 1878, 35 und NÖLD. NB 139f. mit einer gemeinsamen Wurzel, die sich aus unbekannten Gründen aufgespalten hat (vgl. RUŽ. 99); NÖLD. ZDMG 57, 1903, 415 bezweifelt aus diesem Grunde sogar einen A.

A: KAUTZSCH 22f.; GESEN. HWb. 1810, 94; BDB; GB; CHEYNE JaS. 294; DHORME Job LXXXII; DRIVER Congr. Vol. Copenh. 29; DUHM Jes 335; HÖLSCHER Hi 82; MARTI Jes 323; NOBER Bibl. 41, 1960, 173* Nr. 2627; TORREY Dtjes 477; TUR SINAI Job a. a. O.

39. בטל (qal) aufhören, untätig sein: Qoh 12 3.

Mhe. (qal, nif. pi. hif.). Aram. verbal u. derivativ stark vertreten, s. KBL 1057 u. DISO 33 (sam. pt. »Sterbliche«, COWLEY SL II, LI). Akk. *baṭālu* »aufhören« (ZIMMERN 47; v. SODEN AHw. 116); etwas andere Bedeutung tragen ar. u. äth. *baṭala* »unwirksam sein«, soq. *bṭl* »entflammt, vernichtet sein« u. mehr. *mšóbṭebil* »Wüste« (LESLAU 85). Synn.: חדל u. I כלה, schon Jdc 5 6 bzw. 3 18, u. שׁבת, schon Jos 5 12, alle häufig belegt.

A: KAUTZSCH 106; GB; KBL a. a. O. u. Suppl. 140; LS 66; SR. DRIVER Intr. 474; EISSF. Einl. 611; GALLING Qoh 48; NÖLD. ZDMG 57, 1903, 417; PODECHARD Qoh 46; SIEGFRIED Qoh 19, WILDEBOER Qoh 114; ZIMMERN a. a. O.

[40.] בִּירָה Zitadelle, Schloß: Esth (11×) Dan 8 2 Neh 1 1 2 8 7 2 I Chr 29 1. 19[1] II Chr 17 12 27 4.

Anm.: 1) in der Bedeutung »Tempel« wie jaᵗ. u. nab.; vgl. die analoge Entwicklung bei akk. *ēkallu* »Palast, Schloß« > he. הֵיכָל »Tempel« (neben »Palast«), s. EIL. ZA 51, 1955, 225[1]; ferner FALKENSTEIN, Genava NS 8, 1960, 304; NOBER Bibl. 42, 1961, 246 u. ROSENTH. Gr. § 188.

Mhe. Aus akk. *birtu* »Festung, Burg« (ZIMMERN 14; v. SODEN AHw. 129); unsicher bleibt, ob *i* nach J. LEWY HUCA 27, 1956, 59 Anm. 248 akk. kurz u. erst aram./he. lang ist, denn Länge ist orthographisch bei »defektiver« Keilschrift nicht ausgeschlossen, s. v. SODEN Gr. § 7e). Von LEWY a. a. O., unter Zustimmung von ALBR. BASOR 143, 1956, 33[22], auf aass. *(w)abrum* »Siedlung« zurückgeführt. Da aram. häufig, s. KBL 1057; Suppl. 198f.; ALTH.-ST. ASpr. 17f. u. EIL. a. a. O., he. aber selten u. ausgesprochen spät, ist aram. Vermittlung anzunehmen. Vgl. auch die sonst im Aram. übliche apposit. Verbindung שושן הבירה Dan 8 2 (s. MONTG. Dan 327).

Auffällig ist die pl.-Form בִּירָנִיּוֹת II Chr 17 12 u. 27 4. Gegenüber der gew. Erklärung als Verbindung des adj.-bildenden Afform.-*ān* (> he.-*ōn*) mit dem Beziehungssf. *-*īju* > *ī* (so z. B. BARTH Nom. § 227; VG I 400hβ; BLH 501y u. BM § 41,4) hat NÖLD.s Vorschlag viel für sich, sie mit dem bes. in jüngern aram. Dialekten durch *j* erweiterten f. pl. der adjj. auf *-ān* in Verbindung zu bringen (MG § 135). Damit stimmt ja. בִּירָנְיָתָא, pl. v. בִּירָנְתָּא, überein, wobei es sich bei letzterer Form (vgl. auch mhe. בִּירָנִית dass.) um eine Rückbildung handelt, denn die Nomina auf *-ān* bilden im spätern Aram. den sg. f. analog dem pl. üblicherweise durch Einschub eines *j* (s. Nöld. SG § 71; MG a. a. O. u. § 128 u. Torcz. Entst. 220f.; vgl. ferner II § 16, 5).

A: Suppl. 140; BLH 501y; SR. Driver Intr. 539.

41. בֵּית zwischen: II Reg 11 15 (vorexil.) Prov 8 2 II Chr 23 14.

Fehlt mhe. Aus **bent* (Bro. SG § 100b), also von בַּיִת »Haus« zu trennen, mit dem es äußerlich zusammenfällt und darum in aram. Dialekten oft verwechselt wird (MG 194f.); indessen identisch mit sy. u. md. *bēt* »zwischen« (Nöld. SG § 251 u. MdD 64; s. ferner DISO 36). Zu בֵּית נְתִיבוֹת Prov 8 2 vgl. sy. *bēt 'urḥātā* »Kreuz-, Scheideweg«. S. auch Torcz. Entst. 75f. u. Eitan AJSL 45, 1928, 133. He. Äquivalent ist * בֵּין.

A: Rudolph Chr 272.

[42.] בִּיתָן Palast: Esth 1 5 7 7f.

Fehlt mhe. He. nur in der Verbindung גִּנַּת הַבִּיתָן »Innengarten«; mit erhaltenem *ā* (BLH 498b; s. auch II § 8). Aus akk. *bītānu* »innen, Palast« (v. Soden AHw. 131; nach Zimmern 8 wohl Weiterbildung von *bītu* »Haus«), > ja. בִּיתָנָא »Palast«, sy. *baitōnā* »palatium« (P. Sm. 499). Vom Aram. wohl dem He. übermittelt. Syn.: הֵיכָל, in gleicher Bedeutung etwa 15×, schon Am 8 3 (sonst häufig »Tempel«, s. Nr. 40).

A: SR. Driver Intr. 484; vgl. auch Olshausen § 403 u. Siegfried Esth 140.

43. בְּכֵן so (dann): Qoh 8 10 Esth 4 16.

Mhe. auch »damals«. Zusammensetzung aus בְּ u. כֵּן, wie solche außer ja. im späten atl. He. u. bes. mhe. beliebt waren (vgl. Strack-Siegfried § 76a). Vielleicht A, da auch ja. (Dalm. Gr. 220. 2; ebenfalls ja^{b}., s. Rossel 126) u. sy. (P. Sm. 1760) belegt — was aber fraglich wird, wenn Dahood Mélanges Tisserant 86 mit der Meinung im Recht sein sollte, daß das Wort sich schon in ug. *bkm* (Aistl. Wb. Nr. 510. 14*) findet. Allerdings spricht das vereinzelte und sehr späte he. Vorkommen dennoch eher für einen A.

A: Kautzsch 106; GB; Fz. Delitzsch Qoh 198; Podechard Qoh 46.

44. בִּנְיָן Gebäude: Ez 40 5 41 12. 15 42 1. 5. 10; Nf. בִּנְיָה[1] Ez 41 13 u. $\mathrm{MS}^{\mathrm{Ken}}$ 42 1.

Anm.: 1) Offenbar ist schließendes *n* in *n*-haltigem Stamm abgefallen (Ruž. 63; Dalm. Gr. 102δ; s. auch Elliger, Alt-Fschr. I, 80[2]. Wohl zu Unrecht will Bewer BH^3 auch Ez 41 12. 15 u. 42 1. 10 בִּנְיָה lesen.

Mhe. Der. von בנה »bauen«. Grdf. wohl **bunjān* (so noch ar., nach Frae. 27 wahrscheinlich echt), durch Assim. des *ŭ* an das *j* der folgenden Silbe, wie dies mit Ausnahme des Md. bei ל״י-Stämmen im Aram. die Regel ist (s. Barth Nom. § 201c; VG I, 194c u. BLA 39c), zu בִּנְיָן geworden, s. KBL 1058 (zur md. Nf. בינתא s. MG Nachdruck 500 u. MdD 61); Suppl. 199 u. DISO 39. Bei einem echt he. Wort wäre die urspr. Färbung des Vokals ev. erhalten geblieben, da das *ā* der Endung *-ān* hier analog שֻׁלְחָן »Tisch« nicht dissimilierend gewirkt hätte (vgl. BLH 499m).

A: Kautzsch 23; BDB; GB; KBL a. a. O.; Barth Nom. §§ 194b u. 202f.; BLH 500o; VG I, 388γ.

45. בקר (pi.) nachforschen, untersuchen: vorexil.: II Reg 16 15[1]; exil./nachexil.: Lev 13 26 27 33 (P)[2] Ez 34 11f. Prov 20 25 cj. Ez 39 14; unbestb.: Ps 27 4[3].

Anm.: 1) G mit falscher Vokalisation εἰς τὸ πρωΐ = לַבֹּקֶר. Verständnis schwierig: meist mit »sich bedenken, betrachten« u. ä. übersetzt; viel spricht aber für Mow.s Anregung (PsSt. I, 146), darunter die Opferschau zur Aufspürung eines Omens zu verstehen (vgl. auch Calvin: »ad oracula sciscitanda«, zit. Montg.-Gehm. 461). 2) Eissf. Einl. 224. 3) auch hier »beim Opfer nach einem Omen ausspähen« (s. Anm. 1) gut passend, cf. Kraus 224. Vgl. damit a) nab. מבקרא (pa. pt.) »prêtre qui examine les victimes (?)« (Cant. II, 73; indessen stammen die Belege von den dem 1. nachchristl. Jh. zugehörenden Sinaigraffiti, deren »allusions religieuses ... bien rares et bien peu claires« sind, ebd. I, 25); und b) den in den DSS belegten Titel מבקר (KQT 114): nach 1QS wohl ein Aufseher, Verwalter o. ä., nach 1QCD der Gemeindevorsteher (s. Maier II, 26f. 58).

Mhe. Die wenigen he. Belege stimmen in Stammform und Bedeutung genau mit dem Aram. überein, wo der Stamm recht lebendig ist und die spezif. Bedeutung »nachforschen, untersuchen« angenommen hat, s. KBL 1059 u. Suppl. 199; außerdem md. Schon vorexil. Übernahme läßt Bedeutungsnuancen und selbständige Entwicklungen im He. verständlich werden (vgl. z. B. בַּקָּרָה »Fürsorge« Ez 34 12, s. II § 16, 2b). Ar. »spalten« u. äth. »durchbohren, aushöhlen«. Synn.: דרשׁ, häufig, schon Am 5 6, u. נכר hif., schon Gen 38 25 (J, Eissf. Hex. 79*).

A: Kautzsch 23f.; GB; KBL a. a. O.; Kretzschmar Ez 243.

46. I בַּר Sohn: Prov 31 2 (3×)[1]. — Es fällt weg : Ps 2 12.

Anm.: 1) Prov 31 1-9 steht in enger Beziehung zur altorient. Weisheitsliteratur und scheint selber außerisraelit. Herkunft zu sein, bleibt aber schwer datierbar; s. BAUMG. OTMSt. 213 u. GEMSER Prov 4f. 107f.

Fehlt mhe. Aus unbekannten Gründen ist *binu (so akk., > he. בֵּן, BLH 195df, weitere SEM Belege s. KBL 133 u. DISO 37) aram. zu בַּר dissimiliert, wobei *i* wegen auslautendem *r* zu *a* wurde (NÖLD. NB 138f.; VG I, 230ε u. BLA 179f. 42u) > Βαραββᾶς Mt 27 16 (BAUER WbNT 221); weitere griech. Namensformen, die aus Kombinationen mit בַּר entstanden sind, s. PREISIGKE 518. Im pl. בְּנִין tritt indessen auch aram. das urspr. *n* wieder hervor, außerdem ist in einigen Dialekten *i* erhalten geblieben, s. KBL 1059; Suppl. 199; DISO 41ff. u. ALTH.-ST. ASpr. 247 (nab. בן = hebraisierend, CANT. I, 86). Dissimiliertes *r* weist im übrigen auch soq./mehr. *ber* »Kind« auf (LESLAU 95). — Beachtenswert ist das Vorkommen im sonst phön. Klmw-Text (s. I § 1 Anm. 19), freilich in mehr oder weniger erstarrter Form und vielleicht zum Namen gehörig (s. LANDSB. Sam'al 44[107]; EHO 11[2]; HARRIS Dev. 10[19]; DUP.-S., Les Araméens 81 u. ALTH.-ST. op. cit. 228); desgleichen in einer der ältesten ar. Inschriften aus dem nab. Sprachgebiet (LIDZB. Eph. II, 35 u. ROSENTH. AF 85).

A: KAUTZSCH 24f.; GESEN. HWb. 1810, 119; GB; KBL 1059; KÖNIG Wb.; BGSTR. Gr. I § 21o; BLH 26. 546z; CHEYNE OrSt. 463; SR. DRIVER Intr. 403; DUHM Ps 9; GEMSER Prov 107; GK § 2v; GKL. 12; KITTEL Ps 8; KRAUS 12; SCHMIDT Ps 3; WILDEBOER Prov XIV.

47. IV בַּר Feld: Hi 39 4.

Mhe. Aram. sehr verbreitetes Äquivalent, s. KBL 1059; Suppl. 199, zu he. שָׂדֶה. Sonst noch ar. asa. (CONTI 119), äth. (DILLM. Lex. aeth. 948) u. soq. (LESLAU 98) belegt. — In diesem Zusammenhang ist auch zu nennen:

48. חוּץ מִן außer: Qoh 2 25.

Mhe. (neben בַּר מִן, STRACK-SIEGFRIED § 76g). Es handelt sich um eine Übertragung des aram. Ausdrucks (לְ)בַּר מִן, dessen 1. Element mit Nr. 47 identisch ist (vgl. auch MANNES 10f.); aram. Belege s. DISO 43, außerdem ja. cp. sy. u. md. (MG 203 u. MdD 50; s. ferner NYB. II, 34).

A: (umfaßt auch Nr. 47) BDB; GB; KÖNIG Wb.; FZ. DELITZSCH Qoh 199; SR. DRIVER Intr. 474; FOHRER Hi 493; HÖLSCHER Hi 92; SCHWARZB. 87; SIEGFRIED Qoh 19; vgl. des weiteren DRIVER Congr. Vol. Copenh. 33 u. TUR-SINAI Job 540.

49. * בְּרוֹת phönik. Wacholder: Cant 1 17.

Mhe., neben בְּרוֹשׁ. Akk. *burāšu(m)*, dass. (v. SODEN AHw. 139; vgl. ZIMMERN 53) > lautgesetzlich richtig he. etwa 20× בְּרוֹשׁ, ja. cp. u. sy. aber בְּרוֹתָא (*ā* nach vorhergehendem *ŭ* > *ō*, VG I, 185δ), ja. u. md. auch בְּרָתָא > gr. βραθύ, lat. *bratus* (LEWY 34).

A: GESEN. HWb. 1810, 121; BDB; SR. DRIVER Intr. 448; NOBER Bibl. 41, 1960, 174*, Nr. 2640; NÖLD. ZDMG 57, 1903, 417; RUDOLPH Cant 110; ZIMMERN a. a. O.; WILSON PThR 23, 1925, 242. 257.

50. בִּשְׁלָם (?): Esr 4 7.

Entweder wird das Wort mit den meisten Komm. im Anschluß an 3 Esr u. V als n. pr. verstanden, dessen Etymologie aber noch dunkel ist (s. z. B. BERTHOLET Esr 97; GB; KBL 158; vgl. damit auch ug. *šlm* »Gott der Dämmerung«, DRIVER CML 148; AISTL. Wb. Nr. 2615), oder man zerlegt mit G, 𝔄 u. S in בְּ u. שְׁלָם u. faßt letzteres im Sinne von »Einvernehmen« auf (so u. a. SCHAED. 16f., der ein aram. Original bereits für v. 7a vermutet, das nur notdürftig ins He. übersetzt worden sei, s. auch Nr. 128; ähnlich schon KLOSTERMANN GVI 216 »mit Genehmigung des«), womit ein A gegeben wäre. Doch ist keiner der Lösungsversuche voll befriedigend, weshalb neuerdings zu cjj. Zuflucht genommen wird (RUDOLPH Esr 34: בִּירוּשָׁלֵם; GALLING Esr (ATD) 194: בְּשֵׁם). Ob mit einem aram. Lw. zu rechnen ist, bleibt daher sehr fraglich.

51. גְּבַל n. l. Byblos (heute *Ǧebēl*): Ez 27 9.

Meist mit ar. *ǧabal* »Berg« in Beziehung gebracht (z. B. KRAUSS ZAW 28, 1908, 255ff.; SCHWARZB. 201; KBL 166), < *ǧabala* »formen«, vgl. aram. mhe. גבל »kneten, formen«, he. II גבל »drehen«. Demgegenüber möchte NOTH WO 1, 1947, 23 von der Wurzel I גבל »eine Grenze festsetzen« ausgehen (vgl. mhe. גּוֹבֶל »Feldrand«) und das Nomen als »das umgrenzte Gebiet« deuten, während ROSÈN VT 1, 1951, 306 eine Verbindung beider Wurzeln sucht. **Gabl-* (?) > **Gubl-* (vgl. EA *Gubla*; *a/i* vor Labial > *u*, s. TIERRY VT 1, 1951, 130 u. FRIEDR. IdgF. 65, 1960, 192; :: ROSÈN a. a. O. **Gu̯-*), woraus he. etwa * גֹּבֶל werden müßte (BLH 460h), vgl. EUSEB Onom. 58 5-6: Γοβελ (s. DUSSAUD Syr. 5, 1924, 388) u. G Jos 13 5: Γαβλι »Einwohner v. B.«. Statt dessen zeigt das Nomen deutlich aram. Vokalismus, s. II § 6. Griech. * Γυβλος (vgl. damit mycen. *kupirijo* = wohl * Γύβλιος, s. SZEMERÉNYI ClR. 8, 1958, 60) > Βύβλος u. Βίβλος, s. TIERRY u. FRIEDR. a. a. O. Weitere sem. u. außersem. Namensformen s. KBL 166 u. Bibl. 40, 1959, 196*, Nr. 3152.

A: BLH 462m; GORD. JbKlF. 2, 1951, 53.

51a. גדף (pi.) lästern, schmähen: exil./nachexil.: Num 15 30 (P)[1] Ez 20 27 Ps 44 17[2]; unbestb.: II Reg 19 6. 22 = Jes 37 6. 23. — Ez 5 15 s. unten c.

51b. Der.* גִּדּוּף Lästerworte: Jes 43 28 Zeph 2 8 (vorexil.)[3].

51c. Der.* גִּדּוּפָה Lästerworte: Jes 51 7 cj. Ez 5 15.

Anm.: 1) Eissf. Hex. 173*. 2) Gkl. 187. 3) Eissf. Einl. 520f.

Mhe. pi., mit Der. גִּדּוּף »Lästerung«; DSS (KQT 42). Die Ansetzung eines A ist abhängig von der Frage, ob ar. *qaḏafa* I. II »werfen« (zur Bedeutung s. Nöld. NB 47[3] u. vgl. gr. διαβάλλω) mit unserm Stamm identisch ist (so z. B. KBL 172), was Frae. 228 für möglich, nicht aber für sicher erachtet, vgl. ferner Nöld. ZDMG 40, 1886, 729. Trifft es zu, so müßte man im He.* גזף erwarten, dem ja. sy. u. md. גדף pa. »schmähen, lästern« (sy. pe. »fliegen«, *gᵉdāfā* »Rudern«), ja. גִּדּוּפָא u. גִּדּוּפִיתָא, sy. *guddāfā* u. md. *gadupa* (MdD 81. 73) »Schmähung, Lästerung« entspricht (vgl. GdUM § 5. 13), > ar. *ǧaddafa* »schmähen« (Frae. a. a. O.). Äth. *gadafa* »(Steine, Anklage) werfen« sollte nach Lautgesetzen ebenfalls *z* statt *d* aufweisen, ist aber ev. auch aram. Lw. Asa. *gḏf* »schmähen« (Conti 121) wiederum ist lautgerecht. Synn.: II חרף, häufig u. schon Jdc 5 18, u. I נקב, Lev 24 11. 16 (P, Eissf. Hex. 159*).

A: Bgstr. Gr. II § 17b; Frae. a. a. O.

51d. cj. II * גַּו Inneres: Hi 20 25 (l. גַּוֹּה pr. גֵּוָה, s. KBL[3] s. v.).

Mhe. גַּו neben גֵּו u. גּוֹ »Inneres, Mitte«. Entlehnt aus aram.* גַּו »Inneres«, Belege s. KBL 1061, Suppl. 199 u. DISO 48, > phön. בגו »inmitten« (s. Friedr. Gr. § 552a u. KAI Nr. 17,1). A trotz ar. *ǧaww* »Inneres v. Haus u. Tal«. Man beachte den weitern A Nr. 311 im selben Vers.

[52.] גּוּמָּץ Grube: Qoh 10 8.

Fehlt mhe. Ein Lw. unbekannter Herkunft, dessen Fremdheit sich u. a. im Schwanken des 1. Radikals äußert: ja. גֻּמְצָא, גּוּמְצָא/כ״/ק״ u. קֻמְצָא, sy. *gummāṣā*, md. כומאצא (MdD 207) »Grube«, ja. u. sy. auch denom. *ā* ist wohl aus dissimil. Gründen erhalten geblieben (s. BLH 215i). Ginsberg Krt 14 versuchte nun freilich ug. *qmṣ* »aufspringen, hüpfen« (vgl. ar. *qamaṣa* »galoppieren, springen«) mit akk. *kamāṣu* »sich niederbeugen, knien« in Verbindung zu bringen, während Garbini Annali 4, 1962, 87ff. andererseits unser he. גומץ mit derselben akk. Wurzel in Zusammenhang setzte, was Dahood Mélanges Tisserant

86ff. schließlich bewog, גומץ zu ug. *qmṣ* (vgl. auch äth. *gamaṣa* »neigen, beugen«) zu stellen. Damit würde eine innersem. Ableitung gewonnen, die aber, selbst wenn sie sich bewahrheiten sollte, was recht fraglich bleibt, unter den gegebenen Umständen die Annahme eines A nicht hinfällig werden ließe. He. Äquivalent: etwa 20× שַׁחַת, schon Prov 26 27; dementsprechend geben Tg. u. S masoret. שַׁחַת an der genannten Stelle mit גּוּמָּצָא wieder.

A: Kautzsch 25; BDB; GB; KBL; LS 121; Barth Nom. § 45 Anm. 1; Fz. Delitzsch Qoh 199; Driver Congr. Vol. Copenh. 30; Hertzberg Qoh 184; Podechard Qoh 45; Schwarzb. 44; Siegfried Qoh 19; Wildeboer Qoh 157; Wilson PThR 23, 1925, 256.

גִּזְבַּר s. Nr. 59.

53. I* גִּיל Alter(sstufe): Dan 1 10.

Mhe. »Kreis, Genossenschaft, von gleichem Alter«, בן גיל »Verwandter«, Der. v. גיל »einen Kreis bilden«. Es handelt sich im He. wohl um eine Entlehnung aus dem Aram., was um so begreiflicher ist, als Dan 1 1-2. 4a auf ein aram. Original zurückgeht, s. III § 3, 9. Die Wurzel selbst weist den auch sonst im Sem. zu beobachtenden Wechsel zwischen Formen ע״י u. ע״ו auf (s. Nöld. BS 38f.); vgl. zu ersterem: he. גיל »jauchzen«, ug. *gyl* »sich freuen«, ja. גִּילָא md. גיליתא »etwa Rundes« ja. גִּילָאָה »von gleichem Alter« (talm. בן גילו »Zeitgenosse«, Jastr. I, 238), sam. גִּילָא »Kreis, Generation«; zu letzterem: sy. *gāl* »auflodern« (Wurzel *gwl*, Nöld. op. cit. 43[3]), ar. *ǧāla* »sich umdrehen« (Wurzel *ǧwl*, ebd. 43; neben *ǧīl* »Kreis, Generation«), asa. *gwl* »beneficium« (Conti 122), äth. *gōl* »Stall«. Sehr häufiges Syn.: דּוֹר, schon Gen 7 1 (J, Eissf. Hex. 10*). — S. noch Nr. 57.

A: Bentzen Dan 18; Charles Dan 3; SR. Driver Intr. 506; Marti Dan 5; vgl. auch Montg. Dan 133.

54. * גֶּלֶד Haut: Hi 16 15

Mhe., auch verbal גלד »fest werden, eine Kruste bilden«. Äga. palm. (DISO 50) ja. sy. md. גִּלְדָּא u. a. »Haut; Leder«, ja. auch pe. pt. »mit einer Kruste überzogen«, itpe. »abgehäutet werden«, גִּלְדָּאָה »Fellarbeiter«, sy. *geldōnā* »kleines Fell«, > nbab. *gil(a)du* (CAD 5, 71), läßt für das he. hap. leg. an ein aram. Lw. denken, das durch ar. *ǧild* »Haut« (weitere Derr. s. Hirschberg VT 11, 1961, 374 u. für das moderne Ar. Wehr 116f.) u. äth. *gld* »überziehen, decken« indes doch ziemlich in Frage gestellt wird. Häufiges Syn. (auch etwa 10× bei Hi) ist עוֹר, schon Gen 3 21 (J, Eissf. Hex. 5*).

A: Cheyne JaS. 294; Tur-Sinai Job 268; vgl. auch Duhm Hi 88f.

55. II גָּלָל n. m.: Neh 11 17 I Chr 9 15f.

56. Der. גִּלֲלַי n. m.: Neh 12 36.

Mhe. גָּל »Schildkröte«. Identisch mit sy. u. md. (DROWER JRAS 1941, 114; MdD 76) *gallā* »Schildkröte«, s. NOTH Namen 230 u. RUDOLPH Neh 186 (:: König Wb. »Jahwe hat gewälzt«). Keilschr. *Galalānu* u. *Galūlu* (APN 79). Zur Endung *-aj* v. Nr. 56 s. NOTH op. cit. 38 u. unten II § 16,1b.

57. * גֹּלֶם Formloses, Embryo (?): Ps 139 16 (nachexil.)[1].

Anm.: 1) GKL. 590; nach KRAUS 917 Entstehungszeit unbestb.

Mhe. גּוֹלֶם »Masse, Klumpen, unfertiges Gefäß«, auch »ungebildeter Mensch« (STRACK-SIEGFRIED 36 Anm.), גּוֹלְמִית u. גּוֹלְמִי »formlos«. Der. v. גלם he. »zusammenwickeln«, vgl. damit ja. גְּלִימָא, sy. *gᵉlaimā* »Hülle, Mantel«, ja. גּוֹ׳׳/גֻּלְמָא »unfertiges Gefäß, Stein, Hügel, גִּ׳׳/גַּלְמְתָא »Hügel, Tal«, cp. sy. *galmā* »Tal« md. *glum* (ein Geisterwesen; MdD 93f.). Soq. **gélem* »sich verwirren« (LESLAU 109).

Trotz dieser möglichen Ableitung aus dem Aram. bleibt das Verständnis des Wortes schwierig. Es wurden daher auch immer wieder cjj. vorgeschlagen, s. Komm. Beachtenswert ist die Vermutung DAHOODS, Value of Ug. 34f., in גֹּלֶם (u. גִּילִי Ps 43 4) dasselbe Nomen I* גִּיל »Alter(sstufe)« wie Dan 1 10 (s. Nr. 53) mit einem dem Ug. entsprechenden enklitischen *-m* (s. GdUM §§ 5. 19, 11. 5. 7 u. Nr. 1047; GINSBERG Tarbiz 4, 1932, 380ff. u. 5, 1933, 75ff.; ALBR. JPOS 14, 1934, 121; POPE JCSt 5, 1951, 123ff.) zu finden. Man wird in der Tat auch im He. ein solches afform. **-ma* grundsätzlich in Rechnung zu stellen haben, s. O'CALL. VT 4, 1954, 170f.; ALBR. VTS 3, 1955, 11[3] JIRKU VT 7, 1957, 201f. 391f.; HD. HUMMEL JBL 76, 1957, 85ff.; GARBINI SNO 163f. u. MORAN, Fschr. Albr. 60; zurückhaltender DRIVER CML 129[16]. (Hinsichtlich des Phön., wo DRIVER a. a. O. wohl zu Unrecht dieselbe Erscheinung in האלם ז feststellen will, s. FRIEDR. Gr. §§ 296[4] u. 306 u. RÖLLIG, Fschr. Friedr. 403ff.).

A: DUHM Ps 287f.; GKL. 591; KRAUS 914; SCHMIDT Ps 244.

[58.] I גְּנָזִים Schatzkammer: Esth 3 9 4 7.

Mhe. גָּנַז, denom. גנז »verbergen«. Zugrunde liegt ape. **ganza-* »Schatz« (SCHAED. 47; EIL. 43 u. AfO. 17, 1954/5, 333; WIDGR. IsK. 82[284]; vgl. auch NYB. II, 77 *ganǰ* »Schatzkammer«) < sanskr. *gañǰa* (MG 51[1]; nach NYB. a. a. O. freilich unbekannter Herkunft), npe. *ganǰūr* (ROSENTH. Gr. 58), worauf auch Nr. 59 u. 60 zurückgehen. Als Lw. von verschiedenen Sprachen übernommen (s. AD 77), kam das Nomen in der Form * גְּנַז auch in das Aram., s. KBL 1062;

Suppl. 199 u. DISO 52, welches es einerseits dem He., worauf u. a. die Schreibung mit *z* für pers. *ž* hindeutet (vgl. HUMBERT ThZ 6, 1950, 61 zu גִּזְבָּר), und anderseits dem Ar. u. Griech. (in der ja. sy. גַּזָּא mit assim. *n* entsprechenden Form γάζα > lat. *gaza*; s. MdD 90) weitergab.

[59.] גִּזְבָּר Schatzmeister: Esr 1 8.

Mhe., f. גִּזְבָּרִית. Ape. **ganžabara* »Schatzmeister« (s. Nr. 58) > aram. u. a. גִּזְבַּר, s. KBL 1061; Suppl. 199 (md. גאנזיברא nach WIDGR. IsK. 96 wohl aus ape. **ganžēbar*; s. auch DROWER, Questions 12 u. MdD. 77).

[60.] * גַּנְזַךְ Schatz-, Vorratshaus: I Chr 28 11.

Mhe., neben גַּנְזַכָּה. Zur Herkunft s. Nr. 58, nach LAG. GA 28 mit ape. Endung *-ak*. Obwohl nur in ja. גַּנְזְכָּא »Schatz« u. גַּנְזְכְרָיָא »Schatzmeister« belegt (LEVY I, 347), ist aram. Vermittlung anzunehmen.

[61.] גִּר Kalk: Jes 27 9 (nachexil.)[1].

Anm.: 1) in der Jes-Apokalypse; EISSF. Einl. 392ff.; FOHRER Jes II, 1ff.

Mhe. גִּיר. Aram. גִּיר, u. a. »Kalk« > denom. גיר »tünchen«, s. KBL 1061, > ar. *ǧair, ǧajjar* »Kalk«, *ǧajjara* »mit Kalk bekleiden« (FRAE. 9; NÖLD. ZDMG 57, 1903, 415[1]) u. äth. *gajara* »Kalk anwenden« (NÖLD. NB 45). (FRAE. u. NÖLD. NB 45[1] wollen syr. *gīrā* »Leim« zum ar. Stamm *ġr'* »überstreichen« stellen; doch deutet die Nominalform eher auf eine »hohle« Wurzel hin, wenngleich die Dissim. *ġ* > *g* vor Sonoren in aram. דגל < **dġl* »lügen«, VG I, 230κ, in äth. *šagara* < ar. *šaġara* »schnell laufen«, ebd. 123f., und in soq. *gére* »enduire d'une substance gluante«, LESLAU 25, bezeugt ist). Asa. *gjr* »Kalk« (CONTI 122). Letzte Herkunft des Stammes noch ungewiß; die von ZIMMERN 60 vorgeschlagene Herleitung aus akk. *kiru* »Ofen« wurde durch LANDSB. ActOr. 16, 1937/8, 120[3] widerlegt. — Zur Verwendung des Kalkes s. GRADWOHL 86f.

A: KAUTZSCH 25; KBL a. a. O.; FRAE. 9; ZIMMERN a. a. O.; vgl. auch BDB.

62. דוב (hif.) an der Seele, am Leben zehren: Lev 26 16[1] cj. I Sam 2 33 (vorexil.)[2].

63. Der. דִּבְיוֹנִים Taubenmist (?)[3]: II Reg 6 25 (Q)[4].

64. cj. Der.* דּוֹב Schwund (der Knochen): cj. Hi 33 19.

Anm.: 1) im Heiligkeitsgesetz; Lev 26 14-45 in der jetzigen Gestalt exil./nachexil., s. EISSF. Einl. 285. 2) vv. 27-36 dtr. überarbeitet, s. ebd. 360. 3) Deutung nicht durchwegs anerkannt, anders z. B. Echterbibel; vgl. auch BH z. St. 4) K: חֲרֵי יוֹנִים.

He. mhe. זוב »fließen, triefen« mit Derr. wie זוֹב, mhe. זִיבָה »Weiß-, Blutfluß«, entspricht ja. sy. u. md. דיב, dass., ja. דִּיבָא (neben II דּוֹבָא, זוֹבָא u. זְבוּתָא), sy. *d^ejābā* u. md. *daiba* »Ausfluß, Weiß-, Blutfluß«, ferner akk. *zābu* u. ar. *ḏāba* (vgl. GdUM § 5. 13). Von daher wäre ein A gegeben, doch wird er etwas in Frage gestellt, wenn auch דאב »schmachten« Jer 31 12. 25 Ps 88 10 (mhe. »fließen«, ja. außerdem »sich ängstigen« = ar. *da'aba* »sich abmühen«) und דבב »tropfen, sanft überfließen« Cant 7 10 (mhe. u. ja. dass., sy. »(zer)fließen« = ar. *dabba*, KBL: »leise gehen, gleiten«, Kopf VT 8, 1958, 169: »sich langsam fortbewegen«; vgl. ferner noch ar. *daub* »in schlechtem Zustand sein«, Guillaume Abr-Nahrain I, 1959f., 8) stammverwandt sind (s. Bertholet Lev 95). Am ehesten scheint Nr. 63 zu den A zu gehören; Jos. Ant. IX, 4, 3 spricht im übrigen von einer Verwendung des Taubenmistes als Salz, s. Gressm. SchrAT. II, 1², 302 :: Montg.-Gehm. 385.

A: (Nr. 64) Hölscher Hi 80.

65/66. fallen weg.

67. דוץ (qal) hüpfen: Hi 41 14[1].

Anm.: 1) zu Gen 25 22 G εσκίρτων s. Nestle, G-Studien VI, 14f.

Mhe. nur derivat. דִּיצָה »Freude«. Aram. gut belegt: ja. md. (pe.) »frohlocken, tanzen« u. vor allem sy. (pe. u. pa.) u. a. »frohlocken, hoch aufspringen, tanzen (Nöld. ZDMG 40, 1886, 730¹; bes. von der Bewegung junger Tiere, Nestle, a. a. O.)«, mit Derr. wie ja. דִּיצָא, sy. *dajṣā* »Gazellenart, Reh«, *d^ejāṣā* »Tanz«, md. דיצא »Frohlocken«. Da aber auch das Ar. *dāṣa* (ע״י) »beweglich sein« kennt und lautlich keine Anhaltspunkte gegeben sind, bleibt ein A unsicher. Synn.: u. a. נתר, 7×, schon II Sam 22 33, u. רקד, 9×, schon Ps 29 6 (alt, Gkl. 125).

A: Dhorme Job CXLI; vgl. Nestle a. a. O.

68. דור (qal) sich aufhalten, wohnen: Ps 84 11 (vorexil., Gkl. 370) Sir 50 26 u. 33 11 (דרי הא[דמה, Mskr. Adler, Tarbiz 29, 1931, 16, Nr. 2).

Mhe. (qal, pi.). SEM in der Bedeutung »umkreisen, umgeben« u. ä., vgl. akk. *dūru* »Ringmauer«, ar. *daur* »Umkreis«, ug. *dr* »Generation« und demensprechend he. דור »im Kreise schichten« Ez 24 5, II דּוֹר »Lebenszeit, Generation« z. B. Gen 7 1. Daneben entwickelte sich bes. im Aram. die Bedeutung »wohnen«, s. KBL 1064 u. vgl. die von Littm. ZS 1, 1922, 167ff. beigebrachten aram. nn. l. dieses Stammes.

Das He. mag an den genannten Stellen vom Aram. beeinflußt sein, doch besteht nicht volle Gewähr, da auch ar. *dār* u. *daur* »Wohnung« bedeutet (Suppl. 146). Häufige, schon früh belegte Synn. sind ישׁב u. שׁכן.

A: KAUTZSCH 106; GESEN. HWb. 1810, 189; GKL. 372; SMEND Sir XLIII.

[69.] * דַּרְכְּמוֹן Drachme: Neh 7 69-71 (דַּרְכְּמֹנִים) Esr 2 69 (דַּרְכְּמוֹנִים).

Mhe. דַּרְכְּמוֹנוֹת. Sg. nach ALBR. OTMSt. 22 u. Fschr. Marx 64f. **darkām* oder **darkᵉmāh*. Das Wort leitet sich ab von gr. δραχμή < δράσσομαι »(mit der Hand) fassen« (vgl. KRAUSS I, 192; :: < δραχμῶν SCHWYZER IdgF. 49, 1913, 18) > phön. דרכמנם (FRIEDR. Gr. § 208b) neben דרכנם (verderbt?, s. DISO 60) und ja. דַּרְכְּמוֹנָא (sy. *drkms*), worauf das he. Nomen wohl zurückgeht. Nach DE VAUX I, 315 handelt es sich bei den obigen atl. Stellen in Wirklichkeit um Dariken, s. Nr. 6.

70. דַּרְמֶשֶׂק n. l. Damaskus: I Chr 18 5f. II Chr 16 2 24 23 28 5. 23.

Der Name ist in dreifacher Gestalt überliefert: a) mit einfachem *m*: akk. EA, ar. äg. u. gr. (> ja. cp. דמסקס; vgl. auch nar. *Demseq*, BGSTR. Gl. 21). b) Mit gemin. *m*: he. etwa 40× דַּמֶּשֶׂק (> II Reg 16, 10 דּוּמֶּשֶׂק, s. ROSENTH. AF 17[1]), ebenso mhe. und wohl DSS (KQT 50), auch ja. דַּמַּשְׂ/סְקָאָה »Damaszener«. Bei aam. דמשק (Suppl. 147) bleibt die genaue Form unerkennbar. c) Mit *r*: ja. דורמסקית u. sy. *Darmsūq*, ferner 1QGenAp, aber auch 1QJesᵃ (s. MANSOOR JSSt. 3, 1958, 44) u. mischn. (DUENS. 41), ebenso gr. (s. dazu ROSENTH. op. cit. 17). Meist wird die *r*-Form unter Annahme einer Geminatendissim. aus jener mit verdoppeltem *m* hergeleitet (*mm* > *rm*, s. *Ruž.* 78), und, da sie im Aram. gebräuchlich (vgl. BLA 50f.; BGSTR. Gr. I § 20b; *Ruž.* 120 u. unten Nr. 206 u. 317), Geminatendissim. auch eine aram. allgemein verbreitete Erscheinung ist (wobei die Gemination freilich meist durch Insertion eines *n* aufgelöst wird, s. VG I, 245f.; BLA 50d u. vgl. Nr. 151 u. 153), als typisch aram. erklärt. Allerdings ist die *r*-Form nicht urspr. und auch keineswegs die alleinige aram. Namensform, die Ableitung aus verdoppeltem *m* auch insofern problematisch, als unbekannt bleibt, wie und wann diese Gemination überhaupt entstanden ist (ROSENTH. a. a. O. will darin einen Harmonisierungsversuch zwischen der *r*-haltigen und der *r*-losen Form erblicken, wobei erstere auf eine undurchschaubare etymolog. Spielerei zurückgehen könnte) — dennoch wird man für das seltene, auf die Chronikbücher beschränkte und mit der im Aram. geläufigsten Form übereinstimmende he. דרמשק am ehesten aram. Einfluß annehmen müssen. Wahrscheinlich ist der Name ursprünglich gar nicht sem.

Herkunft, s. NÖLD. ZA 31, 1917/8, 222[3]; ROSENTH. a. a. O. 16; REIDER JBL 67, 1948, 245ff. u. GORD. IEJ 2, 1952, 175[7].

A: GESEN. HWb. 1815, 155; KBL[3]; Suppl. 212; BGSTR. a. a. O.; ROTHSTEIN Chr 344; RUDOLPH Chr 134; RUŽ. a. a. O.; WILDEBOER Esth 187.

[71.] דָּת Gesetz: Esth (20×) Esr 8 36. — Dtn 33 2 fällt weg.

Mhe. auch »Religion« (LEVY I, 431). Ape. u. av. *dāta-*, npe. *dāt* (KENT 189; s. ferner ROSENTH. Gr. 29) > nbab. *dātu* (v. SODEN AHw. 165) und aram. דָּת, s. KBL 1067, von wo es dem He. vermittelt wurde und die viel gebrauchten althe. Äquivalente חֹק u. תּוֹרָה teilweise verdrängte.

[71a.] הֹדּוּ die pers. Satrapie Indien: Esth 1 1 8 9.

Mhe. הִנְדִּי/הִנְדְּוִי »indisch«. Ja. הִנְדְּוָאָה/הִנְדָּאָה neben הֵידְוָאָה (mit assim. *n* wie im He.), sy. *hendwājā*, md. *hind* »Indien«, *hind(a)-uaiia* »Inder, indisch« (MdD 146), vgl. auch die ja. Lww. aus dem Griech.: Ἰνδία > הִנְדְּיָא »Indien«, Ἰνδική > הִנְדִּיקִי »Indien, indisch« u. הִנְדְּקָאָה »Inder«, Ἰνδικός > הוּנְדְּקַס n. m.; < ape. *Hi^{n}du-*, avest. *hindu* (GINSBERG JBL 43, 1924, 322) < sanskr. *síndhu* »Strom, Indus, Land am Indus« (KENT 214). Bei he. הֹדּוּ (vgl. auch ja[t]. הֹדּוּ, das aber he. Lw. sein kann, und das schon erwähnte הוּנְדְּקַס) ist *i* vor Nasal u. Konsonant zu *o* verdunkelt worden, wenn man diese Lautveränderung nicht eher mit ALTH.-ST. ASpr. 203 elamit. Einfluß zuschreiben will (nach ALTH.-ST. ib. ist in den ersten 50 Jahren der achämenid. Herrschaft, wenigstens in der Persis, auch das Elamit. auf den Kanzleien verwendet worden). Trotz dieser Erklärungsversuche bleibt die Vokalisation im He. etwas undurchsichtig. Belege für Entsprechungen in weitern Sprachen s. KBL 225 u. Suppl. 148; vgl. außerdem BARDTKE Esth 277[4].

72. II הוה (qal) werden, bleiben: Gen 27 29 (J[1] oder E[2]) Jes 16 4 (unbestb.)[3] Qoh 2 22 11 3 Neh 6 6.

Anm.: 1) NOTH UegPt. 30[93]. 2) EISSF. Hex. 50*. 3) s. EISSF., Einl. 385ff.

Mhe. (qal, pi.) u. DSS (KQT 55). Als gebräuchliche Form verwendet das He. היה, dessen Grdf. aber, falls ein Zusammenhang mit akk. *ew/mū* »werden« besteht (so z. B. v. SODEN AHw. 266), הוה ist, wie im Aram. noch erhalten, s. KBL 1068; Suppl. 200; DISO 63f. u. MdD 133. Man wird wohl he. ו-Bildungen auf das Aram. zurückführen dürfen, wobei es sich um altes Erbgut handeln kann.

A: BGSTR. Gr. II § 28u.

73. הֵיךְ wie?: Dan 10 17 I Chr 13 12.

Mhe. Unter dem Einfluß der Demonstrativa (VG I, 328d) wurde aram. אֵיךְ, das auch im He. neben אֵיכָה die gewöhnliche Form der Fragepartikel ist, in einigen aram. Dialekten zu הֵיךְ, s. KBL 1068; Suppl. 200 u. DISO 64, wovon sich he. הֵיךְ herleitet. Zur Etymologie s. BLH 631, 5.

A: Kautzsch 26; Gesen. HWb. 1810, 223; Bentzen Dan 72; Charles Dan 253; Marti Dan 76; Montg. Dan 415; Torcz. EJ III, 134; VG a. a. O.; Wilson PThR 23, 1925, 256.

73a. cj. I המס (qal; pr. חמס) sinnen: Hi 21 27.

Fehlt mhe. Falls die zuerst von Jacob ZAW 32, 1912, 286f. vorgeschlagene und von den meisten Komm. übernommene cj. richtig ist, liegt ein A vor, vgl. ja. (pa.) »sich bedenken« und sy. (pe.) »denken, sinnen«, mit Derr. Ar. *hamasa* »unhörbar reden« hat etwas differierende Bedeutung.

A: Dhorme Job 292; Hölscher Hi 54; Jacob a. a. O.

74. הֵן wenn: Ex 8 22 (ev. J)[1] Lev 25 20 Jes 54 15 Jer 2 10[2] 3 1 Hag 2 12[3] Hi 9 11f. 12 14f. 23 8 40 23 II Chr 7 13[3].

Anm.: Eissf. Hex. 123*, Beer Ex 50, vgl. aber Bro. HS 157d, u. Noth UegPt. 32. 2) textl. unsicher, s. Rudolph Jer 12. 3) / / אִם.

Fehlt mhe. He. הֵן bedeutet sonst etwa 90× wie הִנֵּה (< **hinhen* (?) KBL 238) »siehe!« (ebenso in seltenen Fällen im Aram., AD 82, 3—4; Segert ArchOr. 24, 1956, 395), während für »wenn« אִם steht, wogegen das Aram. für letzteres הֵן gebraucht, s. KBL 1069; Suppl. 149 u. DISO 66. Z. T. ist es im He. eine Ermessensfrage, wo »wenn« und wo »siehe!« übersetzt wird (vgl. Nöld. ZDMG 57, 1903, 416), zumal bedacht werden muß, daß sich die Grundbedeutung »gesetzt, angenommen« o. ä. (mit folgendem Inhalt der Annahme; KBL 238), leicht zu »wenn« entwickeln kann.

A: Kautzsch 26f.; BLA 266k; Bro. a. a. O.; Budde Hi 42; Cornill Jer 31; Dhorme Job 158; Driver Congr. Vol. Copenh. 30; GK § 159w; Horst Hag 206; Kropat 69. 74; Marti Hag 387; Nöld. a. a. O.; Rudolph Jer 12; Terrien Job 145[1]; Torrey Dtjes 477; Tur-Sinai Job 76; Wilson PThR 23, 1925, 257.

74a. זבד (qal) beschenken: Gen 30 20 (E)[1].

74b. Der. זֶבֶד Geschenk: Gen 30 20 (s. o.) Sir 36 24 40 29.

74c. Der. אֶלְזָבָד (Komposition mit V אֵל »Gott«) n. m.: I Chr 12 13 26 7.

74d. Der. זָבָד n. m.: Esr 10 27. 33. 43 I Chr 2 36 f. 7 21 11 41 II Chr 24 26(?).

74e. Der. זַבְדִּי n. m.: Jos 7 1. 17 f. (alt)[2] Neh 11 17 I Chr 8 19 27 27.

74f. Der. זַבְדִּיאֵל n. m.: Neh 11 14 I Chr 27 2.

74g. Der. זְבַדְיָה (< זְבַדְיָהוּ) n. m.: Esr 8 8 10 20 I Chr 8 15. 17 12 8 27 7.

74h. Der. זְבַדְיָהוּ n. m.: I Chr 26 2 II Chr 17 8 19 11.

74i. Der. זָבוּד n. m.: I Reg 4 5 (alt)[3] Esr 8 14 (K)[4].

74k. Der. זְבוּדָה n. f.: II Reg 23 36 (K זבידה).

74l. Der. יְהוֹזָבָד n. m.: II Reg 12 22 (vorexil.)[5] I Chr 26 4 II Chr 17 18 24 26.

74m. Der יוֹזָבָד n. m.: II Reg 12 22 (s. Nr. 74 l) Esr 8 33 10 22 f. Neh 11 16 I Chr 12 5. 21 II Chr 31 13 35 9.

74n. Der. עַמִּיזָבָד (Komposition mit II עַם »Verwandter«) n. m.: I Chr 27 6.

Anm.: 1) Eissf. Hex. 58*. 2) Noth Jos 43. 3) Noth UegSt. 65 u. 68. 4) Q: זַכּוּר, s. Rudolph Esr 78. 5) Noth UegSt. 77.

Mhe., vgl. nn. pr. זַבְדַּי u. זְבַדְיָה, n. l. זָבוּד. Der Stamm ist außer ar. *zabada* »schenken«, *zabd* u. asa. *zbd* »Geschenk«, *zbdm* n. f. (Conti 143) u. tham. זבדאל (Littm. TS 50) vornehmlich aram. gebräuchlich, vgl. ja. sy. (pe., sy. auch af.) »schenken«, ja. זְבוּדָא, sy. *zebdā, zebdōnā* »Geschenk«, und zwar hauptsächlich in Personennamen wie z. B. äga. זבדי, BMAP I, 14 auch זבוד, nab. זבדו/י, palm. זבדעתא (Rosenth. Spr. 22), ja. sy. (P. Sm. 1073) זַבְדָּא, זַבְדַּי, cp. זבדאי (Schulth. Lex. 53) > Ζεβεδαῖος Mt 4 21 u. ö. (s. Bauer WbNT 562), keilschr. *Zab-dī, Zabdi-ilu* (APN 245) u. *Ilu-zab-bad-da* (ebd. 100), ferner Ζαβαδιας, Ζαβουδ u. Ζαβεδ u. a. m., s. Preisigke 508. 521. Ob der Stamm als solcher als A deklariert werden kann, ist im Blick auf die oben erwähnten weitern sem. Belege nicht sicher zu entscheiden; wohl aber darf bei den Namenbildungen mit aram. Einfluß gerechnet werden, denn während das Akk. für Personennamen mit der Bedeutung »schenken« die Wurzel *nadānu*, das Phön. יתן u. das Ar. *ʾns* u. *wtb* verwenden, gebrauchen das Aram. זבד und das He. normalerweise נתן, s. Noth Namen 46 f. Nach Noth ebd. sind Bildungen mit זבד (wie überhaupt im besondern die impf.-Formen der nn. pr.) auf die sog. »protoaram.« Schicht (s. I § 1 Anm. 11) zurückzuführen. Ohne auf die Frage der »Protoaramäer« näher einzutreten, ist hinsichtlich der Entstehungszeit auf alle Fälle stets zu bedenken, daß nn. pr., welche dem chronist. Werke entstammen, schon älteren Datums sein können, da die betr. Namenlisten teilweise alten Quellen zugehören, s. Rudolph Esr/Neh/Chr ad. loc.

A: BMAP 230; Noth a. a. O.

75. זְבִינָא n. m.: Esr 10 43.

Fehlt mhe. Pt. ps. pe. der aram. Wurzel זבן »kaufen« (s. KBL 1071; Suppl. 200) > ar. *zabana* (Frae. 189), welcher als he. Äquivalent I קנה, schon Gen 47 19 (J, Eissf. Hex. 98*), gegenübersteht. In genauer Entsprechung keilschr. **Zabīnu* (APN 246) u. gr. Ζαβ(ε)ινας n. m. (Wuthn. 48; Schürer I 265[15]); nab. זבינו n. pr. ist textl. unsicher (Cant. II, 91). Ob ein Zusammenhang mit akk. *zibānītu* u. *zibānu* »Wage« besteht, ist zweifelhaft (CAD 21, 100). — Zu א- s. II § 10.

A: BDB; KBL; Noth Namen 231f.

[76.] * זָוִית Ecke: Sach 9 15 (v. Altar) Ps 144 12 (v. Palast; vorexil., s. Gkl. 605).

Mhe. »Winkel«. Der v.* זוה, vgl. sy. *zw'* »schwellen« (KBL 253 :: Schulth. HW 23, der ar. *zwh* »zusammenziehen, -drücken« zugrunde legt). Wohl aus akk. *sawītu* »Binnenmauer, Bastion« (Schott/Landsb. ZA 42, 1934, 93f.), woraus äga. (DISO 73) ja. cp. sy. זָוִיתָא u. md. *zauaita* (MdD 157) wurde, > he.* זָוִית u. ar. *zāwijat* »Ecke, Winkel« (Frae. 11). Synn.: מִקְצוֹעַ, etwa 10×, frühester Beleg Ez 41 22 u. פִּנָּה, etwa 25×, schon I Sam 14 38.

A: Kautzsch 27f.; BLH 505n (»aramaisierendes pt.«).

76a. זִכָּרוֹן Denkwürdigkeit, Protokoll, Memoiren: Ex 17 14 (Glosse)[1], Mal 6 16 Esth 6 1.

Anm.: 1) Eissf. Hex. 143*, Noth UegPt. 332[343].

Mhe. u. a. »Gedächtnis«. Der. der ursem. Wurzel **ḏkr* »gedenken«, die mit Ausnahme des Ug. gemeinsem. belegt ist (s. Schottr. 3ff. 44f.). Die Nominalform (< **ḏakarān* mit sf.-*ān*) entspricht durchaus he. Sprachgesetzen (s. BLH 498c), was einer Herleitung aus dem Aram. widerrät (:: Schottr. 299f.), zumal auch das Phön. סכרן »Gedächtnis« und das Asa. ד̄כרן »Denkstein« kennen (Schottr. 49. 92), im Aram. aber nur das Ba. u. Nab. eine ähnliche Nominalbildung דִּכְר(ו)ן aufweisen (s. KBL 1066; ebenfalls < **ḏakarān*, BLA 195y :: Bro. VG I, 391c u. Cant. I, 48), während die übliche weitverbreitete aram. Form * דָּכְרָן (< **ḏukrān*, BLA 195z) ist, s. KBL a. a. O. u. DISO 78. Indessen geht offenbar die spezif. Bedeutung des Wortes an den erwähnten 3 atl. Stellen auf aram. Sprachgebrauch zurück, wo sich das Nomen bes. im Aega. u. Ba. geradezu zu einem t. t. für »Protokoll, Memorandum« u. ä. entwickelt hat. Die übrigen 33× ist im Unterschied dazu entsprechend der Grundbedeutung des Stammes »Erwähnung, Erinnerung, Gedächtnis« (s. SCHOTTR. 306ff.) zu übersetzen.

A: SCHOTTR. 299. 341, vgl. GB 199.

[77.] * זְמָן bestimmte Zeit, Datum: Esth 9 27. 31 Neh 2 6 Sir 43 7.

[78.] Denom.* זמן (pu. pt.) festgesetzt sein: Esr 10 14 Neh 10 35 13 31.

Mhe. Herkunft umstritten (s. KBL XXVIII): nach ZIMMERN 63; SCHAED. ZDMG 95, 1941, 269f.; LS 187 u. BLA 33h < akk. *simānu* »passend, Termin« mit regressiver Assim. *s* > *z* wegen *m* (VG I, 170δ); nach TELEGDI JA 1935, 242 u. schon NÖLD. MG 152 (anders NB 44[3]), neuerdings NYB. II, 251f. u. WIDGR. IsK. 106 (vgl. auch MdD 165) aber < ape. *ǰamāna*, mpe. *zamān*, cf. sogd. *zmn-* (GAUTH. Gr. 238), > aram. einerseits זְמָן (ba. ja. nab.), in welcher Form das Wort dem He. (zur Nominalform s. II § 2) und ebenso dem Ar. (*zaman* u. *zamān*) u. Äth. (*zaman*; NÖLD. NB 44) vermittelt worden ist, andererseits *za/ibnā* u. a. m. (palm. sam. cp. sy. u. md.; zur Erklärung s. RUŽ 92f. u. WIDGR. a. a. O.), vgl. KBL 1072; Suppl. 200 u. DISO 78. Mehr. *zemōn* u. *zubōn*, soq. *zem* u. *zman* (LESLAU 153f.). Häufiges u. schon früh belegtes he. Äquivalent ist עֵת.

A: KAUTZSCH 28; GB; KBL; BLA a. a. O.; FZ. DELITZSCH Qoh 199; SR. DRIVER Intr. 553; DRIVER Congr. Vol. 33; EISSF. Einl. 611; GALLING Qoh 48; GK § 2v; HERTZBERG Qoh 28[3]; NÖLD. NB a. a. O.; SIEGFRIED Qoh 19; WILDEBOER Qoh 114.

[79.] זַן Art, Sorte: II Chr 16 14 Sir 37 28 49 8. — Es fällt weg: Ps 144 13.

Fehlt mhe. Ape. u. av. *zana-* < sanskr. *jána-* (KENT 211; WIDGR. IsK. 104), vgl. auch sogd. **zanaka-* > *zng* »Sorte, Art« (GERSHEVITCH Nr. 245); > aram. זנא, KBL 1072; Suppl. 213; DISO 78; ALTH.-ST. ASpr. 269, > he. זַן (s. HUMBERT ThZ 6, 1950, 307). Als he. Äquivalent dient * מִין, etwa 20×, ältester Beleg Dtn 14 13.

80. זְעֵיר ein wenig, eine kurze Zeit: Jes 28 10. 13 Hi 36 2.

81. מִזְעָר Kleinigkeit, ein wenig: Jes 10 25 16 14 u. 29 17 (unbestb.)[1] Sir 48 15.

Anm.: 1) EISSF. Einl. 385ff. 382; FOHRER Jes I, 195, II, 82.

Fehlt mhe. Derr. v.* זער, einer Nf. v. צער »gering sein«, die außer he. auch ug. akk. ar. u. phön., ja. u. sy. belegt ist. Demgegenüber kommt die Form mit ז in fast allen aram. Dialekten vor, s. KBL 1072; Suppl. 200 u. DISO 79, weshalb an einen A gedacht werden kann, der allerdings durch ar. *za'ira* »dünn, spärlich sein (v. Haar, Federn)« u. EA *zirti* (wo indessen allfällige Ungenauigkeiten in der keilschr. Wiedergabe von Zischlauten zu berücksichtigen sind) etwas fraglich wird. Nr. 80 erklärt sich wohl aus **zu'ajr* (*aj* wird analogisch zu *ē*, BLA 190w; Typus *qutail*, der im Gegensatz zum Aram. und auch Ar., wo er bes. für Dimin. verwendet wird, cf. LITTMANN OLZ 31, 1928, 580, ferner KOOPM. I, 49, 22, he. ungewöhnlich ist, s. MG 118[1]; VG 1 § 137; BLA 190v; ROSENTH. Spr. 18. 73; CANT. Gr. 104ff. u. NYB. StHos. 100[1]; BAUER ZAW 48, 1930, 79 andererseits erwägt im Anschluß an BARTH Nom. § 5d *qatil*-Typus). Häufiges und schon Gen 30 30 (J, EISSF. Hex. 59*) belegtes Syn. ist מְעַט.

A: GESEN. HWb. 1810, 262; KBL LI; BGSTR. Gr. I § 31; BLA a. a. O.; BUDDE Hi 225; CANT. a. a. O.; DHORME Job 491; TUR-SINAI Job 493; VG I, 352a.

82. זֵרְעֹנִים Pflanzennahrung: Dan 1 16.

Mhe. »Sämereien«. Der. v. SEM זרע »säen«. Ja. זֵרְעוֹנִין, sy. *zar'ōnā* »Sämereien«, vgl. auch md. באזרוניא »Saaten« (Dimin. von באזירא aus בַּר זַרְעָא mit Assim. des *r*, »Same«, MG 55. 140 u. MdD 46f.; nsy. *barzarrā* ohne Assim.). Richtiger wäre he. die Vokalisation זַר״, doch erfolgte Angleichung an זֵרוּעַ »Pflanze, die aus Samen gezogen wird«, s. MG 140[3]; RÜTHY 37f.; ja. זֵר״ beruht wohl auf he. Einfluß. — Auffällig ist die pl.-Endung *-ōnīm* < *-ān* u. *-īm*, von BRO. VG I, 451γ als doppelter pl. erklärt, indem *-īm* sekd. an die alte pl.-Endung *-ān* angefügt worden sei, was BLH 517v indessen bezweifelt wird. Es handelt sich um eine im Aram. öfters (s. z. B. MG § 136; BRO. SG § 112; DALM. Gr. 191. 6), he. aber nur selten (Beispiele s. BLH a. a. O.) auftretende Erscheinung, die kaum als A zu gelten hat (sicher hat sie nichts mit der Diminutiv-Endung *-ōn* zu tun, s. RÜTHI a. a. O.). Sie bezeichnet verschiedene Arten einer Gattung (I. LÖW., zit. bei RÜTHY a. a. O.: »pl. d. Verschiedenheit«, KBL 631: »pl. diversitatis«, BRO. SG a. a. O.: »Sortenpl.«). — QC I, 150, 1, 16 findet sich זרעים, was aber nicht gegen einen A sprechen muß, da vielleicht ein Zusammenhang mit זֵרֹעִים Dan 1 12 besteht, wo mit MONTG. Dan 135, BDB u. a. m. wahrscheinlich eher eine he. Nf. als eine fehlerhafte Abweichung von זֵרֹנִים anzunehmen ist.

A: MG 140[3]; MONTG. a. a. O.; RÜTHY a. a. O.; VG I, 451[2].

82a. II חבב (qal oder pi., s. KBL 270) lieben: Dtn 33 3[1].

Anm.: 1) Die Zugehörigkeit des n. m. חֹבָב Num 10 29 u. Jdc 1 16 cj. 4 11 zu unserm Stamm bleibt fraglich, s. KBL 270.

Mhe. (pi.), mit div. Derr. Während der Stamm im He. zuverlässig nur ein einziges Mal im Dtn belegt ist, findet er sich im Aram. außerordentlich oft: pehl. (Frah. 19, 10), palm. (DISO 81), ja. cp. u. sy. (pa. u. af.), z. T. mit Derr. (vgl. auch die nab. nn. pr. CANT. II, 93) in der Bedeutung »lieben«, sy. (pe.) u. md. (pe. pa. af., MdD 129) in jener von »brennen« (was nach LEVY II, 201 die Grdb. sein soll). Das He. verwendet als Syn. sehr häufig den Stamm **אהב** (s. THOMAS ZAW 57, 1939, 57ff.), der u. a. auch ug., nur in einem einzigen und dazu unsichern Beleg aber aram. vorkommt (s. THOMAS a. a. O. 58, DISO 6), so daß **חבב** das eigentlich aram. Aequivalent zu he. **אהב** ist. Gleichbedeutendes ar. *ḥabba,* asa. *ḥb* (MÜLLER, ZAW 65, 1963, 308) u. pun. *mḥb* (jif., DISO 81), ferner akk. *ḫību* I »geliebt« (v. SODEN AHw. 344) u. ṣafat. *ḫbb* »Freund« (TU 183) raten in der Ansetzung eines A freilich zur Vorsicht.

A: DRIVER Congr. Vol. Copenh. 30.

82b. חַד־אֶת־אַחַד einander: Ez 33 30 (vgl. auch Hi 41 8).

»Einander« kann im He. auf mancherlei Weise ausgedrückt werden, s. Suppl. 22. Nur singulär findet sich indessen obige Floskel (חַד dabei eher Abschreibefehler als A), welche auf das Aram. zurückgehen wird, cf. SG § 242 u. MG 349[2]; entschieden aramaisierend bieten denn auch 2 MSS[Ken] den Text **חד את־חד**. Von diesem aram. Gebrauch des Zahlwortes ist übrigens auch griech. εἷς τον ἕνα (= ἀλλήλους) I Thess 5 11 abhängig (s. BLASS-DEBRUNNER § 247). Vgl. auch Nr. 124.

83. **חדה** (qal) sich freuen: Ex 18 9 (E)[1] cj. Jer 31 13 (pi. »erfreuen«) Ps 21 7 (textl. unsicher; vorexil.)[2]. — Es fallen weg: Ps 86 10 u. Hi 3 6.

84. Der. חֶדְוָה Freude: Neh 8 10 I Chr 16 27.

85. Der. יַחְדּוֹ n. m.: I Chr 5 14 (nach NOTH Namen 210 durch Verkürzung entstanden).

86. Der יַחְדִּיאֵל n. m.: I Chr 5 24.

87. Der. יֶחְדְּיָהוּ n. m.: I Chr 24 20 27 30.

Anm.: 1) EISSF. Hex. 144*; vgl. auch NOTH UegPt. 39[138]; BEER Ex 94 schlägt cj. vor. 2) GKL. 85ff.

Fehlt mhe. Viel häufiger sind im He. die syn. Stämme **שׂושׂ**, etwa 25×, schon Ps 19 6, und vor allem **שׂמח**, etwa 150×, schon Jdc 9 19, deren eigentliches aram. Äquivalent **חדה** ist, s. KBL 1073f.; Suppl. 200 u. DISO 82. Akk. *ḫadû,* ar. *ḫadija* u. sehr wahrscheinlich ug. *ḫdw* (GdUM Nr. 687; DRIVER CML 139 :: AISTL. Wb. Nr. 906, s. GdUM Nr. 615) lassen zwar vermuten, daß auch das He. den Stamm urspr. gekannt hat (vielleicht ist Ex 18 9 ein Nachklang), daß er dann aber verdrängt und erst später durch das Aram. wieder zur Geltung gebracht worden ist. Zum Alter der Personennamen Nr. 85—87 vgl. allerdings die Ausführungen zu Nr. 74a—n.

A: KAUTZSCH 29f.; Thes. 446; GB; KBL a. a. O.; FZ. DELITZSCH Ps I, 178; DRIVER Congr. Vol. Copenh. 35; DUHM Ps 66; GKL. 87; KRAUS 168; RUDOLPH Neh 165.

88. חֲדַתָּה (חָצוֹר) n. l.: Jos 15 25 (ev. sekd., NOTH Jos 88).

Mhe. Aram. Wortform (s. KBL 1074; DISO 83) für he. חֲדָשָׁה, n. l. Jos 15 37, Der. von aram. חדת (s. KBL a. a. O.) bzw. he. חדש (pi.) »neu machen«. Keilschr. *Ḫadatu* (= Arslan Tash, n. l., s. THUREAU-DANGIN, u. a. Syr. 10, 1929, 188[1] u. Arsl. 7f.; ALBR. BASOR 76, 1939, 5). — Aus ev. **Qart-ḥadat* < phön. **Qart ḥadašat* > vielleicht Καρχαδών (dor., sonst Καρχηδών), *Carthago* (s. FRIEDR. Gr. § 98 u. RvEIEu 3, 1943, 20ff.); auf aram. Vermittlung geht indessen wohl die lat. Form *Carthada* (< *Qrt ḥadtā* > *ḥattā*; s. Thes. ling. lat., Onomasticon Vol. II, C, 212. 63) zurück, s. ALTH.-ST. ASpr. 230ff., vgl. ferner KOBER Or. 14, 1945, 282f.

A: KBL; STEUERNAGEL Jos 210.

89. חוב (qal) sich verschulden: cj. I Sam 22 22, (pi. »in Schuld bringen«) Dan 1 10 Sir 11 18.

90. Der. חוֹב Schuld: Ez 18 7[1].

Anm.: 1) zum Text s. ZIMMERLI Ez 393.

Mhe., Der. חַיָּב »Schuldner«, u. DSS (KQT 68). Der Stamm ist aram. verbreitet und gut belegt: s. DISO 83, außerdem ja. cp. sam. sy. u. md. (DROVER, Questions 124[6], MdD 134) »schuldig sein, sich verschulden«, (pa.) »für schuldig erklären, verurteilen, in Schuld bringen«, mit Derr. wie ja. הוֹבָא »Schuld«, cp. חיב »schuldig«, sy. *ḥaubtā*, md. *hauba* (MdD 117) »Schuld, Schaden« > ar. *ḥāba* »sich verschulden« (LS 218); vgl. ferner als nordsem. Lw. im Asa. *ḥb* »sündigen« u. *ḥb* »Schuld« (neben *ḫb* »schuldig bleiben«, s. MÜLLER ZAW 75, 1963, 308). He. Synn.: etwa 35× אשם »schuldig sein«, schon Jdc 21 22, etwa 40× אָשָׁם, schon I Sam 6 3f., u. etwa 20× אַשְׁמָה, schon Am 8 14, »Verschuldung«.

A: LS a. a. O.; CORNILL Ez 280; MONTG. Dan 133; NÖLD. ZDMG 57, 1903, 418.

חוד s. Nr. 101.

91. I חוה (pi.) verkünden, in Kenntnis setzen: Ps 19 3 (alt)[1] Hi 15 17 32 6. 10. 17 36 2 Sir 16 25 cj. Ps 52 11 (unbestb.)[2].

92. Der. * אַחֲוָה Darlegung: Hi 13 17 (textl. unsicher).

Anm.: 1) Gkl. 76. 2) Gkl. 230.

Mhe.; QC I, 42, 1, 2 . .] חוית unsicher. He. nur in poet. Texten vertreten. Grdf. erhalten in ar. *wḥj* u. palm. *mawḥē* > infolge Metathese aram. חוה »zeigen, kundtun, erzählen, deuten« (VG I, 277k; Rosenth. Spr. 65[4]), Belege s. KBL 1074 (zum Md. vgl. MdD 134); Suppl. 201 u. DISO 84f. Wohl altes Erbgut, wobei die späthe. Belege späterer aram. Beeinflussung unterliegen werden. Guillaume Abr-Nahrain III, 1961f., 3 möchte freilich wegen des Ar. (vgl. auch *waḥāt* »Stimme«) auf die Postulierung eines A verzichten. Für Entlehnung aus dem Aram. spricht indessen neben dem sehr verbreiteten aram. Vorkommen auch die formale Übereinstimmung zwischen dem He. und dem Aram. hinsichtlich der Metathesis. Daß der Stamm auch im Ar. urspr. ist, kann noch keine grundsätzliche Widerlegung eines A sein. Zur Form von Nr. 92 s. im übrigen unten II § 16, 2c. Sehr häufiges u. schon Gen 3 11 (J, Eissf. Hex. 4*) belegtes Äquivalent ist נגד hif.

A: Kautzsch 30; Gesen. HWb. 1810, 280; KBL a. a. O.; LS 220; Begrich 68; Budde Hi 78; Cheyne JaS. 294; Fz. Delitzsch Ps I, 164; Dhorme Job CXLII; Dillmann Hi 293; Driver Congr. Vol. Copenh. 30; Duhm Ps 60; EB 1, 595; Fohrer Hi 264; GK § 2v; Gkl. 76; Kraus 154; MdD a. a. O.; Tur-Sinai Job 226; Wilson PThR 23, 1925, 257.

חוּץ מִן s. Nr. 48.

93. חזה (qal) sehen: vorexil.: Ex 18 21 (E)[1] 24 11 (E)[2] Num 24 4. 16 (J)[3] Jes 30 10 Ps 46 9[4] 63 3[5] Prov 22 29 24 32 29 20; exil./nachexil.: Jes 26 11[6] 33 17. 20[7] 47 13 48 6 57 8 Ez 12 27 13 6-9. 16. 23 21 34 22 28 Mi 4 11[8] Sach 10 2 Hi 15 17 19 26f. 23 9 24 1 27 12 36 25 Cant 7 1 Thr 2 14 Sir 15 18; unbestb.: Jes 1 1 2 1 u. 13 1[9] Am 1 1[10] Mi 1 1[11] Hab 1 1[12] Ps 11 4. 7[13] 17 2. 15[14] 27 4[15] 58 9. 11[16]. — Es fallen weg: Hi 8 17 u. 34 32.

94. Der. חָזוּת Gesicht, Erscheinung: Jes 29 11 21 2 (exil.)[17] Dan 8 5. — Es fallen weg: Jes 28 18 u. Dan 8 8.

95f. fallen aus.

97. Der. יַחֲזִיאֵל n. m.: I Chr 12 5 16 6 23 19 24 23 II Chr 20 14 Esr 8 5.

98. Der. יַחְזְיָה n. m.: Esr 10 15.

Anm.: 1) EISSF. Hex. 145*. 2) NOTH UegPt. 39 u. BEER Ex 126 (EISSF. Hex. 152*: L). 3) EISSF. Hex. 188*f. 4) KRAUS 341 (GKL. 200 »nachprophetisch«). 5) GKL. 266. 6) in der Jes-Apokalypse, EISSF. Einl. 392ff.; FOHRER Jes I, 1ff. 7) EISSF. Einl. 394f.; FOHRER Jes II, 133. 8) ROBINSON Mi 127, 143; EISSF. Einl. 502. 9) EISSF. Einl. 369. 376; FOHRER Jes I, 19. 50. 161. 10) ROBINSON Am 74f.; MAAG Am 2f. 11) ROBINSON Mi 130. 12) HORST Hab 172. 13) GKL. 40f. 14) GKL. 56. 15) GKL. 114. 16) GKL. 250. 17) EISSF. Einl. 387; FOHRER Jes I, 220.

Mhe. u. DSS (KQT 69). He. wird »sehen« zur Hauptsache durch ראה wiedergegeben. Umgekehrt findet sich im Aram. an Stelle des »verschollenen . . . *ra'ā*« (VG I, 324[1]) und neben חמא (zu he. I חמה s. Nr. 103) als Äquivalent חזה, s. KBL 1074; Suppl. 201; DISO 84f. u. ALTH.-ST. ASpr. 270, > ar. *ḥazā* »als Augur prophezeien« (DRIVER CML 138[18]), *ḥāzin* »Seher«. Wahrscheinlich handelt es sich im He. um altes aram. Lehngut, das, von ראה teilweise verdrängt, erst in späterer Zeit, als der aram. Druck stärker wurde, neu zur Geltung gekommen ist. Falls der Stamm ug. *ḥdy* »(an)sehen«, GdUM Nr. 615; DRIVER CML 138 (AISTL. Wb. Nr. 905: *ḥd(w)*) u. ar. *ḥaḏā* »gegenüber sitzen« (vgl. auch *ḥāḏa* »bewachen«, AISTL. a. a. O.) entsprechen sollte, könnte er freilich auch echt he. sein (vgl. BRO. Hb. Or. III, 61), doch hätte das vermehrte Auftreten des Wortes in exil./nachexil. Zeit selbst in diesem Fall seine Ursache gewiß in aram. Einfluß. Daß er produktiv wurde und einige selbständige he. Derr. entwickelte, versteht sich bei schon früher Übernahme aus dem Aram. recht gut. — Aram. Entsprechungen zu Nr. 94 s. KBL 1075; hinsichtlich unwandelbarem *ā* vgl. BLH 506s; BLAKE 85f. u. GULK. 122[3].

A: KBL 284 u. a. a. O.; BLH a. a. O.; DRIVER Congr. Vol. Copenh. 30; MAAG Am 147. 191; NOTH Namen 186[1]; VG I, 255q.

99. חזק (pi.) etwas fest umbinden, umgürten: Jes 22 21 Nah 2 2.

Mhe. חִזּוּק »Band, Umgürtung«. Die Bedeutung fällt etwas aus dem gewohnten Rahmen des He. (»fest, stark sein, machen« usw., vgl. akk. *ešqu* I »massiv«, v. SODEN. AHw. 257), trifft sich aber mit dem Aram., wo »umgürten, -binden« eine der Hauptbedeutungen des Stammes ist (ja. u. sy. mit mehreren Derr.; vgl. auch ja. u. md. הרזק »fesseln«, womit ar. *h/ḥrzq* übereinstimmt, s. MdD 153). Doch läßt die ar. noch erhaltene Grdb. »festschnüren« (Lane II 560) innerhe. Entwicklung ebenfalls als möglich erscheinen, wie übrigens eine entsprechende Bedeutung auch in akk. *iz/s/šqātu* »Fessel« zum Vorschein kommt (POEBEL OLZ 15, 1912, 393). Ein A ist daher recht fragwürdig.

A: DRIVER Congr. Vol. Copenh. 30.

99a. חטף (qal) wegnehmen, rauben: Jdc 21 21 (unbestb.)[1] Ps 10 9 (nachexil)[2].

99b. חֲטִיפָא n. m.: Esr 2 54 Neh 7 56.

Anm.: 1) wurde früher oft für nachexil. gehalten, s. z. B. GRESSM. SchrAT. I, 2, 260; anders indessen NOTH, Syst. d. 12 St. 100ff. 168ff., EISSF., Fschr. Beer 19ff. 2) GKL. 32ff., vgl. auch KRAUS 79.

Mhe., Der. חֲטִיפָה »Abschaben«. Es handelt sich um einen aram. gut vertretenen Stamm mit der Grdb. »packen, greifen« (FRAE. 119), s. DISO 86, ferner palm. (BAUMG. BiOr. 19, 1962, 134); ja. sy. u. md. (MdD 140) mit Derr. wie ja. sy. חָטוֹפָא »Räuber«, ja. חֲטִיפִיתָא »ein Raubvogel«, sy. u. md. *ḥ^{a}ṭīpā* »unvermutet, beschleunigt, schnell«. Von letzterer Bedeutung her ist wohl auch das he. n. pr. zu verstehen, wenn man es nicht mit NOTH Namen 232 als pt. ps. »geraubt« auffassen will; zu א- s. II § 10. Da im He. als Äquivalente bes. לכד u. תפש häufig belegt sind, während חטף im Unterschied zum Aram. sporadisch vorkommt, kann trotz ar. *ḫaṭifa* »wegnehmen«, *ḫaṭafā^{i}* »rascher Gang« ein A vorliegen. Die Form חתף »hinraffen« Hi 9 12 (auch akk. in der Bedeutung »schlachten«, aram. »wegreißen, zerbrechen« u. ar. in *ḫatf* »Tod«) beruht nach NÖLD. MG 42[1] auf alter Wurzelspaltung.

100. חִידָה Rätsel: vorexil.: Num 12 8 (J)[1] Jdc 14 12-19 (7×) I Reg 10 1 Hab 2 6; exil./nachexil.: Ez 17 2 Ps 49 5[2] 78 2[3] Prov 1 6 Dan 8 23 II Chr 9 1 Sir 8 8 47 17.

101. Denom. חוד (qal) ein Rätsel stellen: Jdc 14 12f. 16 Ez 17 2.

Anm.: 1) s. NOTH UegPt. 34[120] (nach EISSF. Hex. 165*: L). 2) KRAUS 365, vgl. auch GKL. 210. 3) GKL. 342; entgegen der bisherigen Spätdatierung neuerdings von EISSF. u. a. m. früh angesetzt, s. KRAUS 540f.

Mhe. nicht belegt. Der. von ursem. **'ḫḏ* (= ar. *'aḫaḏa*) »ergreifen« mit stimmhaftem interdentalen Reibelaut *ḏ*, der im He. wie im Phön. (FRIEDR. Gr. § 8, 2) zu *z* (אחז), im Aram. zu *d* (אחד) u. ebenso im Ug. normalerweise zu *d* (*'ḫd*; ganz ausnahmsweise auch *ḏ*: *'ḫḏ*, s. GdUM § 5. 3 u. 5) wurde. Das Ug. hat daher (:: H. BAUER, Alphabet 26) wenig Beweiskraft für eine Herleitung aus dem Kan. Zudem spricht gegen die kan. Alternative, daß, entsprechend unserm Nomen, im Aram. gekürzte Vokale im Wortanlaut vor *ḥ* als 2. Radikal abgeworfen werden (VG I, 257c). Grammatikalisch liegt ein pt. ps. pe. vor (BLA 54a): »Ergriffenes, Umfangenes > Verschlossenes > Geheimnis, Rätsel« (vgl. auch Nr. 7a; :: RINALDI Bibl. 40, 1959, 274ff. u. u. a. GARBINI SNO 195). Aram. Entsprechungen s. KBL 1048, ja.

auch Formen ohne Anfangs-א wie z. B. חִידְתָא, חוּדִיתָא u. חוּדַאי, ferner denom. חוד (pe.) »Rätsel aufgeben«.

A: Kautzsch 30f.; GB; KBL; Driver Congr. Vol. Copenh. 35; Lag. AgUePr 73; Montg. Dan 260f.; Rudolph Neh 138; Torcz. EJ III, 134.

102. II חֵלֶף anstatt: Num 18 21. 31 (P, Eissf. Hex. 176*).

Mhe. nicht belegt. Der v. SEM I. חלף »sich ablösen, wechseln, ersetzen«, he. in segolierter Form. Im Aram. ist חֲלָף, s. KBL 1076 u. DISO 89 (ja. Var.-formen s. Dalm. Gr. 399), Äquivalent zu he. oft und schon Jdc 1 7 vorkommendem תַּחַת. Vgl. damit auch das nab. (nach Nöld. BS 98 ar. beeinflußte) palm. ja. u. sy. Namenselement חלף »Ersatz«, entsprechend gr. ἀντι- (Nöld. a. a. O.; Rosenth. Spr. 93). Da der Stamm echt-he. ist, handelt es sich um ein Bedeutungslehnwort.

A: Kautzsch 106; vgl. auch Gesen. HWb. 1810, 302.

103. cj. I חמה (qal) sehen: cj. Ps 19 7 (חֲמֹתוֹ[1]; alt[2]) cj. 76 11 ([ה]חמת; wohl vorexil.[3]), (nif. »sichtbar werden«) cj. Jer 13 22 (נֶחֱמוּ).

Anm.: 1) Gressm., Israels Spruchweisheit 14. 2) Gkl. 76. 3) Gkl. 330f.

Mhe. nicht belegt; vgl. indessen ja. cp. sy. (s. LS 239 u. Schulth. HW 30f.) u. nar. (Bgstr. Gl. 37f.) חמא u. a. »sehen« (s. auch DISO 90), md. המא »behüten« (MdD 149). Vgl. Nr. 93.

A: Echterbibel; Gkl. 332.

104. * חָנוּת gewölbter Raum: Jer 37 16.

Mhe. Der. v. I חנה »sich lagern«. Nab. palm. (DISO 92) ja. sy. u. md. (MdD 124) חָנוּתָא »Kaufladen, Werkstatt, Kneipe« > ar. *ḥānūt* »Kneipe« (Frae. 172f.) u. äth. *ḥanāt* »Bude« (Nöld. NB 45). Npun. חנת, nach Lidzb. Eph. I, 48 »Magazin«, ist in seiner Bedeutung unsicher, s. DISO a. a. O. Zum pl. חֲנֻיוֹת cf. II § 16, 4b.

A: Kautzsch 31.

105. I חסד (pi.) schmähen: Prov 25 10 (vorexil.)[1] Sir 14 2.

106. Der. I חֶסֶד Schmach: Lev 20 17 (exil.)[2] Prov 14 34 (G: חֶסֶר »Mangel«).

Anm.: 1) Eissf. Einl. 584f. 2) im Heiligkeitsgesetz, s. Eissf. Einl. 285.

Mhe., daneben auch חִסּוּד »Schmähung«; DSS (KQT 75). Häufig wird he. II חֶסֶד »gnädige Verbundenheit« (auch aram.) vom Stamm II חסד verwendet, während I חסד im Gegensatz zum Aram. selten ist: vgl. ja. cp. u. sy. (pe.) »sich schämen«, (pa.) »schmähen«, ja. cp. חִסְדָּא, sy. *ḥesdānē*, md. חיזדא (s. MdD 142; zur Assim. $s > z$, als Nf. auch im Cp., SCHULTH. Lex. 67, und Sy., P. SM. 1238, s. MG § 48, SG § 22 u. BRO. SG § 21) »Schande, Schmach«, ja. חִסּוּדָא »Schmähung«, ja[b]. חסדניתא »schändlich« (ROSSEL 133). NÖLD. NB 93 rechnet mit einem ambivalenten Stamm (vgl. auch Bibl. 41, 1960, 177*, Nr. 2684), SCHULTH. HW 31f. indessen mit 2 verschiedenen Wurzeln. Synn. s. unter Nr. 51a—c.

A: KAUTZSCH 31f.; GESEN. HWb. 1810, 314; BDB; GB; KBL; LS 245; BERTHOLET Lev 71; DRIVER Congr. Vol. Copenh. 30; EISSF. Einl. 583; GK § 2v; NÖLD. NB a. a. O.; SCHULTH. HW a. a. O.; SMEND Sir XLIII; SELLIN-R. Einl. 149; WILDEBOER Prov XIV; WILSON PThR 23, 1925, 256f.

106a. I* חסן (qal) stark sein.

106b. Der. II* חֹסֶן Stärke: Ps 89 9 (vorexil.)[1].

106c. Der. חָסֹן stark: Jes 1 31 Am 2 9.

106d. II חסן (nif.) aufgespeichert werden: Jes 23 18 (sekd.)[2].

106e. Der. I חֹסֶן Vorräte, Schatz: Jes 33 6 (sekd.)[3] Jer 20 5 Ez 22 25 Prov 15 6 27 24.

Anm.: 1) GKL. 390, vgl. KRAUS 617. 2) EISSF. Einl. 388f., FOHRER Jes I, 242ff. 3) EISSF. Einl. 394f., FOHRER Jes II, 133.

Mhe. חוֹסֶן »Stärke«. Im Gegensatz zu KBL 319 lehnt v. SODEN AHw. 331 eine Identität mit der akk. Wurzel *ḫaṣānu* »in den Arm nehmen« ab, wie sie auch GB 248 nur vorsichtig als Vermutung ZIMMERNS erwähnt wird. Andererseits erklärt FRAE. 235f. ar. *ḥiṣn* »Festung« als aram. Entlehnung und will davon ar. *ḥaṣuna* »unzugänglich, züchtig sein« aus lautgesetzlichen Gründen entschieden trennen. Trotz dieser Unsicherheit hinsichtlich der Etymologie darf für das He. eine Entlehnung aus dem Aram., wo der Stamm in den beiden Bedeutungen »stark sein« und »in Besitz nehmen« in den meisten Dialekten belegt ist (KBL 1076f., DISO 93, MdD 151) vorsichtig erwogen werden. Allerdings stellt sich dann die Frage, ob man die übliche Aufteilung der Wurzel im He. in I/II חסן nicht besser fallen läßt, zumal die Bedeutungen die Tendenz haben, ineinander überzugehen (vgl. GB a. a. O. u. Suppl. 153). Häufige und z. T. schon früh belegte Synn. sind u. a.: I אמץ, חזק u. עזז »stark sein«, I עֹז u. כֹּחַ »Stärke«, אַבִּיר/אָבִיר, חָזָק u. עַז »stark«, ferner אוֹצָר »Schatz, Vorrat«.

107. חֶסְרוֹן Mangel: Qoh 1 15.

Mhe. Der. v. חסר »Verlust erleiden, verringert werden, entbehren«, wie weiterhin etwa 15× מַחְס(וֹ)ר, 4× חֹסֶר u. 3× חָסֵר,

stets dass. Grdf. *ḥusrān (= ar., Barth Nom. § 198c) > he. *ḥisrōn (BLH 215k) > חֶסְרוֹן (ebd. 207l). Lautlich ist somit kein Anhaltspunkt für einen A gegeben; da das hap. leg. im Aram. aber gut belegte Entsprechungen wie ja (neben חֶסְרוֹנָא), sy. u. md. חֶסְרָנָא, cp. חסרונא »Mangel, Verlust, Not« hat, darf ein solcher in Betracht gezogen werden.

A: Fz. Delitzsch Qoh 199; SR. Driver Intr. 474; Nöld. ZDMG 57, 1903, 417f.

108. I חַף sauber (im übertragenen Sinn): Hi 33 9.

Mhe. חפף »abreiben, waschen«. Der. v. חפף, einem in analoger Bedeutung he. nicht belegten Stamm, vgl. aber ja. sy. u. md. (MdD 136) חפף (neben חוף) »reinigen, waschen, abreiben« > nbab. *ḫapāpu* »waschen« (CAD 6, 84). Obwohl kein entsprechendes aram. adj. bekannt ist, scheint die Bedeutung auf einen A hinzuweisen, der allerdings durch ar. *ḥaffa* »scheren, abwischen« (Guillaume Abr-Nahrain II, 1960f., 15) etwas fragwürdig wird. Doch liegt die Hauptbedeutung im Ar. offenbar eindeutig in »Haare entfernen« (s. Lane II, 597), was sich vom Aram./He. einigermaßen abhebt. Synn.: II בַּר, 5×, frühester Beleg Ps 24 4 vorexil, Gkl. 195) u. טָהוֹר, häufig, schon Gen 8 20 (J, Eissf. Hex. 13*).

A: Kautzsch 32; Budde Hi 206; Driver Congr. Vol. Copenh. 34; EB 1, 595; vgl. auch Terrien Job 27[3] u. Tur-Sinai Job 466.

109. חֵפֶץ Angelegenheit, Sache, Geschäft: Jes 58 13 Qoh 3 1. 17 5 7 8 6.

Mhe. u. DSS (KQT 75). Der. vom he. stark vertretenen Stamm חפץ »wollen, Gefallen haben«, sonst häufig in der Bedeutung »Freude, Gefallen, Wunsch«, hier indessen in jener von ja. חֶפְצָא u. a. »Sache, Gegenstand«. Doch läßt sich auch (analog aram. צְבוּ, s. KBL 1115 u. Kopf VT 8, 1958, 173) eine innerhe. Bedeutungsentwicklung denken, womit ein A dahinfiele. Wichtigstes und häufigstes Syn.: דָּבָר, schon Jdc 5 12, ferner מְלָאכָה; s. auch Nr. 222.

A: BLH 27r; Fz. Delitzsch Qoh 199; SR. Driver Intr. 474; Montg. JBL 43, 1924, 241; Torrey JQR 39, 1948, 154; Wildeboer Qoh 132.

[109a.] cj.* חָצִין Streitaxt: II Sam 23 8 (alt, Sellin-R. Einl. 92).

Fehlt mhe. Das Wort, wohl ein Importprodukt bezeichnend, geht zurück auf akk. *ḫaṣṣinnu* < (?) sum. *ḫazi(n/na)* »Axt« (s. v. Soden AHw. 332; wovon sich auch he. גַּרְזֶן, ar. *karzan* ableitet, v. Soden ebd.) und ist dem He. durch aram. Vermittlung zugekommen, vgl. ja. sy. חֲצִינָא, ja. auch חֲצֵינָא, > ar. *ḥaṣīn*, ebenso aeth., wo das

Nomen aber schon inschr. belegt ist (FRAE. 86f.); vgl. ferner als aram. Lw. armen. *kaçin* (LS 251). Synn.: גַּרְזֶן, 4×, u. a. I Reg 6 7, dazu 3× in der Siloah-Inschr., מַגְזֵרָה, nur II Sam 12 31 u. cj. I Chr 20 3, u. קַרְדֹּם, 5×, u. a. Jdc 9 48. Vgl. auch BRL 62ff. u. unten Nr. 138.

110. חרת (qal) eingraben: Ex 32 16 (E, EISSF. Hex. 154*).

Mhe. u. DSS (KQT 77, s. auch Suppl. 155). Da wohl ein Zusammenhang mit he. I חרשׁ »pflügen«, Jer 17 1 auch »eingraben«, besteht, kann es sich um die aram. Lautform derselben Wurzel handeln: s. DISO 97, außerdem ja. u. sy. חרת, md. הרת, pe. »(ein)-graben«, vgl. auch nab. inschr. חרתת = *Charithath,* König der Nabatäer = 'Αρέτας (statt 'Αρέθας; s. SCHÜRER I, 738[31]). Ar. *ḫarata* »graben« neben *ḥaraṯa* »pflügen« u. pun. חרת »eingravieren, schreiben« (LIDZB. Eph. I, 170; HARRIS 104) lassen einen A freilich etwas fraglich erscheinen.

A: DRIVER Congr. Vol. Copenh. 27.

111. cj.* טִבָּה Gerücht: Neh 6 19.

Mischnisch als A häufig belegt, s. J. Löw ZAW 33, 1913, 154f. Im He. nur durch unsre cj., die indes immer noch durchschlagend ist, nachgewiesen. Da mhe. טיב (טיבה hat f. sf., J. Löw a. a. O. d), ja. cp. md. טִבָּא »Art, Wesen, Ruf« (md. »üble Nachrede«) u. sy. *ṭebbā* »Gerücht« m. Form sind, ist die he. f.-Bildung * טִבָּה vielleicht an syn. דִּבָּה »Tuscheln, Nachrede« angeglichen, obwohl etymolog. wahrscheinlich keine Gemeinsamkeit besteht. Im übrigen findet sich die Wurzel *ṭbb* auch noch ar. u. äth. in der Bedeutung »Kenntnis haben«.

A: Echterbibel; RUDOLPH Neh 137.

[112.] טֵבֵת Tebet (Monatsname): Esth 2 16.

Mhe. nab. palm. u. ja. wie he., md. *ṭabit* (MdD 173), < akk. *Ṭebī/ētu,* Name des 10. Monats, zurückgehend auf akk. *ṭebū* (vgl. he. טבע) »versinken« (im Schlamm oder vom Tiefstand der Sonne). — Offenbar wie אֲדָר durch aram. Vermittlung dem He. zugekommen, s. Nr. 4.

113. טושׂ (qal) hin und her fliegen: Hi 9 26.

Mhe. auch טוס. Ja. sy. u. md. טוס (pe. pa.) »fliegen, flattern«, ja. טַיָּסָא »Vogel«, טַיָּסָא »Fliegen, Flüchten«, sy. *ṭausā* »Flug«. Zum Zusammenfallen von *ś* u. *s* s. II § 11. Ar. *ṭāša* »unbeständig sein, fern vom Ziel fliegen, töricht sein« (DRIVER PEQ 90, 1958, 57) stellt einen A zwar etwas in Frage, doch sprechen das Übereinstimmen des späten hap. leg. mit dem Aram. und die bedeutungsmäßige Differenz beider zum Ar. auch wieder für ihn. Syn.: I עוף, etwa 25× u. schon Jes 6 2.

A: Kautzsch 34; Beer, Der Text d. Buches Hi 60; Budde Hi 46; Cheyne JaS. 294; Dhorme Job 128; Tur-Sinai Job 170; vgl. auch Driver Congr. Vol. Copenh. 31.

114. II טלל (pi.) mit einem Dach versehen: Neh 3 15.

Fehlt mhe. Ursem. *ẓill (= ar., vgl. akk. ṣillu, ug. ẓl) > he. etwa 50× צֵל (ebenso mhe., vgl. auch jiddisch *zejl*, Landmann 245; BLH 196g) »Schatten«, denom. 2× III צלל (qal) »schattig werden«, (hif.) »Schatten geben«, dagegen ja[b]. (Montg. AIT 290) u. nsy. טילא, durch Umlautung *i* > *u* infolge der Einwirkung von *l* (VG I, 203δ) äga. ja. cp. sam. u. md. טוּלָא und in 2-silbiger Ausbildung ja. טְלָלָא, cp. טלולא, sy. *ṭellālā* (VG I, 69) u. md. טולאלא (vgl. damit akk. *ṣullulu* u. äth. *ṣelālōt*) »Schatten, Bedachung, Schutz«, denom. II טלל (pa.) »beschatten, bedachen, bedecken«, (af.) dass., ba. (haf.) »nisten«; s. KBL 1079; Suppl. 201 u. DISO 101.

A: BDB; GB; KBL a. a. O.; GK § 2v; Torcz. EJ III, 134; Wilson PThR 23, 1925, 250.

114a. טֶלֶם n. m.: Esr 10 24.

114b. Der. טַלְמֹן n. m.: Esr 2 42 Neh 7 45 11 19 (טַלְמוֹן) 12 25 I Chr 9 17.

Mhe. nicht belegt. Da die beiden erst spät auftretenden Namenbildungen offenbar auf den Stamm akk. *ṣalāmu* »schwarz werden«, ar. *ẓalama* IV »dunkel, finster werden« zurückzuführen sind, ist mit aram. Einfluß zu rechnen, denn akk. *ṣ* u. ar. *ẓ* entsprechen he. *ṣ* (vgl. II צַלְמוֹן n. montis Jdc 9 48 u. Ps 68 15), aram. aber *ṭ* (s. GdUM § 5. 13). Für die Bedeutungsbestimmung der beiden he. Personennamen wird man die Ambivalenz des Stammes, wie sie in ar. *ẓalm* »Glanz, Helle« zum Ausdruck kommt, in Berücksichtigung zu ziehen haben (vgl. auch Nr. 35).

A: Noth Namen 223.

115. II טנף (pi.) beschmutzen: Cant 5 3.

Mhe., mit Derr. (vgl. jiddisch *tin(n)ef* »Unrat, Dreck«, Landmann 238, Wolf 329). Ja. sy. u. md. (pe. pa.) »beschmutzen«, mit Derr., > ar. *ṭannafa* (Frae. 22f.). Akk. *ṭunnupu* »beschmutzen« (G *ṭanāpu* »schmutzig sein«, Ebeling, Tod u. Leben I, 99, Zeile 7). Synn.: I מרא, in gleicher Bedeutung Zeph 3 1 u. * צוא Sach 3 3f., s. auch Nr. 143.

A: Kautzsch 34; Budde Cant 26f.; Driver Congr. Vol. Copenh. 29; SR. Driver Intr. 448; Rudolph Cant 111.

116. טעה (qal) schweifen, sich herumtreiben: cj. Cant 1 7, (hif. »verleiten«) Ez 13 10.

Mhe. He. etwa 50× in der Form תעה, die vereinzelt auch ja. angetroffen wird. Statt dessen ist palm. (DISO 102) ja. u. cp. טעא (pe. af.) u. a. »irren, verleiten« mit Derr. wie sy. md. *ṭ'ājā* »Irrtum« (MdD 181), gebräuchlich, was vielleicht ursprünglicher ist, vgl. ar. *ṭaġā* »vom rechten Weg abkommen«. Welche Gründe zu dieser Lautveränderung geführt haben, ist noch unbekannt. (Kaum richtig ZIMMERLI Ez 283, der eine Angleichung an nachfolgendes טיח vermutet, denn sonst wäre Ez 14 11, wo תעה // טמא steht, Analoges zu erwarten).

A: GESEN. HWb. 1810, 355; BERTHOLET Ez 70; DRIVER Congr. Vol. Copenh. 30; HERRMANN Ez 79; RUDOLPH Cant 125.

[117.] טַעַם Befehl, Erlaß: Jon 3 7.

Fehlt mhe. He. 12× in der Bedeutung »Geschmack, Verstand«, der aram. טְעֵם »Befehl, Erlaß« gegenübersteht, s. KBL 1079; DISO 102 u. Kahle KG 111ff.; vgl. auch Τααμ n. m. (WUTHN. 114); wohl < akk. *ṭēmu* »Befehl, Edikt« (ZIMMERN 10; AD 48), nach HERZF. 140. 236f. indes Übersetzung v. pers. *framānā*. Syn.: u. a. מִצְוָה, häufig, z. B. Jes 29 13.

A: KAUTZSCH 35; GESEN. HWb. 1810, 355; BDB; GB; DRIVER EBr. 11, 363; SR. DRIVER Intr. 322; NOWACK Jon 199; ROBINSON Jon 124; TORCZ. EJ III, 134.

118. II טען (qal) beladen: Gen 45 17 (E, EISSF. Hex. 93*).

Mhe., mit Derr. Akk. *ṣānu*, ar. *ẓa'ana*, asa. טען̄, äth. *ṣa'ana*, soq. *ṭa'an* (LESLAU 206f.) entspricht im He. lautgesetzlich צען, wie Jes 33 20 (nachexil., EISSF. Einl. 395) auch einmal belegt ist, während טען der aram. Form zugehört: s. DISO 102, überdies ja. cp. sam. u. sy. (pe. pa. af.), z. T. mit Derr. Auffällig ist ug. *ṭ'n* (GdUM Nr. 767), da **ẓ'n* erwartet werden müßte (ebd. § 5. 9); indessen ist das betreffende Schriftzeichen nicht mehr sicher lesbar (ib. Text 67, 1, 26); richtiger aber wohl AISTL. Wb. Nr. 1123, der das Wort mit he. I טען u. ar. *ṭa'ana* »durchbohren« identifiziert. Syn.: נטל, 4×, schon II Sam 24 12.

A: KAUTZSCH 35; GB; KBL; DRIVER Congr. Vol. Copenh. 27; NÖLD. ZDMG 47, 1893, 102; TORCZ. EJ III, 134; WILSON PThR 23, 1925, 257.

118a. טָפַת n. f.: I Reg 4 11 (vorexil., s. NOTH UegSt. 68).

Mhe. טִיף u. טִפָּה »Tropfen«. Von NOTH Namen 226 zurückgeführt auf ja. טִפְּתָא/טִפָּא, sy. *ṭuptā* »Tropfen«, Derr. v. aram. טוף (vgl. auch טפא u. טפף) »strömen, fließen« (ja. pa. außerdem »tröpfeln«, LEVY II, 147), > ar. *ṭauf* »Schläuche, die man aufbläst und an einander bindet .... und auf denen man dann auf dem Wasser fährt« (FRAE. 220); he. entspricht צוף »fluten lassen«, z. B. Dtn 11 4 (s. KBL 798). G: Ταβααθ, Ταφαθ u. Ταφατα (neben Ταβληθ; s. RAHLFS I, 635).

A: NOTH a. a. O.

119. יאב (qal) verlangen nach: Ps 119 131 (nachexil., GKL. 516).

Fehlt mhe. Nur noch äga. (DISO 103) u. sy. (pe. af.) »sich sehnen, begehren«, sy. mit Derr. Synn.: אבה, häufig, schon Jdc 19 10 u. כסף, 5×, schon Gen 31 30 (J, NOTH UegPt. 31).

A: KAUTZSCH 107; BDB; GB; LS 293; BARTH WU 4; DUHM Ps 268; GKL. 532.

120. יְהָב Last: Ps 55 23 (wohl nachexil)[1].

Anm.: 1) s. KRAUS 402f.; GKL. 239 verzichtet auf Zeitangabe.

Fehlt mhe. Rückführung auf ja. יְהָבָא wurde wohl zu Unrecht bezweifelt (z. B. GB 289), denn die Belege JASTR. I, 565f. für die Bedeutung »Last«, die hier sinngemäß ist (> metaphor. »Sorge, Anliegen«, vgl. // דַּרְכֶּךָ Ps 37 5), sind hinreichend. Offen bleibt die Frage, ob es sich um ein Der. v. aram. יהב »geben« (> »Gabe« = »Schicksal, Los« (?), so KAUTZSCH 36f.) oder eher v. *'hb (> ar. *'uhbat* »Gepäck, Ausrüstung«, so NÖLD. ZDMG 57, 1903, 417) handelt. Der Vokalismus zeigt aram. Gepräge, s. II § 2. Synn.: I מַשָּׂא, etwa 35×, schon II Sam 15 33, טֹרַח, 2×, ältester Beleg Jes 1 14, u. סֵבֶל, 3×, u. a. Jes 9 3.

A: KAUTZSCH a. a. O.; Thes. 574f.; DUHM Ps 152; GKL. 241.

יַחְדּוֹ s. Nr. 87.
יַחְדִּיאֵל s. Nr. 85.
יֶחְדְּיָהוּ s. Nr. 86.
יַחֲזִיאֵל s. Nr. 97.
יַחְזְיָה s. Nr. 98.

120a. יַקִּיר teuer, wert: Jer 31 20.

Mhe. »schwer, vornehm«. Der. v. SEM יקר »schwer, kostbar sein, geehrt sein«. Obwohl die Nominalform *qattīl* auch dem He. bekannt ist (BLH 479o; für das Aram. s. BLA 192e), kann ein A vorliegen, da das adj. im Aram. sehr geläufig ist, s. KBL 1083, DISO 110. Als Syn. wird öfters יָקָר verwendet, u. a. schon Prov 12 27.

121. יְקָר Kostbares, Glanz, Ehrung: Jer 20 5 Ez 22 25 Sach 11 13 Prov 20 15 Hi 28 10 Esth 1 4. 20 6 (5×) 8 16. — Es fällt weg: Ps 49 13. 21.

Fehlt mhe. Wurzel s. Nr. 120a. Die Bedeutungsentwicklung in Richtung »ehren« muß schon frühzeitig eingesetzt haben, vgl. יקר I Sam 18 30 »hochgeehrt werden«, auch ug. *qrt*, das vom hymnischen Kontext her immer noch am besten als »Ehre« verstanden wird, s. DRIVER CML 143. Der Nominaltypus ist aram. (cf. II § 2), das Nomen selbst im Aram. reichlich belegt, hauptsächlich in der Bedeutung »Ehre, Würde, Herrlichkeit«, s. KBL 1083 u. DISO 110. Als he. Äquivalent dient das häufige u. u. a. schon Jos 7 19 vorkommende כָּבוֹד »Ehre«, vgl. ferner חֲמֻדוֹת etwa 10×, schon Gen 27 15 (E, EISSF. Hex. 49*), u. *מַחְמָד/*מַחְמוֹד, etwa 15×, schon Hos 9 16, »Kostbarkeit(en)«.

A: KAUTZSCH 38; LAG. Ue. 175; GB; KBL a.a.O.; BARTH Nom. § 61c[1]; BLH 470 l; BM § 37, 1; DRIVER Congr. Vol. Copenh. 30; GK § 84n.

יִשְׁבָּח s. Nr. 300.

122. ישט (hif.) entgegenstrecken: Esth 4 11 5 2 8 4 Sir 7 32.

Mhe. Ja. cp. sam. sy. u. md. (af.) »entgegen-, ausstrecken, reichen«. Bei sehr später Belegung zeigt das He. genaue formale und bedeutungsmäßige Übereinstimmung mit dem Aram. Ar. *wasṭ* »Mitte«, *wasaṭa* »in die Mitte greifen« (denom.?) ist wahrscheinlich ohne Zusammenhang mit unserm Stamm, s. LESLAU 25. Syn.: פרשׂ, häufig, in gleicher Bedeutung z. B. Thr 1 10.

A: KAUTZSCH 39; SMEND Sir XLIII; TORCZ. EJ III, 134; WILDEBOER Esth 187.

123. יִתְרוֹן (Überfluß), Gewinn, Vorzug: Qoh (9×).

Mhe. Der. v. I יתר u. a. »übrig bleiben, Überfluß haben«. Grdf. wahrscheinlich **jutrān* (s. BARTH Nom. § 198c), vgl. ja. sy. u. md. יִתְרָנָא, cp. יתרון »Überfluß, Gewinn, Nutzen« (zum aram. Wechsel *qutlān/qitlōn* s. NÖLD. ZDMG 57, 1903, 418[1]) > he. regelrichtig יִתְרוֹן (BLH 215k). Synn.: בֶּצַע, etwa 20×, schon Jdc 5 19, II חֵלֶק, häufig, in gleicher Bedeutung z. B. Qoh 2 10, u. *יְגִיעַ, etwa 15×, schon Gen 31 42 (E, EISSF. Hex. 60*).

A: FZ. DELITZSCH Qoh 200; SR. DRIVER Intr. 474; NÖLD. a. a. O. 417.

124. כְּאֶחָד in Einem, gleichzeitig: Jes 65 25 Esr 2 64 3 9 6 20 Neh 7 66 II Chr 5 13.

Mhe. Zusammengesetzt aus כְּ und dem Zahlwort אֶחָד »eins« und zum adv. erstarrt. Aram. כַּחֲדָא »zusammen« nachgebildet, s. KBL 1073, an Stelle des he. Äquivalents יַחְדָּ(י)ו. Jes 65 25, einem Zitat aus Jes 11 6-9, wird letzteres durch כְּאֶחָד ersetzt.

A: KAUTZSCH 39; GB; FZ. DELITZSCH Qoh 200; SR. DRIVER Intr. 475; DUHM Jes 449f.; MARTI Jes 406; PODECHARD Qoh 45; VOLZ Dtjes 279.

[125.] כֶּבֶל Fessel: Ps 105 18 (nachexil., GKL. 458) 149 8 (unbestb., GKL. 621).

Mhe. u. DSS (KQT 97). Äga. (DISO 114) u. cp. *כבלא, ja. כְּבְלָא, sy. *kablā* u. md. *ku/iblia* (MdD 205. 211), > wahrscheinlich ar. *ki/abl* (FRAE. 243) »Fessel«, ja. sy. u. md. auch verbal »fesseln«; wohl < akk. *kubbulu* »knebeln«, *kiblu* »Band, Fessel« (ZIMMERN 35). Im He. wurde das Nomen segoliert. Äth. *kabbalō* »Henkel« u. *kanbalō* »Haarspange« deuten vielleicht auf eine urspr. größere Verbreitung des Stammes hin. Trotzdem ist im He. aram. Vermittlung recht wahrscheinlich. BORÉE 25 hält auch den alten Ortsnamen כָּבוּל I Reg 9 25 für gleichen Ursprungs, was jedoch fraglich ist. Synn.: אֱסוּר, 3×, ältester Beleg Jdc 15 14, u. I נְחֹשֶׁת, häufig, schon Jdc 16 21.

A: NÖLD. ZDMG 57, 1903, 417.

126. כְּבָר schon längst: Qoh (8×).

Mhe. NÖLD.'s Vermutung (MG 202[2]) einer Komposition von כְּ u. בַּר »außer« hat viel für sich, während andere eher an eine Herleitung aus כבר »viel sein« gedacht haben (s. z. B. KÖNIG, Lehrgebäude 2, 263; LS 316; KBL 422). Aram. adv., cf. ja. (s. DALM. Gr. 231) u. md. (neben עכבאר) כְּבָר, sy. *k*^{e}*bar, 'akbar* »(schon) längst«. Vgl. als Synn.: מֵאָז, etwa 20×, u. a. II Sam 15 34, u. מִן־הָעוֹלָם z. B. Jer 28 8 (s. JENNI § 9).

A: KAUTZSCH 39f.; GB; KBL; FZ. DELITZSCH Qoh 200; SR. DRIVER Intr. 474; HERTZBERG Qoh 28[3]; PODECHARD Qoh 45; SIEGFRIED Qoh 20.

[127.] כחל (qal; denom.) die Augen schminken: Ez 23 40 (sekd., ZIMMERLI Ez 553).

Mhe. כּוֹחֶל, כְּחוֹל »Augenschminke« (vgl. modern-he. כָּחוֹל »blau«, GRADWOHL 82[21]). Akk. *guḫlu* »Antimonpaste, Augenschminke« (ZIMMERN 61; v. SODEN AHw. 296; s. auch EBELING RLA I, 114 u. GRADWOHL 82) > ja. sy. כְּחָלָא, md. *kula* »Augenschminke« (auch denom. wie ja. כחל, nar. *ḥḥl*, BGSTR. Gl. 43 »schminken«), > he. כחל, ar. *kuḥl* (davon unser »Alkohol«, s. HAUPT OLZ 16, 1913, 492 u. 17, 1914, 53; ferner LOK. Nr. 1227) u. äth. *k*^{u}*eḥl* (NÖLD. NB 40). Syn.: פּוּךְ, 5×, schon II Reg 9 30.

A: ZIMMERN a. a. O.

[127a.] cj. * כְּלִילָה Krone: Ez 27 3 Thr 2 15.

Fehlt mhe. (יֹפִי) כְּלִילַת wird allgemein als cs. f. von כָּלִיל »vollkommen« verstanden und die Wortverbindung daher mit »von vollkommener Schönheit« (s. z. B. KBL 440) wiedergegeben. Besser zieht man indessen mit DRIVER Fschr. BERTHOLET 144 ja. cp. sy. u. md. כְּלִילָא »Krone, Kranz« (z. T. auch denom.) hinzu (> ar. *'iklīl*, FRAE. 62; < akk. *kilīlu(m)* »Kranz«, v. SODEN AHw. 476, s. auch ZIMMERN 36) und übersetzt »Krone der Schönheit«, entsprechend G Thr 2 15 στέφανος δόξης (vgl. KRAUS Thr 32).

A: DRIVER a. a. O.

[128.] * כְּנָת Gefährte: Esr 4 7.

Fehlt mhe. Das Nomen, durch aram. Vermittlung in das He. gelangt — aram. Belege s. KBL 1086 u. DISO 123 —, ist formal f., da der scheinbare 3. Radikal sich von der f.-Endung -*(ā)t* des zugrunde liegenden akk. *kinātu* (spbab. auch *kinattu*, v. SODEN Gr. § 55j) »Angehöriger, Genosse« herleitet (ZIMMERN 46; BLA 201j). Zu erhaltenem *ā* s. II § 8, zur pl.-Form כְּנָוֹתָו II § 16, 4c.). Nach RUDOLPH Esr 41 handelt es sich Esr 4 6f. um ein Exzerpt aus einer aram. Quelle, s. auch Nr. 50. Synn.: חָבֵר, etwa 10×, schon Jdc 20 11, *עָמִית, etwa 10×, frühester Beleg Lev 5 21, u. II רֵעַ, häufig, u. a. schon Gen 38 12 (J, NOTH UegPt. 31).

A: KAUTZSCH 41; Thes. 694; BDB; GB; KBL 446 u. a. a. O.; BERTHOLET Esr 14; ELLENB. 88; SIEGFRIED Esr. 35.

[129.] כִּסְלֵו Kislew (Monatsname): Sach 7 1 Neh 1 1.

Mhe. Aega. nab. ja. כִּסְלֵו > Χασελευ (I Macc 1 54), *chasleu* (HIER. ad. loc., zit. Suppl. 161), palm. abweichend (in Angleichung an אלול) כסלול wie in der alten ar. Inschr. von *en-Nemāra*, 328 n. Chr., s. ROSENTH. Spr. 89[4]; < akk. *kissi-līmi* »Spitze der Ekliptik« (UNGNAD, T. Halaf 61), Name des 9. Monats. — Wie אֲדָר dem He. wohl durch das Aram. vermittelt, s. Nr. 4.

130. * כֵּף Fels: Jer 4 29 Hi 30 6.

Mhe. (auch f. כֵּיפָּה) u. DSS (KQT 104). Aram. כֵּיפָא, Belege s. KBL 450; Suppl. 161; DISO 118. 125 u. BMAP 230 (wo כפא n. m. wohl kaum mit KRAELING von aram. כפא »umstürzen« abzuleiten ist); ferner SEGERT ArchOr. 24, 1956, 394 u. CANT. II, 107; woraus sich sowohl he. *כֵּף als auch ntl. Κηφᾶς, Beiname des Petrus, u. a. Gal 1 18, ableitet (s. CULLMANN 19f.; CLAVIER, Fschr. Bultmann 94ff.). Akk. *kāpu(m)* »Fels« (v. SODEN AHw. 445). Synn.: סֶלַע u. I צוּר, beide häufig u. schon Jdc 6 20 bzw. 21.

A: KAUTZSCH 42; LAG. Ue. 58; GB; LS 315; BLH 27r; CHEYNE JaS. 294; CORNILL Jer 54; DRIVER Congr. Vol. Copenh. 34; EB 1, 595; GK § 2v; DHORME Job CXLII; SCHWARZB. 116f.; TUR-SINAI Job 423; vgl. auch BDB u. Suppl. a. a. O.

131. fällt weg.

132. כפן (qal) hungern: Ez 17 7[1].

133. Der. כָּפָן Hunger: Hi 5 22 30 3.

Anm.: 1) Da das Verbum intransitiv ist, was im Kontext Schwierigkeiten ergibt, ist entweder mit DRIVER EThL 1950, 343f. eine semantische Weiterbildung zu »hindrehen, -krümmen, verlangend strecken« anzunehmen (s. ZIMMERLI Ez 374), oder es handelt sich um eine andere Wurzel, vgl. DALM. 205 mit der Vermutung eines ja. II כפן »krümmen« — falls man nicht bei einer cj. Zuflucht suchen will wie z. B. FOHRER Ez 93 oder FOSTER VT 8, 1958, 376.

Mhe. כָּפוּן »hungrig«. Ja. (s. auch DISO 125) cp. sy. u. md. כפן »hungern«; äga. (DISO a. a. O.) ja. cp. sy. md. (neben כופנא) כַּפְנָא, nar. *ḫafna* (BGSTR. Gl. 43) »Hunger, hungrig« u. weitere Derr. Häufiges he. Äquivalent: רָעָב, u. a. schon Gen 12 10 (J, EISSF. Hex. 19*). Ar. *mukaffinūna* »Volk ohne Salz, Milch oder Gewürz« (GUILLAUME Abr-Nahrain III, 1961f., 4) mag, falls wirklich Wurzelidentität besteht (die Hauptbedeutung des Stammes scheint »einhüllen« u. ä. zu sein, s. FREYTAG IV, 48, DOZY II, 478), auf einen größeren Geltungsbereich des Stammes hinweisen, kann aber bei den 3 jungen he. Belegen und dem breiten Vorkommen in fast allen aram. Dialekten (:: GUILLAUME a. a. O.) nicht entscheidend gegen einen A reden.

A: KAUTZSCH 42f.; BDB; GB; BUDDE Hi 25; CHEYNE JaS. 294; DHORME Job CXLII; DILLMANN Hi 51; DRIVER Congr. Vol. Copenh. 30; DUHM Hi 34; EB 1, 595; FOHRER Ez 93 u. Hi 133; HÖLSCHER Hi 20; HORST Hi 87; TERRIEN Job 30[1]; TUR-SINAI Job 110; WILSON PThR 23, 1925, 256; ZIMMERLI Ez 374.

134. * כָּפָר (in n. l.) Jos 18 24; Dorf: I Chr 27 25 cj. Neh 6 2.

135. I כֹּפֶר (mauerloses) Dorf: I Sam 6 18.

Mhe. nur כָּפָר, neben כַּפְרִי »Dorfbewohner« ($a > u$ wohl wegen *p*, VG I, 199a). Sef. III, 23. 26 כפריה (כפירי Had. 10 u. Pan. 10, s. I § 1 Anm. 13, in der Bedeutung umstritten: DISO 126, vgl. auch KAI II, 218, erkennt auf »Dörfer«, LANDSB., Sam'al 50 auf »Löwen«; s. KOOPM. I, 34. 73f.), ja. (neben כְּפַ״, BLA 29x) u. sy. כַּפְרָא > ar. *kafr* »Dorf« (FRAE. 281; woraus deutsches »Kaffer« = bäuerischer, ungebildeter Mensch, Dörfler). Nicht aus dem Aram. ist (:: STRECK ZA 19, 1905, 247f., ZIMMERN 9 u. BRO. LS 341) akk. *kapru(m)* »Dorf« abzuleiten, da schon aass. u. abab. belegt (s. v. SODEN AHw. 444f. u. OPPENHEIM RA 35, 1938, 154), außerdem ist das Nomen aus der Zeit des assyr. Reiches, bes. auch im nördl. Syrien, bezeugt. NOTH Urspr. 16f. möchte demgegenüber das Wort (mit der urspr. Bedeutung »Speicher«) der »Mari-Sprache« zuweisen und es insofern als nicht-akk. erklären, s. aber die berechtigten Einwände EDZARDS ZA 56, 1964, 145. Im übrigen liegt noch asa. Belegung in כפר »Gehöft, Dorf« (CONTI

170) vor. — Es ist gut möglich, daß es sich im He. um altes aram. Erbgut handelt, wobei die beiden jüngeren Belege auch aus späterer aram. Beeinflussung stammen können. Nr. 135 hätte in diesem Fall durch Segolierung eine Hebraisierung erfahren. Doch bleibt letzte Sicherheit versagt, besonders, was die beiden alten Belege betrifft (zum n. l. Jos 18 24 s. freilich NOTH, op. cit. 30^{62}). Immerhin kann zugunsten eines A geltend gemacht werden, daß das Nomen mit Ausnahme des Akk. nur für das Aram. charakteristisch ist (s. EDZARD a. a. O.), und daß es ferner im aram. Sprachbereich, besonders in Syrien und später in nach-atl. Zeit, kennzeichnende Bedeutung für die Ortsnamenbildung gewonnen hat (s. z. B. ISSERLIN, Proceedings of the Leeds Philosophical and Literary Society 8, 1956, 99; LITTM. ZS 1, 1922, 167ff. u. NOTH op. cit. 30f.).

A: (Nr. 134) LAG. Ue. 50. 231, NOTH Jos 111 u. Urspr. 16. 30.

כרבל s. Nr. 167.

[136.] כַּרְמִיל Karmesin(farbe): II Chr 2 6. 13 3 14.

Lw. aus pers. *kirmīs* (DALM. AuS. V, 80ff.: *kirmīn*) v. *kärm* »Wurm« (KBL 455). Tosefta כַּרְמְלִי »karmesinfarbig« (LEVY II, 409; s. ferner GRADWOHL 73f.). Analog den andern pers. Lww. wird das Nomen dem He. über ein aram. Medium zugekommen sein. Formal mag eine Angleichung an כַּרְמֶל »Baumgarten«, n. montis »Karmel« (mit indogerman. Diminutiv-Endung *-l*, VG I, 402, 1; GALLING VT 4, 1954, 419) stattgefunden haben, was in gewissem Sinn eine Hebraisierung bedeuten würde, vgl. ar. *qirmiz* (HOFFMANN ZA 9, 1894, 331). Synn.: I שָׁנִי, etwa 40×, schon Jos 2 18, u. תּוֹלֵעָה, in entsprechender Bedeutung nur bei P.

[137.] כַּרְפַּס feines Gewebe: Esth 1 6.

Mhe. nicht belegt. Pers. *kirpās* »feines Gewebe« (KBL 456) < sanskr. *karpāsa* (s. Suppl. 161; SCHEFT. 47: *kārpāsa*) »Baumwolle« > ja. כַּרְפָּסָא u. קַרְפָּסָא »feines Linnen, eine Flachsart«, sy. *karbāsā* »Baumwolle«. Das Aram. gab das Wort seinerseits dem He. weiter, ebenso dem Ar.: > *kirbās* > gr. κάρπασος, καρπάσινον > ja. wiederum קַרְפְּסִינוֹן »aus feinem Linnen« (ar. *kursuf* »Baumwolle« gehört nach FRAE. 145 zu einem andern Stamm). Früher wurde auch der Name der phön. Stadt Καρπασία am nö. Ende der Insel Cypern gelegentlich mit »Baumwolle« in Verbindung gebracht (vgl. z. B. LEWY 126 u. SCHEFT. a. a. O.), was eine gewisse Begründung insofern zu haben schien, als die Phönizier wohl am meisten zur Verbreitung der Baumwolle im Mittelmeerraum beigetragen haben (s. P.-W. 3^1, 171); indessen ist diese Namenserklärung unhaltbar geworden (s. ebd. 10^2, 1996f.).

138. כַּשִּׁיל Axt: Ps 74 6 (nachexil., GKL. 322).

Mhe. Der. des sowohl he. wie aram. belegten Stammes כשל (qal; pe.) »straucheln, stolpern« (hif; af.) »zu Fall bringen«. Als Entsprechung ist sonst zwar nur noch ja. כַּשִּׁילָא »das größere Beil« namhaft zu machen, doch kann in Anbetracht des he. erst spät und ganz vereinzelt auftretenden Nomens, das sich wohl auf ein Importprodukt bezieht (s. BRL 62ff.), ein A in Erwägung gezogen werden. Ältere Axtbezeichnungen s. Nr. 109a.

A: KAUTZSCH 43f.; BDB; GB; DRIVER Congr. Vol. Copenh. 34; vgl. auch FRAE. 74[1].

139. כשר es ist recht, es beliebt: Esth 8 5 Qoh 11 6.

140. כִּשְׁרוֹן Gelingen, Gewinn: Qoh 2 21 4 4 5 10 cj. 10 10.

Mhe. »(nach dem Gesetz) tauglich > gebrauchsfähig sein«, mit Derr. wie כּוֹשֶׁר »rechter Zustand, Tauglichkeit«, כַּשְׁרוּת »Fähigkeit, Geschicklichkeit«. (Vgl. jiddisch *kóscher* »was nach den rituellen Speisegesetzen erlaubt ist; nicht menstruierende Frau«; ferner rotwelsch »sich kaschern« = unverdächtig tun, s. LANDMANN 185 u. 459). Im wohl althe. Ps 68 1-30 (s. KRAUS 469ff.) ist v. 7 כּוֹשָׁרוֹת »Gedeihen« belegt, welcher Ausdruck in Beziehung steht mit dem Namen des ug. Götterpaares *kṯr-w-ḫss*, bzw. mit *kṯrt* als Bezeichnung weiblicher Gottheiten (s. GdUM Nr. 989 u. GASTER JRAS 1938, 37ff.), weshalb ein A hier nicht in Frage kommt. Vielleicht wurde der Stamm wegen dieses kan.-mytholog. Hintergrundes (vgl. ALBR. RI 96f.) im He. verpönt und kaum verwendet. Jedenfalls tritt er erst in nachexil. Zeit und nur bei Esth u. Qoh wieder in Erscheinung, was am besten mit aram. Beeinflussung erklärt werden kann, denn im Aram. findet er sich palm. (DISO 128) ja. cp. sy. u. md. verbal in gleicher Bedeutung wie he., ferner in Derr. wie ja. sy. u. md. כַּ/כְּ/כָּשְׁרָא »tauglich, tüchtig; Tüchtigkeit«, ja. כַּשְׁרוּתָא u. sy. *kašīrūtā* »Tüchtigkeit, Kunstfertigkeit«. Daß für Nr. 140 eine aram. Entsprechung fehlt, mag auf Zufall beruhen, doch könnte auch eine selbständige he. Bildung vorliegen, vgl. HERTZBERG Qoh 28[1]. Interessant ist im übrigen der Umstand, daß in lautgesetzlicher Entsprechung zu ug. *kṯr*, akk. *kašāru* »Erfolg haben«, ar. *kṯr* I »viel sein«, IV »reich werden«, *kauṯar* »reichliche Quelle im Paradies«, phön. כשר in theophoren Namen wie Χουσαραθων = **Kšr-ytn*, *Mt(t)n-kšr* (DRIVER CML 12[1]; HARRIS 113) aram. die Form *כתר zu erwarten wäre und aram. כשר sich folglich als Lw. aus dem Akk. (so DRIVER ib. 145[5]) oder wohl eher Kan. (so DAHOOD Bibl. 33, 1952, 206 u. 44, 1963, 531f., wo er übrigens den Stamm auch Ez 33 32 finden will) erweist, sofern diese Stämme alle zusammengehören, was ROSENTH. AF 42f. bestreitet. Häufige Synn.:

חפץ, schon Jdc 13 23, יטב, u. a. I Reg 3 10, u. I רצה, z. B. Ps 62 5; zu vergleichen sind ferner das oft verwendete hif. v. צלח u. Nr. 123.

A: KAUTZSCH 44; GESEN. HWb. 1810, 491; GB; CHEYNE OrPs. 475; FZ. DELITZSCH Qoh 201; DRIVER Congr. Vol. Copenh. 34; SR. DRIVER Intr. 475; HERTZBERG Qoh 28[3]; PODECHARD Qoh 45; SIEGFRIED Esth 140.

141. כְּתָב Schriftstück, Verzeichnis, Schreibweise: Ez 13 9 Ps 87 6 (nachexil., GKL. 380) Esth (9×) Dan 10 21 Esr 2 62 4 7 Neh 7 64 I Chr 28 19 II Chr 2 10 35 4.

Mhe. Der. v. כתב »schreiben«. Zur ausgesprochen aram. Nominalform (s. II § 2) kommt Belegung in nur späten Texten, deren ältester Ez ist. Aram. Vorkommen s. KBL 1087 u. DISO 129. He. Äquivalent: מִכְתָּב, etwa 10×, schon Ex 32 16 (E oder J, EISSF. Hex. 154*, bzw. NOTH UegPt. 33), vgl. auch סֵפֶר, häufig u. schon Ex 32 32 (ebenfalls E oder J, EISSF. u. NOTH a. a. O.).

A: KAUTZSCH 45; LAG. Ue. 175; GB; KBL 460 u. a. a. O.; BARTH Nom. § 42c; BGSTR. Gr. I § 25c; BLH 4701; BM § 37, 1; CHARLES Dan 253; GK § 84n; DRIVER Congr. Vol. Copenh. 27; MARTI Dan 77.

[142.] * כֹּתֶל Wand: Cant 2 9.

Mhe. כּוֹתֶל. Durch aram. Vermittlung — Belege s. KBL 1088, Suppl. 203 u. DISO 129 — sowohl dem He. als auch dem Ar. (> *kauṯal*, *kauṯall* »Wand«, FRAE. 223; modern-ar. *kauṯal* »Heck des Schiffes«, WEHR 752; als Lw. im Griech. wird MdD 211 ferner καυθήλια genannt) zugekommen; von ZIMMERN 32 auf akk. *kutallu* »Rückseite, Hinterkopf« zurückgeführt, besser passend aber v. SODENS Herleitung aus akk. *kutlatu* »Sperrwand«, ZA 41, 1933, 171[4], (vgl. auch *kutlu* »rails«, CAD 6, 264 s. v. *ḫutputu*, KÖCHER AfO 18, 1958, 309 u. 313 »Seitenwände«). He. Äquivalent ist קִיר, häufig u. u. a. schon Jos 2 15.

A: KAUTZSCH 45; BERTHOLET Cant 10; DRIVER Congr. Vol. Copenh. 34; SR. DRIVER Intr. 448; RUDOLPH Cant 133; ZIMMERN a. a. O.

143. כתם (denom.; nif.) ein Schmutzfleck sein: Jer 2 22.

Mhe. (nif. pu., JASTR. I, 681), כֶּתֶם »Fleck«. Obwohl Übereinstimmung mit ja. (pe.) cp. (pa.) u. sy. (pe. pa.) כתם »beflecken« herrscht, bleibt ein A wegen akk. *katāmu* »zudecken« u. ar. *katama* »zudecken, verbergen« unsicher; auch ist ungewiß, ob das in seiner Bedeutung noch ungeklärte מִכְתָּם in 6 Ps-Überschriften zum selben Stamm gehört (s. KRAUS XXII u. FOHRER Jes II, 182[23]). Synn. s. unter Nr. 115.

144. כתר (pi.) warten, harren: Hi 36 2.

Fehlt mhe. Ein SEM Stamm, der in der Bedeutung »umstellen, sich scharen« (pi. u. hif., 4×, schon Jdc 20 43) echt he. ist, in jener von »warten, harren« sich jedoch am besten aus dem Aram. erklärt, wo, z. T. mit Derr., das Verbum pehl. Frah. 20, 8, äga. (DISO 129) ja. cp. sy. u. md. in gleicher Bedeutung und in der entsprechenden Stammform pa. vorkommt. GUILLAUME Abr-Nahrain II, 1960f., 19f. möchte unter Voraussetzung einer Metathesis unser Verbum zwar mit ar. *taraka* (»unter-, ver-, ab-)lassen«, s. Lane I, 304; nach GUILLAUME dann »allein lassen, Zeit geben« u. ä.) identifizieren und auf einen A verzichten, doch liegt bei dem späten hap. leg. Übereinstimmung mit der sehr gut bezeugten aram. Sonderbedeutung des Stammes gewiß näher. Zur Form ־כַּתַּר s. BLH 329f. Synn.: חכה, etwa 10×, schon Jes 8 17; יחל, etwa 40×, schon I Sam 10 8, u. קוה, etwa 45× u. schon im Jakobssegen Gen 48 18 (alt, s. NOTH UegPt. 38[136]).

A: KAUTZSCH 45f.; GESEN. HWb. 1810, 495; GB; LS 353; BUDDE Hi 225; CHEYNE JaS. 294; DHORME Job 491; DILLMANN Hi 317; DRIVER Congr. Vol. Copenh. 34; DUHM Hi 171; EB 1, 595; PETERS Hi 405; TUR-SINAI Job 493.

145. * כֶּתֶר Kopfputz, Krone: Esth 1 11 2 17 6 8.

146. Denom. כתר (hif.) als Kopfputz tragen: Prov 14 18.

Mhe. »Kranz, Krone«, denom. (hif.) »einen Kranz winden, krönen« (vgl. jiddisch *késser* »Krone«, LANDMANN 180). Ja. cp. md. (?, MdD 216) u. nsy. (»Band, Kranz, Knoten«) כִּתְרָא: der im ganzen pers. Weltreich geläufige Ausdruck für »Krone« (EIL. AfO 17, 1954/5, 331), spez. für den hohen, spitz zulaufenden Turban der pers. Könige (s. BARDTKE Esth 284[11]), > ar. *kitr* u. gr. κιδ/τ/θαρις »Turban« (LEWY 90; EIL. a. a. O.). Denom. ev. erst im He. entstanden. Ape. Herleitung ist von EIL. a. a. O. widerlegt worden, s. auch AD 98.

A: LAG. GA 207; SIEGFRIED Esth 140.

147. לעב (denom.; hif.) sein Spiel treiben mit, verspotten: II Chr 36 16.

Mhe. Ja. u. sy. (i/etpa.) in derselben Bedeutung (sy. auch »gierig, lüstern sein«, womit cp. לעיב(א)ית zu vergleichen ist, das ἀσώτως »heil-, zügellos« Lc 15 13 wiedergibt); ja. u. sy. mit Derr. Die urspr. Bedeutung des Stammes ist vielleicht in ar. u. asa. *lʿb* (CONTI 173) »spielen, scherzen« noch erhalten. Syn.: התל, nur I Reg 18 27 u. Sir 11 4 13 7.

A: KAUTZSCH 46; GB; RUDOLPH Chr 336.

148. לעז (qal) unverständlich, fremdländisch reden: Jes 33 19 (sekd.)[1] Ps 114 1 (unbestb.)[2].

Anm.: 1) textl. unsicher: entweder ist mit KBL 484 ל(וֹ)עֵז zu lesen oder das pt. nif. נוֹעָז einer sonst unbekannten Nf. יעז v. עזז »sich stark zeigen« anzusetzen (so z. B. BH³; Procksch Jes 422; Fohrer Jes II, 132; Echterbibel); nach Eissf. Einl. 395 exil./nachexil., s. auch Fohrer op. cit. 133. 2) Gkl. 495.

Mhe. (auch hif.), mit Derr. wie לָעוֹז »Fremdsprachiger«, לַעַז »fremde Sprache, Verleumdung«. Ein Stamm wahrscheinlich onomatopoet. Ursprungs (vgl. sy. pe. pa. »Pfeifen der Vögel, Zischen der Schlange«), der sy. (pe.) neben einfachem »reden, sprechen« vor allem »undeutlich, unverständlich reden« und speziell »fremdländisch (d. h. meist gr.) reden« bedeutet, > derivativ sy. *leʿzā* u. a. »(fremde) Sprache«, ja. sy. לָעוֹזָא »Fremdsprachiger«. Daraus wurde schließlich sy. »verleumden«, *leʿzā* »Verleumdung«, was sich mit ar. *laġaza* »verdrehen, entstellen« deckt, welch letzteres den Stamm als nicht nur aram. ausweist.

A: Kautzsch 47; GB; Driver Congr. Vol. Copenh. 34.

149. * מַאֲמָר Wort, Befehl: Esth 1 15 2 20 9 32 Sir 3 8 37 16 (marg.).

Mhe. Der. v. אמר »sagen, befehlen«. Verdächtig, weil sehr spät und selten gegenüber früh belegten und häufigen Synn. wie I אֵמֶר, schon Jdc 5 29, oder דָּבָר, schon Jdc 3 19f. Ba. (KBL 1091) ja. u. sy. freilich מֵאמְרָא, md. *mimra* < **miʾmar* (BLA 194s; vgl. aram. inf. pe. מִקְטַל), nur ja. auch מַאֲמָרָא. He. hat sich jedoch vor Laryngalen *a* regelmäßig erhalten (BLH 490x), weshalb Analogiebildung vorliegen kann.

A: SR. Driver Intr. 484; Siegfried Esth 140.

150. מגר (pi.) niederwerfen: Ps 89 45 (vorexil.)[1]. — Es fällt weg: Ez 21 17.

Anm.: 1) Kraus 616ff., nach Gkl. 396 nachexil.

Fehlt mhe. Sonst nur noch aram., s. KBL 1091 u. DISO 142, womit das He. in Stammform und Bedeutung übereinstimmt. Syn.: I ידה, 3×, u. a. Sach 2 4.

A: Kautzsch 47f.; Cheyne OrPs. 480; Driver Congr. Vol. Copenh. 34.

[151.] II מִדָּה (profane) Abgabe: Neh 5 4.

Mhe. מִדָּה u. a. »Norm, (Straf-)Maß«, מִנְדָּה »Steuer«. Akk. *madattu* (Typus *maprast*, v. Soden Gr. § 56c; s. auch Zimmern 9), bzw. *mandattu* (mit Nasalierung an Stelle urspr. Gemin., v. Soden op. cit.

§ 32b) »Abgabe, Tribut, Zahlung« (s. Suppl. 203 u. MARTIN StOr. 8, 1936, 45f.), Derr. v. *nadānu* »geben«, wovon sich aram. מִדָּה u. מִנְדָּה (letzteres der aram. Vorliebe für die Auflösung einer Gemin. durch Einschub eines *n* besonders entsprechend, BLA 50de, s. auch Nr. 70; :: SPITALER IdgF. 61, 1954, 261: bloß etymol. Orthographie) herleiten, s. Belege KBL 1091; Suppl. 203 u. DISO 158; ferner ALTH.-ST. ASpr. 137ff. Vgl. als Synn.: מַשְׂאֵת (profan), in entspr. Bedeutung nur Am 5 11, u. תְּרוּמָה (fast ausschließl. kult.), häufig belegt seit Ez.

A: Thes. 768.

152. מְדִינָה Gerichts-, Amtsbezirk, Satrapie: I Reg 20 14f. 17. 19[1] Ez 19 8[2] Thr 1 1 Qoh 2 8 5 7 Esth (29×) Dan 11 24.

Anm.: 1) vorexil., s. NOTH UegSt. 79f. :: KAUTZSCH 48ff. 2) Textl. umstritten, nach ZIMMERLI Ez 419 cj. aber unberechtigt.

Mhe. Der. v. דין »Recht schaffen, sprechen«, einem he. u. aram. stark vertretenen Stamm. Während im He. das Der. fast nur in späten Texten und, mit Ausnahme von Esth, bloß sporadisch belegt ist, findet es sich aram. in beinahe sämtlichen Dialekten, einerseits in der Bedeutung »Gerichtsbezirk, Land, Provinz, Satrapie« (in letzterem Sinne besonders als t. t. in der pers. Verwaltung gebraucht, s. BARROIS I, 65; DE VAUX I, 210 u. WIDGR. IsK. 37[125]), andererseits »Stadt«, s. KBL 1092; Suppl. 203; DISO 143 u. KUTSCHER JBL 76, 1957, 291f. :: ZEITLIN JQR 1957, 252; zu md. מדין s. Nr. 3a; > ar. *madīnat* (FRAE. 280f. — Als Kuriosum sei noch die rotwelsche Ableitung »Mathilde, Mathies« = »Gegend, Landstraße« vermerkt, s. WOLF 160. 213). An Synn. vgl. etwa גְּלִילָה, 4×, schon Jos 22 10 (Bedeutung aber unsicher, s. NOTH Jos zu 13 2), u. כִּכָּר, häufig, in ähnlicher Bedeutung z. B. Gen 13 10 (J, NOTH UegPt. 29).

A: KAUTZSCH a. a. O.; BDB; GB; FZ. DELITZSCH Qoh 201; HERTZBERG Qoh 28[3]; MONTG.-GEHM. 323; KUTSCHER a. a. O.; NÖLD. BS 41; PODECHARD Qoh 45; TORCZ. EJ III, 134; TORREY HThR 17, 1924, 83ff.; ZIMMERN 24.

153. מַדָּע Verständnis: Qoh 10 20[1] Dan 1 4. 17 II Chr 1 10-12.

Anm.: 1) in der Bedeutung umstritten, doch liegt »in Gedanken« (so z. B. HERTZBERG Qoh 197f.; Echterbibel u. Bible Jérusalem) noch immer am nächsten; anders WILDEBOER Qoh 159, der in Anlehnung an ידע »sexuell erkennen« an »Ehegemach« denkt, während PERLES, Anal. 71, HALLER Qoh 86 u. a. m. die cj. בְּמַצָּעֲךָ »auf deinem Lager« vorziehen; weitere Vorschläge s. HERTZBERG a. a. O.

Mhe. u. DSS (KQT 115). Der. v. ידע »wissen«, mit assim. *j* (*jd* > *dd*; s. KOOPM. I, 129), wie im Aram. bei Derr. dieses Stammes üblich, vgl. z. B. ja. sy. מַדְּעָא, md. מאדא (MdD 238) »Verstand, Wissen; bekannt«, falls nicht die Doppelkonsonanz durch Einschieben eines *n* aufgelöst wurde (BLA 50d; MG 75; s. auch Nr. 70), vgl. äga. ba. ja. מַנְדַּע u. md. מנדא, s. KBL 1095; DISO 158 u. MdD 247. Zwar kennt auch das He. die sog. Quantitätsmetathese (langer Vokal + kurzer Konsonant > kurzer Vokal + langer, gemin. Konsonant) mit Assim. des *j* bei gewissen Verben פ״יו (BLH 218c. 379t), nicht jedoch bei unserm Stamm. Synn.: בִּינָה, etwa 35×, schon Jes 29 14, דֵּעָה, 6×, schon I Sam 2 3, u. דַּעַת, häufig, u. a. schon Ps 19 3 (alt, GKL. 76).

A: KAUTZSCH 51; GESEN. HWb. 1810, 558; GB; KBL a. a. O.; BENTZEN Dan 16; FZ. DELITZSCH Qoh 201; DRIVER Congr. Vol. Copenh. 27; SR. DRIVER Intr. 506; HERTZBERG Qoh 28[3]; MONTG. Dan 126; PODECHARD 45; POWELL 25.

154. מְהֵיטַבְאֵל n. m.: Neh 6 10[1].

Anm.: 1) weitere Träger dieses Namens sind keine Israeliten.

Fehlt mhe. Zusammengesetzt aus dem in aram. Weise gebildeten pt. des Kausativs v. יטב (qal) »gefallen«, (hif.) »Gutes tun« (s. BLA 141e u. KBL 1082) und אֵל.

A: KBL a. a. O.; NOTH Namen 31.

155. מוק (hif.) höhnen: Ps 73 8 (textl. unsicher).

Fehlt mhe. Wenn die Wurzel wirklich belegt ist (so KRAUS 501), was aber kaum der Fall sein wird (s. GKL. 317; GB 407 u. KBL 505), liegt ein A vor, denn sie findet sich nur noch ja. u. sy. (pa.) in gleicher Bedeutung. He. Äquivalent: etwa 35× II חרף, schon Jdc 8 15.

A: KAUTZSCH 53; GB; FZ. DELITZSCH Ps I, 547; DRIVER Congr. Vol. Copenh. 34; DUHM Ps 190; GKL. a. a. O.; WILSON PThR 23, 1925, 256.

156. מוֹתָר Vorteil, Vorzug: Prov 14 23 21 5 Qoh 3 19.

Mhe. »Überrest, überflüssig«. Der. v. I יתר »übrig bleiben, Überfluß haben«. Vielleicht zurückzuführen auf ja. cp. מוֹתָרָא gleicher Bedeutung. Zur Erhaltung des *ā* s. BLH 215i. Vgl. im übrigen, auch hinsichtlich der Synn., Nr. 123.

A: WILDEBOER Prov XIV.

[157.] * מֶזֶג Mischwein (hier »Sperma«, HALLER Cant 41): Cant 7 3.

Mhe., neben מְזִיגָה (f). »Mischwein, Mischung« u. מזג »mischen«. Äga. (DISO 146), ja. cp. sy. u. md. (MdD 264) מזג dass., mit Derr. wie ja. מְזָגָא, sy. md. *mᵉzāgā* »Mischwein, Mischung« u. palm. ממזגנא »Mundschenk«, > ar. *mazağa, mašağa* (LS 378) »mischen«, *mizāğ* »Mischung« (FRAE. 172); < akk. *mazāqu* (ZIMMERN 40: *nazāqu*), »schlürfen«, *munziqu* »heller Wein« Syn.: מֶסֶךְ 5×, schon Jes 5 22, dem ug. u. phön. *msk* entspricht, dessen Identifizierung mit akk. *mazāqu* (ZIMMERN 40) indessen wohl fraglich ist.

A: KAUTZSCH 54; GB; DRIVER Congr. Vol. Copenh. 34; SR. DRIVER Intr. 448; RUDOLPH Cant 111; ZIMMERN a. a. O.

מִזְעָר s. Nr. 81.

158. I מחא (qal) klatschen: Jes 55 12 Ez 25 6 Ps 98 8 (nachexil., GKL. 427).

159. II מחה (qal) stoßen, treffen auf: Num 24 11 (P, EISSF. Hex. 195*).

160. Der. מְחִי Stoß: Ez 26 9.

160a. מחק (qal) zerschlagen, zerschmettern (?): Jdc 5 26 (Deboralied, s. EISSF. Einl. 117f.).

Mhe. מחץ »zerschlagen, zerschmettern«, ebenso 14× he. (< **mḫḏ*, so noch ar. u. asa., CONTI 177), was lautgesetzlich aram. * מחע > מחא ('nach *ḥ* >', LEAND. 17h :: NÖLD. ZDMG 57, 1903, 418f.), s. KBL 1092, DISO 147 u. MdD 260 (s. v. *mhita*), ferner akk. *maḫāṣu*, ug. *mḫṣ* (GdUM § 5. 6; HELD JAOS 79, 1959, 169ff.), EA kan. Glosse *ma-aḫ-zu-ú* u. äth. maḫaṣa »schlagen« u. ä. m. entspricht, vgl. GdUM § 5. 13. — Eine andere, in den ältesten aram. Texten bezeugte Lautentwicklung führt von *ḏ* zu *q*, die wahrscheinlich he. מחק zugrunde liegt. Doch ist die Wurzel aam. in dieser Weise nicht belegt, vgl. aber z. B. aam. u. äga. ארק (ebenso Jer 10 11), < * *'arḏ* (= ar.), mit sonstigem aram. אֲרַע, ug. *'rṣ* u. he. אֶרֶץ »Erde, Land« (s. KBL 1054, DISO 25f., ZATU 88, BRO. VG I, 134δ u. HbOr. III, 136). Die Bedeutung »zerschmettern« scheint dem Kontext auch besser zu entsprechen als die u. a. schon von ROTHSTEIN ZDMG 56, 1902, 710[1] erwogene und von mhe./ja. מחה/א bzw. מחק abgeleitete Bedeutung »abwischen, abreiben, schinden« (s. KBL 514). — Synn.: ספק, etwa 5×, ältester Beleg Num 24 10 (J, EISSF. Hex. 189*), צנח, 3×, schon Jdc 4 21.

A: KAUTZSCH 54f.; GB; KBL a. a. O.; ALBR. JPOS 2, 1922, 80; DRIVER Congr. Vol. Copenh. 29 u. 29[3]; DUHM Ps 234.

[161.] * מָחוֹז Hafenstadt: Ps 107 30 (nachexil.)[1].

Anm.: 1) GKL. 470f.; nach KRAUS 737 ev. alt.

Mhe. Pehl. nab. palm. ja. sy. u. md. מָחוֹזָא »Stadt«, ja. auch »Marktort, Bezirk, offener Platz (LEVY II, 23), n. l.« (DISO 147; Suppl. 165. 218). »Im Sy. . .ist *mahōzā*. . .wohl immer als ein etwas ungewöhnliches, fremdartiges Wort empfunden worden; daher die gelegentlich ungenaue Verwendung und die falsche Erklärung der Glossatoren als Kleinstadt. In Wirklichkeit bedeutet es Großstadt« (Nöld. ZDMG 57, 1903, 419); < akk. *maḫāzu* »(Tempel-)Stadt« (Zimmern 9; Rosenth. Spr. 90; DISO a. a. O.; nach H. Bauer OLZ 29, 1926, 781 soll es freilich durch ein kan. Medium in das Aram. gelangt sein, vgl. das in einer pun. lat. Bilinguis gefundene מחז »forum«, Friedr. VT 11, 1961, 355).

A: Kautzsch 55f.; Driver Congr. Vol. Copenh. 34.

מְחִי s. Nr. 160.

[162.] I מְחִיר Gegenwert, Kaufpreis, Lohn: vorexil.: II Sam 24 24 I Reg 10 28 21 2 Jer 15 13 Mi 3 11 Prov 27 26; exil./nachexil.: Dtn 23 19 Jes 45 13 55 1 Ps 44 13[1] Hi 28 15 Thr 5 4 Dan 11 39 II Chr 1 16 Sir 6 15 7 18 34 5.

[163.] II מְחִיר n. m.: I Chr 4 11 cj. Esr. 2 52 Neh 7 54 (s. Rudolph ad loc.).

Anm.: 1) Gkl. 187; nach Kraus 325f. wohl ein kult. Formular.

Mhe. u. DSS (KQT 119). Akk. *maḫīru* »Gegenwert« (Zimmern 18), Der. v. *maḫāru* »empfangen, entsprechen«, müßte he. * מָחִיר ergeben (BLH 740n). Statt der Vortondehnung *ă* > *ā* weisen indes einige Wörter vom Nominaltypus *qatīl* analog dem Aram. Reduktion des *ă* zu Schwa auf (BLH 234p; BLA 661. 188h; s. auch II § 3). Auf Grund dieser lautlichen Verhältnisse wird daher an aram. Vermittlung zu denken sein, wiewohl keine aram. Entsprechungen belegt sind; mindestens liegt aram. Vokalismus vor. Birkel. 11 nimmt freilich direkte Entlehnung aus dem Akk. an, die zu einer Zeit erfolgt sei, da die Vortondehnung zu wirken aufgehört habe. Sonst noch soq. *mhar* »Geschenk« (Leslau 239). — Bei Nr. 163 ist sowohl die Bedeutung »Kaufpreis« (Noth Namen 189[3]; KBL 512) als auch »gekauft« (aram. pt. ps. pe., BLA 188k; Rudolph zu Esr 2 52) möglich. Vgl. im übrigen III § 6,2. Synn.: מֶכֶר, 3×, frühester Beleg Num 20 19 (Eissf. Hex. 179*: E, Noth UegPt. 34: J), u. כֶּסֶף מִקְנָה Lev 25 51 (P, Eissf. Hex. 159*).

A: VG I, 101 Anm. 1; BLH 234p. 471t; BM § 23, 2.

מחק s. Nr. 160a.

מַטָּרָה s. Nr. 190.

164. * מִכְמַנִּים verborgene Schätze: Dan 11 43.

Mhe. כמן (pi. hif.) »im Versteck liegen, sich verbergen«, mit Derr. Ja. u. sy. öfters belegt, sowohl verbal (pe. pa. af.; in gleicher

Bedeutung wie mhe.) als auch derivat., vgl. ja. כְּמָנָא »Verborgenheit«, sy. cp. k^{e}*mēnā* u. a. »heimlich«, > ar. *kamīn* »Nachstellung, Anschlag«, denom. *kamana* »auflauern« (Frae. 243). Da eine direkte aram. Entsprechung fehlt, bezweifelt Nöld. ZDMG 57, 1903, 416 einen A, doch wird man in Anbetracht des späten he. hap. leg. u. des aram. gut vertretenen Stammes einen solchen nicht ganz ausschließen können. Synn.: אוֹצָר, häufig, u. a. Jos 6 19, u. מַטְמֹן, 5×, schon Gen 43 23 (J, Eissf. Hex. 90*).

A: Kautzsch 40f.; GB; Marti Dan 88.

[165.] מֶכֶס (kultische) Abgabe: Num 31 28. 37-41 (5×; P, Eissf. Hex. 192*).

[166.] f.* מִכְסָה Betrag: Ex 12 4 Lev 27 23 (beidemal P, Eissf. Hex. 129*. 224*).

Mhe. מֶכֶס »Grenzzoll«, denom. מכס »verzollen«. Dem He. wahrscheinlich durch das Aram. vermittelt: äga. palm. (DISO 150) מכסא, ja. מִכְסָא (vgl. מָכְסָא »Zolleinnehmer«), cp. מכס u. sy. md. (MdD 243) *maksā* »Zoll, Abgabe« (neben weitern Nominalbildungen auch denom.), > ar. *maks* »Steuer« (Frae. 283); < akk. *miksu* »Abgabe, Zoll« (Zimmern 10; Widgr. Mch. 91f.; akk. auch in Ugarit belegt, PRU III, 225). Die f.-Form Nr. 166 ist offenbar erst im He. gebildet worden.

[167.] מְכֻרְבָּל (pu. pt.) eingehüllt: I Chr 15 27.

Mhe. כַּרְבָּלָה »Hahnenkamm«. Denom. v. aram. כַּרְבָּלָה »Kopfbedeckung, Mütze«, s. KBL 1087; Suppl. 202 u. DISO 126. Spbab. *karballatu* »spitze Mütze« (Fw., Zimmern 36; s. ferner Bibl. 39, 1958, 200* Nr. 3350). Die etymolog. Rückführung auf כבל »binden« unter Annahme einer Insertion von *r* (Ruž. 20. 120; BLH 214e u. a. m.) ist umstritten; Baumg. KBL XXVIII vermutet sakischen Ursprung (s. auch Rosenth. Gr. § 189). *ā* konnte dissimil. erhalten bleiben, cf. BLH 215i). Synn.: u. a. כנס hitp., u. עלף hitp., in entsprechender Bedeutung nur Jes 28 20 bzw. Gen 38 14 (J, Noth UegPt. 31) u. Cant 5 14.

A: Kautzsch 43; BDB; GB; KBL; Rothstein Chr 283.

מִלָּה s. Nr. 172.

[168.] * מַלָּח Schiffer, Seemann: Ez 27 9. 27. 29 Jon 1 5.

Mhe. u. DSS (KQT 123). Akk. **malaḫḫu* > *malāḫu* < sum. *malaḫ* (Zimmern 45; Salonen Wf. 133f., NBab. 10ff.; Widgr. Mch. 102[2]) > äga. (DISO 152) ja. u. sy. מַלָּחָא, md. מאלאהא »Seemann« (in Angleichung an den Typus *qattāl* der Berufsnamen, BLH 478h.

479m, mit sekd. Gemin. des *l*, WIDGR. a. a. O.), sy. mit weitern Derr. und, wie auch ja., denom., > ar. *mallāḥ* »Schiffer« (FRAE. 221). Phön. מלח dürfte, den Umständen der Belegung entsprechend (s. LIDZB. Eph. III, 95f.), ebenfalls aram. Lw. sein, wiewohl der Seemannsberuf den Phöniziern natürlich vertraut war. Vgl. syn. אַנְשֵׁי אֳנִיּוֹת I Reg 9 27, חֹבֵל, nur Ez 27 8. 27-29 u. Jon 1 6.

A: KAUTZSCH 57ff.; FRAE. a. a. O.; ZIMMERN a. a. O.

169. מֶלֶט Mörtel: Jer 43 9.

Fehlt mhe. Wohl aram. Lw., das nach der Übernahme segoliert worden ist: sy. *meläṭā* »Mörtel, der zwischen zwei Reihen des Baues gelegt wird, um dadurch die Wand zusammenzuhalten« (FRAE. 10), Der. v. *mlṭ* »Öl, Kalk aufstreichen«, falls letzteres nicht Denom. ist (LS 391), > ar. *milāṭ* »Mörtel«, mit Denominativen, (FRAE. a. a. O.) und vielleicht gr. μάλθη »mit Pech vermischtes Wachs« (LEWY 172). Die Herleitung des n. l. Μελίττη/Malta von diesem Stamm (oder von מלט »retten«), s. z. B. JENNINGS Lex. 121; LEWY 209f., ist u. a. von MAYR, Die Insel Malta 25, abgelehnt worden, s. auch P.-W. 15[1], 543.

A: CORNILL Jer 425.

170. II מלך (nif.) mit sich zu Rate gehen: Neh 5 7.

Mhe. He. sehr häufig als I מלך in der Bedeutung »König sein, herrschen« (denom.?, s. GB 428; KBL 529), nur ein einziges Mal in später Zeit jedoch in jener, welche (neben »König sein, herrschen«) sich oft im Aram. findet: (pe.) »raten«, (pa. af.) »beraten«, (itpe.) »sich beraten, mit sich zu Rate gehen« (palm., DISO 153, AD 82, 4, u. sy. auch »versprechen«), Belege s. KBL 1093f.; DISO a. a. O. u. MdD 273. Die Grundbedeutung des Stammes ist noch unklar: vgl. akk. *malāku* »beraten, beschließen«, ug. *mlk* »die Königswürde einnehmen, regieren« u. ar. äth. *malaka* »besitzen, beherrschen« (von dieser Wurzel zu trennen ist pun. מלך »Darbringung, Opfer«, s. KAI II 76 u. DISO 154).

A: KAUTZSCH 59f.; GESEN. HWb. 1810, 601; DRIVER Cong. Vol. Copenh. 31; SR. DRIVER Intr. 553; GK § 2v; RUDOLPH Neh 130; SIEGFRIED Neh 90.

171. III מלל (qal) Zeichen geben: Prov 6 13, (pi. »sagen, künden«) Gen 21 7 (J)[1] Ps 106 2 (nachexil.)[2] Hi 8 2 33 3 II Chr 25 4. 26.

172. Der. מִלָּה Wort: vorexil.: Ps 19 5[3] Prov 23 9; exil./nachexil.: Ps 73 10[4] Hi (34× u. cj. 42, 3); unbestb.: II Sam 23 2[5].

Anm.: 1) EISSF. Hex. 34*. 2) GKL. 465. 3) alt, s. GKL. 76. 4) GKL. 316. 5) s. NOTH UegSt. 62[3]; nach EISSF. Einl. 335f. ev. schon alt.

Mhe. Wohl aram. Erbgut, vornehmlich in der Poesie belegt (BLH 23n), das von den sehr häufigen (u. aram. ebenfalls bekannten) Synn. אמר u. דבר, bzw. דָּבָר, verdrängt worden und anscheinend erst in späterer, exil./nachexil. Zeit durch aram. Beeinflussung vermehrt in Gebrauch gekommen ist. Zur aramaisierenden pl.-Form מִלִּין (bei Hi 13× gegenüber 10× מִלִּים) s. II § 16, 4d. Im Aram. schon früh auftretend und über sozusagen alle Dialekte verbreitet, s. KBL 1093f.; Suppl. 203 u. DISO 154. Nöld. will ZDMG 57, 1903, 417 von einem A zwar lieber absehen, wertet indessen frühe he. Belegung zu stark. Freilich deutet ar. *malla* IV »diktieren«, darauf hin, daß der Stamm auch außerhalb des aram. Sprachgebietes bekannt gewesen ist.

A: Kautzsch 60f.; Gesen. HWb. 1810, 603; GB; KBL 527 u. a. a. O.; Begrich 68; BLH a. a. O.; Budde Hi 18; Cheyne JaS. 294; Fz. Delitzsch Ps I, 166; Dhorme Job CXLII; Driver Congr. Vol. Copenh. 30; EB 1, 595; Fohrer Hi 129 u. 184; GK § 87e; Gkl. Gen 227; Horst Hi 66; Kraus 156; Procksch Gen 137f.; ZATU 223.

173. ממון Geld: Sir 34 8.

Mhe. u. DSS (KQT 125) »Geld, Vermögen«. (Vgl. jiddisch *momon* dass., u. rotwelsch *Mum*(*m*) im Sinne v. geistigem u. körperl. Vermögen, s. Wolf 206). Ja. cp. u. sy. מָמוֹנָא, md. מי/אנונא (s. MG 50 u. MdD 268) »Geld« (in eth. neutralem Sinn), > μαμωνᾶς Lc 16 9, personifiziert (u. dämonisiert) u. a. Mt 6 24 (s. Bauer WbNT 811 u. Kittel ThWb. IV 390ff.). Etymologie noch dunkel: oft über מעמן aus מטמון Sir 42 9, Rand pr. מטמנת (Smend, Fragm. Sir 13) von טמן »verbergen« (so z. B. Duhm Jer 272, nach Honeyman ArchLing. 4, 1952, 60[7] aber schon Foresius anno 1660) abgeleitet, von Honeyman op. cit. 60ff. indessen auf den Stamm **mwn*, ar. »sorgen für, Nahrung geben« zurückgeführt; besser geht man jedoch von מאמון »Hinterlegtes«, Der. v. אמן »sammeln, aufhäufen« aus, s. Dalm. Gr. 170[1]; Schulth. Lex. Nachträge 153,48; Beer-Marti, ʾAbōt 56 u. Koopm. I, 211 (weitere Herleitungsversuche bei Honeyman a. a. O.; Strack-Billerbeck I, 434; Kittel op. cit. 390[2] u. Mannes 49; sekd. tritt als Ersatz für langen Vokal teilweise Gemin. des *m* auf, s. Beer-Marti a. a. O.). Im übrigen ist auch pun. Vorkommen durch *ממן belegt (s. Harris 120 u. DISO 155).

A: Smend Sir XLIII.

174. מנה (pi.) zuteilen, bestimmen, bestellen: vorexil.: Ps 61 8[1] 68 24[2]; exil./nachexil.: Jon 2 1 4 6-8 Hi 7 3 Dan 1 5. 10f. cj. Ps 16 5[3], (pu. pt. »bestellt«) I Chr 9 29.

175. Der. * מְנָת Anteil: Jer 13 25 Ps 11 6 (unbestb.)[4] 63 11 (spätvorexil.)[5] Neh 12 44. 47 13 10 II Chr 31 3f. — Es fällt weg: Ps 16 5 (s. o.).

Anm.: 1) Gkl. 261f.; textl. unsicher. 2) Kraus 411f.; nach Gkl. 286 indessen spät; textl. unsicher. 3) Gkl. 53. 4) nach Kraus 89 ev. vorexil. 5) Gkl. 267; Kraus 441.

Nr. 174: Mhe., neben (qal, nif.) »zählen« u. (hif.) »Anteil geben«, Der. מִנּוּי »Ernennung (bes. zum Rechtslehrer)«. He. etwa 15× wie akk. *manū*, ar. *manā* in der SEM Bedeutung »zählen«. Dem entspricht auch das Aram. in den Stammformen pe. u. af. Für die Intensivformen ist indessen aram. die Bedeutung »bestimmen, einsetzen« charakteristisch, Belege s. KBL 1095; Suppl. 203 u. DISO 159, womit das He. in den pi.-Formen genau übereinstimmt. Häufige Synn.: פקד hif., u. a. Gen 39 4f. (J, Eissf. Hex. 80*) u. קום hif., schon Am 2 11.

A: Kautzsch 108; KBL a. a. O.; Suppl. 167; Bentzen Dan 16f.; Charles Dan 3; Robinson Jon 122.

Nr. 175: Mhe. Urspr. **mánajat(u)* > *manât(u)* (BLH 463x) mit f.-Endung *-t* muß lautgesetzlich he. entweder zu מָנָה (etwa 12×) oder zu מְנוֹת (= inf. des Grundstammes) werden (VG I, 349e; BLH a. a. O.). *מְנָת geht demgegenüber auf die aram. Bildungsart zurück, wonach die ל״יו-Stämme des *qatalat*-Typus das *t* bewahren (BLA 237h), vgl. äga. palm. (DISO 158) ja. cp. sy. u. md. מְנָתָא »Anteil«. Gleichbedeutendes ug. *mnt* (Wurzel *mny*//*spr*, GdUM Nr. 1129; Aistl. Wb. Nr. 1600) gibt zwar Anlaß zur Vermutung, daß es sich urspr. um ein nw.-sem. Wort handelt, die aram. Form (s. II § 2) und späte Belegung lassen jedoch für das He. an einem A nicht zweifeln. Zum aramaisierenden cs. מְנָת s. II § 16, 3b; zum pl. מְנָיוֹת > מְנָאוֹת (*-jō-* > he. *-'ō-*, VG I, 251n) II § 16, 4c.

A: Barth Nom. § 61c; BLH 463x u. 598; GK § 95n; König Wb.; Nyb. StHos 122; Suppl. 167; Wellhausen SuV. VI, 259.

176. * מִסָּה (nur cs. מִסַּת) nach Maßgabe, je nach: Dtn 16 10.

Mhe. »genügend«. Sonst nur noch aram.: äga (DISO 161), ja. *cp. »genug«, mit כְּ (כְּמִסַּת) »nach Maßgabe« (s. Dalm. Gr. 210), ja. auch מִסְתְּיָא »Genüge, genug«, sy. *mestā* »Genüge«, cs. *messat* c. sf. »für, gemäß«. Etymologie noch dunkel; LS 396 wird die Wurzel נשׂא in Vorschlag gebracht, was bei der in diesem Fall vorauszusetzenden Vermengung von *ś* u. *s* einen A um so eher vermuten ließe, II § 11.

A: Kautzsch 108; Gesen. HWb. 1810, 615; Bertholet Dtn 52; Wilson PThR 23, 1925, 256.

[177.] מִסְכֵּן bedürftig: Qoh 4 13 9 15f.

[178.] מִסְכֵּנֻת[1] Armut: Dtn 8 9.

Anm.: 1) zum sf. *-ūt* s. II § 16, 1; zur script. def. BM § 9, 4.

Nr. 177 auch mhe., außerdem denom. מסכן »arm machen, werden«. Aram. gut belegt: äga. ja. cp. u. md. (DROWER, Questions 261[3]; MdD 268) מְסְכֵּינָא, sam. *meskin* (PETERM. 57), sy. *meskēnā* »arm«, cp. מסכינית »pauperis modo«, ja. cp. מְסְכֵּינוּתָא, sy. *meskēnūtā* »Armut«, nar. *miskīna* »der Arme« (BGSTR. Gl. 59) u. denom. ja. u. sy. מסכן »arm werden, machen«, > ar. *miskīn* u. äth. *meskīn* (BARTH Nom. § 165 u. NÖLD. NB 45); < akk. *muškēnu* »abhängig, hörig, Klient« (Zimmern 47; v. SODEN ZA 56, 1964, 133ff.; s. auch EDZARD, Genava NS 8, 1960, 246; ferner RÖSSLER, Untersuchungen 27 u. 56 mit dem Nachweis, daß in 3-sprachigen Achämeniden-Inschr. für akk. *muškēnu* aram. מסכן verwendet wird). Indessen ist die Etymologie noch ungeklärt: a) < *kānu* »sich beugen, demütigen, huldigen«, šaf. *uškīn* »Ehre geben«, pt. šaf. *muškīnu* (s. FRD. DELITZSCH Ass. Wb. 313; MUSS-ARNOLT 400. 604; BEZOLD 136 u. DRIV.-Mil. BL II, 152; vgl. ferner JENSEN ZA 4, 1889, 271f., außerdem SPEISER ICSt. 6, 1952, 91, und, von *kānu* »fest sein« ausgehend, ZIMMERN ZA 7, 1892, 353f.); b) < *šukēnum* (4-rad.) »sich unterwerfen«, pt. **muška''inum* > *muškē/īnum* (v. SODEN Gr. §§ 109ij u. 57e[18] u. EDZARD a. a. O.), < sum., *maš-ka(k)-en* (EDZARD ib., vgl. auch FALKENSTEIN ebd. 312; v. SODEN ZA a. a. O. erwägt andererseits sehr frühe Entlehnung aus dem Altamoritischen. Ug. *muškēnu* »Klient« (PRU III, 234; GOETZE 51f.; SPEISER Or. 27, 1958, 19ff; man beachte auch EA *muškīnu*, KNUDTZON II, 1475) weist die *u*-haltige Form auch für den kan. Bereich nach, ohne daß sich indes feststellen ließe, ob sie hier ursprünglich war und die *i*-haltige als charakteristisch aram. bezeichnet werden darf. Soq. *miskīn* »arm«, *inmóskin* »Armut«, auch denom. (LESLAU 247f.). Interessant ist der Bedeutungswandel von akk. »hörig« zu aram. he. soq. »arm« und den sem. Lww. it. *meschino*, frz. *mesquin* u. port. *mesquinho* »moral. minderwertig«. Synn.: אֶבְיוֹן »arm«, häufig, schon I Sam 2 8, u. רושׁ »arm sein«, etwa 20×, schon I Sam 18 23. — S. im übrigen MAIER II 83ff.

A: KAUTZSCH 108; PODECHARD Qoh 46; TORCZ. EJ III, 134; ZIMMERN a. a. O.

מַעֲבָד s. Nr. 209.

מִקְצָת s. Nr. 269.

179. מַרְדּוּת Auflehnung: I Sam 20 30.

Mhe. »Züchtigung«. Die Stelle ist corr.: *l.* נַעֲרַת (KBL 564). Dem Interpolator hat beim Einsetzen des Wortes in den alten Text offenbar ja. sy. מַרְדּוּתָא, md. מארדיתא »Züchtigung, Aufstand« vorgeschwebt, Der. des SEM., sowohl aram. (s. KBL 1096; DISO 167 u. MdD 278) als auch he. bekannten Stammes מרד »sich auflehnen«, vgl. he. I מֶרֶד »Auflehnung«.

A: BDB; DHORME Sam 187[30]; GULK. 124.

[180.] מְשֵׁיזַבְאֵל n. m.: Neh 3 4 10 22 11 24.

[181.] Kurzform[1] שִׁיזָא n. m.: I Chr 11 42.

Anm.: 1) s. NOTH Namen 156; bezüglich der Ableitung aber ganz unsicher.

Mhe. nicht belegt. Bildung mit dem aus dem Akk. stammenden Verbum *šūzubu, ušēzib* (ZIMMERN 69f.) > aram. שיזב »retten«, Belege s. KBL 1129 u. Suppl. 207. Als weitere Beispiele für nn. pr., die auf denselben Stamm zurückgehen, vgl. ביתאלשזב (»Gott Bethel, rette (mich)«), dem nbab. *Bati-il-šezib* (s. DRIVER, Fschr. Furlani 44) beizuordnen ist, צלם־שזב (LIDZB. NE 358) u. keilschr. *Mušēzib* (»er rettet«, STAMM 221) u. *Nabū-šēzibanni* (»N. rette mich«, APN 160; cf. he. נְבוּשַׁזְבָּן Jer 39 13, wobei der Träger des Namens ein Babylonier ist).

A: BDB; NOTH Namen 31; RUDOLPH Neh 114.

[182.] מְתֻרְגָּם (pt. ps. v. תרגם, BM § 72, 4a) übersetzt: Esr 4 7.

Mhe. תִּרְגֵּם »übersetzen«, תֻּרְגְּמָן u. מְתֻרְגְּמָן »Dolmetscher«. Urspr. aus akk. *targumānu* »Dolmetscher« (ZIMMERN 7) < *ragāmu* »rufen«, aber wohl durch aram. Vermittlung in das He. gelangt (wobei *ā* aus dissimil. Gründen unverändert bleiben konnte, s. BLH 215i): ja. cp. u. sy. תַּרְגֵּם »übersetzen«, ja. תֻּרְגְּמָנָא u. מְתֻרְגְּמָנָא (*ă* > *ŭ* vor *r*, VG I, 203δ; vgl. MG 17f.), cp. תירגומנא u. sy. (neben andern Derr.) *targemānā, metargemānā* »Dolmetscher«, *turgāmā* »Erklärung«, > ar. *tarǧamān*, span.-ar. *turjumīn* (VG a. a. O.) »Dolmetscher«, vgl. auch unser modernes »Dragoman« u. ä., s. KLUGE 140 u. LOK. Nr. 2033.

A: GESEN. HWb. 1810, 1225f.; SCHAED. 210.

[183.] I נָדָן (Schwert-)Scheide: I Chr 21 27.

Mhe. Pers. **nidāni* (npe. *niyām* »Scheide«) < sanskr. *nidhāna* »Behälter« (NÖLD. GGA 1884, 1022; ROSENTH. Gr. 59) > tradit. ba. נִדְנֶה (aber textl. unsicher, s. KBL 1098), ja. נִדְנָא, נְדָנָא u. לְדָנָא (NÖLD. a. a. O.), GnAp. II, 10 נדנהא »Scheide« (> ba. ja. auch »Körper«). Syn.: תַּעַר, etwa 10×, schon I Sam 17 51.

184. II נהר (qal) leuchten: Ps 34 6 (nachexil., GKL. 142) Jes 60 5 Jer 31 12.

185. Der. נְהָרָה Licht, heller Schein: Hi 3 4 cj. 10 22.

Mhe. (hif.) »erleuchten«, verwandt auch יהר »sich brüsten« = he. יָהִיר »übermütig« Hab 2 5 Prov 21 24 (NÖLD. NB 189). Gegenüber echt he. *נור, das bloß in Derr. erhalten geblieben ist (KBL 604), erklärt sich נהר als mit nicht-etymologischem *h* erweiterte Form, einer

Silbe mit zweigipfligem Akzent entsprungen, die in zwei Silben aufgespalten wurde (H. Bauer ZAW 48, 1930, 75; vgl. auch Nr. 280f.). Es handelt sich um eine im sem. Bereich mehrfach auftretende Erscheinung, die in besonderer Häufigkeit im Asa., s. Rhodokanakis SbWAk., ph.-h. Kl. 178, 4, 1915, 12ff. u. Höfner Gr. § 25, und im Soq. (z. B. bei *énehōr*, das als pl. zu *yōm* »Tag« dient) s. Höfner HbOr. III, 334 u. Leslau 260, begegnet; vgl. ferner Albr. JPOS 14, 1934, 105[25]; Torcz. Entst. 232ff. u. Driver, Problems 7[2], welch letzterer weniger an eine litera prolongationis denn an eine mater lectionis denkt). Da sich dieses »graphische« oder »parasitische« *h* (Rhodokanakis a. a. O.) auch im Aram. verschiedentlich findet (VG I, 52f.; vgl. auch Driver SW 154[5]) und gerade bei unserem Stamm der einsilbigen Grundform deutlich vorgezogen wird (Belege s. KBL 1098 — zum *ō*-Laut in *נְהוֹר vgl. Frae. 184f. —; Suppl. 204 u. DISO 175, außerdem nar. *nhr* »leuchten«, *nohra* »Licht«, Bgstr. Gl. 61; aram. Entlehnung ist wohl auch ar. *nahār* »Tageslicht«, Driver, Congr. Vol. Copenh. 30[5]), kann mit einem A gerechnet werden. Ug. *nhrm* bedeutet sehr wahrscheinlich nicht »Lichtzeit, Morgen« (so Driver CML 156; KBL 600), sondern ist wohl pl. v. *nhr* »Fluß« (s. GdUM Nr. 1219; Aistl. Untersuchungen § 86 u. Wb. Nr. 1762 u. Gaster, Thespis 165; vgl. auch Albr. JPOS a. a. O. 117) Synn.: אור hif., häufig, u. a. schon Ex 13 21 (J, Eissf. Hex. 134*), u. שׁנא, 3× z. B. II Reg 25 29.

A: Gesen. HWb. 1810, 691; König Wb.; KBL 599 u. a. a. O.; EB 1, 595; Cheyne JaS. 294; Driver Congr. Vol. Copenh. 30; Torrey Dtjes 477; Tur-Sinai Job 52.

186. נֵזֶק (Var. נֶזֶק) Belästigung: Esth 7 4.

Mhe. נזק (hif.) »beschädigen«, נֵזֶק u. נֶזֶק »Beschädigung, Schaden«. Zum Schwanken des 1. Vokals zwischen *ä* und *e* s. BLH 459a. 574y. Weitere aram. Belege KBL 1099 u. DISO 176; יזק jif. im sonst phön. Klmw-Text (14) besagt nichts Entscheidendes gegen einen A, da hinter dieser Inschrift bereits die aram. Volkssprache steht, s. I § 1 Anm. 19; akk. *nazāqu* »sich ärgern«, *niziqtu* »Betrübnis«. Syn. Stämme: כלם, etwa 35×, schon I Sam 20 34, u. פגע, etwa 40×, schon Jdc 8 21.

A: Kautzsch 63f.; BDB, KBL a. a. O.; SR. Driver Intr. 484; Montg. Dan 271; Siegfried Esth 140.

187. נחת (qal) hinabziehen u. ä.: vorexil.: Jer 21 13[1] cj. II Reg 6 8f., (pi. »herabdrücken« u. ä.) Ps 18 35[2]; exil./nachexil.: (qal) Prov 17 10[1] cj. Ps 49 15[3] cj. Hi 17 16 u. 21 13[4], (nif. »sich senken«) Ps 38 3a[5], (hif.

»hinabführen«) Joel 4 11[6]; unbestb.: (pi.) II Sam 22 35[7] Ps 65 11[8]. — Es fällt weg Ps 38 3 b.

Anm.: 1) :: Rössler ZAW 74, 1962, 127: Wurzel חתת. 2) Gkl. 67. 3) Kraus 365; s. auch Gkl. 210. 4) :: Rössler a. a. O.: Wurzel חתה. 5) Gkl. 161. 6) textl. unsicher, s. Robinson Joel 68. 7) :: Reider VT 2, 1952, 114. 8) Gkl. 274.

188. Der. I נַחַת Niederfahren (des Arms): Jes 30 30.

Mhe. (nif.) »sich verbeugen« (Jastr. II 897). Sehr häufiges aram. Äquivalent für he. ירד, s. KBL 1099; Suppl. 204 u. DISO 177. Ug. *nḥt* (GdUM Nr. 1231; Driver CML 156; nach Aistl. Wb. Nr. 1771 aber andere Wurzel mit der Bedeutung »glätten, entrinden«) läßt den Stamm als ev. urspr. nw.-sem. erscheinen, der dann im He. von ירד verdrängt und unter aram. Einfluß wieder neu belebt worden wäre. Trotz des Zweifels Nöld.'s ZDMG 57, 1903, 414 wird es sich um einen A handeln.

A: Kautzsch 64f.; KBL a. a. O.; Cornill Jer 247; Dhorme Sam 429[35]; Driver Congr. Vol. Copenh. 30; SR. Driver Intr. 313; Eissf. Einl. 583; Sellin-R. Einl. 149; Wellhausen KlPr. 220; ZATU 228[3]; Wilson PThR 23, 1925, 263f.

189. I נטר (qal) bewachen, bewahren: Cant 1 6 8 11f. cj. Am 1 11 (וַיִּטֹּר)[1].

190. Der. מַטָּרָה Ziel, Wache, Bewachung: I Sam 20 20 Jer 32 2 (sekd.)[2] Hi 16 12 Thr 3 12 (מַטָּרָא)[3] Neh 12 39.

Anm.: 1) nach Eissf. Einl. 488 wohl sekd., nach Robinson Am 76 aber echt. Wird bei dieser cj., die auf S u. V zurückgeht, mit Jer 3 5 u. Ps 103 9 argumentiert (s. z. B. Sellin Am 164), so fallen I u. II נטר zusammen (wie u. a. GB 502; vgl. auch Suppl. 172) — zur Trennung der Wurzeln s. indes neben KBL 613 Rössler ZAW 74, 1962, 126. 2) s. Rudolph Jer 175. 3) wohl f., mit א- statt ה-, s. II § 10.

Mhe. נצר u. נטר. He. etwa 60× נצר, derivativ cj. מַצָּרָה »Wache«, aram. dagegen נטר, Belege s. KBL 1099 u. DISO 178, mit ja. cp. sy. u. md. Der. מַטָּרָא »Beobachtung, Wache« (> ar. *nṭr* »bewachen« u. *nāṭūr* »Feldaufseher«, Frae. 138, vgl. auch 237) in lautgesetzlicher Entsprechung zu echt ar. *nẓr*, akk. *naṣāru* (mit Der. *maṣṣartu* »Wache«, Zimmern 14), ug. *nǵr*, GdUM Nr. 1260; Aistl. Wb. Nr. 1811; Fronzaroli, La fonetica 33 u. a. m. (von Rössler ZA 54, 1961, 164 u. 169 zu Unrecht bezweifelt; s. auch Loewenstamm, Tarbiz 28, 1958f., 248f. u. VI, ferner Ginsberg BASOR 72, 1938, 19[11]) u. phön. נצר »beobachten, behüten, bewachen« (s. GdUM § 5. 13 u. Harris Dev. 40). Aam. נצר erklärt sich als Versuch einer Lautwiedergabe mit den zur Verfügung stehenden (phön., s. I § 1) Buchstabenzeichen, was nur annähernd erreicht werden konnte, cf. VG I, 133n u. ZATU 85f. Syn.: שׁמר, häufig u. schon Jdc 1 24.

Im Anhang sei noch auf den n.ass. Personennamen **Lim-ṭu-ru-DINGIR* in einer unveröffentlichten n. ass. Rechtsurkunde hingewiesen, auf welchen mich brieflich Herr Prof. K. H. DELLER aufmerksam macht: für *Lim* hinter dem sog. Personenkeil (zur Bezeichnung männlicher Eigennamen) darf auf Grund der n.ass. Phonetik (*m* vor Dentalen > meist *n*, vgl. v. SODEN Gr. § 31g) wohl der Lautwert *lin* eingesetzt werden, während es sich bei *ru* wahrscheinlich um eine der verbreiteten Umkehrschreibungen (statt *ur*) handelt; *DINGIR* schließlich ist sum. Logogramm für »Gott«, konventionell auch für die suffigierte Form »mein (persönlicher Schutz-) Gott« gebraucht — woraus sich die Lesung **linṭur-elī* »mein Gott möge mich behüten« mit Beleg für aram. *nṭr* (u. *l*-Prekativ) ergibt.

A: KBL 1099; DRIVER EBr. 11, 363; SR. DRIVER Intr. 448; GdUM a. a. O.; WELLHAUSEN Proleg. 414[1].

[190a.] נִיסָן Nisan (Monatsname): Esth 3 7 Neh 2 1.

Mhe. Aega. nab. palm. ja. sy. u. md. נִיסָן, < akk. *Nisānu, Nisannu* (s. v. SODEN Gr. § 20d), Name des 1. Monats. Nach J. LEWY ArchOr. 11, 1939, 39 liegt jedoch ein typisch amorit. Der. v. **nis* mit der ebenfalls charakterist. amorit. Endung *-ān(um)* vor, identisch mit he. נֵס aram. נִסָּא »Banner, Standarte, Signal«; zu erhaltenem *ā* s. II § 8. Ältere Erklärungsversuche s. HAUPT, Purim 32. — Wie bei אֲדָר ist offenbar mit aram. Vermittlung zu rechnen, s. Nr. 4.

[191.] נְכָסִים Vermögen: Jos 22 8 (sekd., s. NOTH UegSt. 45[4]) Qoh 5 18 6 2 II Chr 1 11f.

Mhe. נֶכֶס. Akk. *nik(k)āsu/nikkassu* »Abrechnung, Besitz, Vermögen« < sum. *NÍG.ŠID* (ZIMMERN 20; DEIMEL Akk.-s. Gl. 298 u. AD 46, 5; DRIV.-MIL. BL II, 196: *NÍG.ŠIT*) > aram. נִכְסָא, s. KBL 1100; Suppl. 204 u. DISO 179. Nicht mehr in Frage kommt die traditionelle Ableitung von נכס »schlachten« mit Derr. wie aram. נִכְסָא »Viehherden, -besitz > Besitz« (so z. B. KAUTZSCH 65f.). Synn.: u. a. הוֹן, etwa 25×, z. B. Prov 24 4 u. מִקְנֶה, häufig u. schon Gen 4 20 (J, NOTH UegPt. 29).

A: KAUTZSCH a. a. O.; GESEN. HWb. 1815, 417; PODECHARD Qoh 45; TORCZ. EJ III, 134; ZIMMERN a. a. O.

[192.] נֵרְדְּ Narde: Cant 1 12 4 13f.

Mhe. Zugrunde mag aind. *nálada-* »ind. Narde« liegen (:: »duftgebend«, z. B. KLUGE 502; KBL 635; vgl. auch MdD 286; doch ist das Ursprungsproblem noch nicht völlig gelöst, s. MAYRHOFER, Die Sprache 7, 1961, 185) > pers. *närdīn* > ja. נַרְדָּא, cp. sy. *nārdīn* u. md. *nard*; andererseits akk. *lardu* (ZIMMERN 58 u. LANDSB. Ana Ittišu 224; n > l, s. v. SODEN Gr. § 34b); > gr. νάρδος/ν (> sy. *nārdōs/n*) u. νάρδινον (> ja. נַרְדִּינוֹן) u. lat. *nardus* »Nardenöl« (vgl. auch LOK. Nr. 1548).

[193.] נִשְׁתְּוָן Brief: Esr 4 7 7 11.

Mhe. Aus pers. **ništōn* »Befehl« (ANDREAS NGWG ph.-h.-Kl. 1932, 14f.) oder **ništavāna* »Dekret, Erlaß« (SCHAED. 67; NYB. 2, 161f.; HERZF. 317f.), vgl. osset. *nystwan* (ROSENTH. Gr. 59), ist das Wort dank aram. Vermittlung in das He. eingedrungen, s. KBL 1102 u. DISO 188; bezüglich *ā* cf. II § 8. Synn. s. unter Nr. 3a.

194. נתע (nif.) ausgeschlagen werden (Zähne): Hi 4 10.

Mhe. נתץ u. נתש. Da lautgesetzlich aram. ע he. ץ entspricht (GdUM § 5. 13) handelt es sich möglicherweise um die aram. Form von he. etwa 40× belegtem נתץ (u. a. nif.; neben נתס und נתש): vgl. sy. *nt'* (pe. pa.) »ziehen, reißen«, mit Derr.; nab. נתשי n. pr. (textl. aber unsicher, s. CANT. II, 123) u. ja. נתש »ausreißen« mit *š* (aam. Beleg zweifelhaft, s. DISO 189). Die relativ schwache aram. Belegung, das Schwanken des 3. Radikals und äth. *nt'* (daneben *ns/št*) »fliehen, verschwinden« (s. EITAN HUCA 1939, 11f.; dementsprechend übersetzt FOHRER Hi 127 unser he. Verbum mit »zerstreut werden«) lassen indes einen A etwas ungewiß erscheinen.

A: GESEN. HWb. 1810, 766; BUDDE Hi 19; DHORME Job 42; DUHM Hi 27.

195. סגד (qal) sich (anbetend) beugen: Jes 44 15. 17. 19 46 6.

Fehlt mhe. Aram. Stamm, s. KBL 1103 u. DISO 190, > ar. *sağada* (SCHWALLY ZDMG 52, 1898, 134) u. äth. *sagada* (NÖLD. NB 36). He. Äquivalent: שחה, häufig, u. a. schon Gen 18 2 (J, NOTH UegPt. 29).

A: KAUTZSCH 66f.; GB, KBL a. a. O.; DUHM Jes 308; NÖLD. ZDMG 41, 1887, 719; MARTI Jes 304; TORREY Dtjes 477; VOLZ Dtjes 53.

196. סַד Fußblock: Hi 33 11. — Hi 13 27 fällt vielleicht weg, s. FOHRER AfO. 19, 84[6].

Mhe. Im tiber. He. wurde die Gemin. im Auslaut aufgehoben, vgl. dagegen or. *sädd* (BLH 220j. 221k). Da das Nomen sonst nur noch durch ja. cp. sy. u. md. סַדָּא, ar. *sadd* »Sperre, Damm« u. asa. *śdn* »Damm«, *śdm* »Wegsperre« (MÜLLER ZAW 75, 1963, 312) bezeugt wird, kann bei dem späten hap. leg. mit der mit dem Aram. übereinstimmenden spezif. Bedeutung ein A nicht ganz ausgeschlossen werden; freilich fehlt auch im Aram. eine zugehörige Wurzel *סדד (vgl. ar. *sadda* »verschließen, versperren«).

A: DHORME Job CXLI; WILSON PThR 23, 1925, 257; vgl. auch BDB.

197. *סֵדֶר Ordnung: Hi 10 22[1] Sir 10 1 50 14.

Anm.: 1) fällt nach KBL 650 weg, wird aber von DHORME Job, HÖLSCHER Hi, HORST Hi, Mow. Test., Echterbibel u. a. m. belassen.

Mhe., auch verbal »ordnen«, u. bes. häufig DSS (KQT 149f. u. CARMIGNAC VT 5, 1955, 352). Der. der Wurzel *סדר, die ja. sam. cp. u. sy. in der Bedeutung »ordnen« gut belegt ist, > äga. סדר (sbst., Bedeutung aber fraglich, s. AD 102 u. DISO 190), ja. md. סִדְרָא (vgl. RB 62, 1955, 223, 7f.), u. sy. *sedrā* »Ordnung«. Sollten freilich auch akk. *sadāru* »reihen« (LS 461 allerdings bezweifelt) u. ar. *sarada* (mit Metathesis) »aneinanderreihen« zu diesem Stamm gehören, wäre ein A etwas unsicher; für Entlehnung aus dem Aram. spricht jedoch die seltene u. späte Belegung, während ein Syn. wie חק schon früh und häufig auftritt. Eine endgültige Stellungnahme ist kaum möglich.

A: CARMIGNAC a. a. O.; vgl. GESEN. HWb. 1810, 779.

198. II סוג (qal) umhegen, umzäumen: Cant 7 3.

Mhe. Weil II סוג mit der sicher echt he. Wurzel I סוג »abweichen, abtrünnig sein« urspr. vielleicht identisch war (s. KBL 650), bleibt ein Entscheid zugunsten eines A fragwürdig. Immerhin ist die Bedeutung der beiden Stämme im He. deutlich verschieden. Zudem hat nur II סוג ja. (pe. pa.) und vor allem sy. (pe. af., mit Derr.) eine Entsprechung, während I סוג aram. nicht belegt ist, was die Eigenständigkeit von II סוג doch etwas unterstreicht. Einen weiteren Unsicherheitsfaktor bildet ar. *sajjağa* »einen Hag machen«, *sijāğ* »Hag«, doch kann es sich hier um aram. Lehngut handeln: s. KAUTZSCH 67; LS 462; HAUPT ZDMG 64, 1910 u. GB 537. Keine wesentliche Rolle spielt die Frage, ob die pilp.-Form תְּשַׂגְשֵׂגִי der alten Jes-Stelle 17 11 mit zu unserm Stamm gehört (so u. a. BDB; MARTI u. PROCKSCH in ihren Jes-Komm.) oder nicht (GB 780 u. KBL 916 bleiben unentschieden), denn auch im erstern Fall ist dies kein Argument gegen einen A, sondern nur für dessen frühes Eindringen in das He.; die Vermengung von *s* u. *ś* würde die Vermutung, daß man es mit einem A zu tun hat, sogar noch verstärken, s. II § 11. Als Syn. dient 8× und schon an vorexil. Stellen wie II Reg 19 34 גנן.

A: KAUTZSCH a. a. O.; BDB; BERTHOLET Cant 38; BUDDE Cant 38; DRIVER Congr. Vol. 34; SR. DRIVER Intr. 448; RUDOLPH Cant 111; SIEGFRIED Cant 119.

199. סוֹף Ende, Nachhut: Joel 2 20 (סֹפוֹ) Qoh 3 11 7 2 12 13 II Chr 20 16.

Mhe. u. DSS (KQT 150). Der. v. סוּף he. (qal) »ein Ende finden«, aram. »zu Ende, zugrunde gehen, vernichten«, Belege s. KBL 1103, u. ar. *sāfa* »schwinden« (Nöld. ZDMG 57, 1903, 419). Während das Verbum gut he. u. schon Am 3 15 belegt ist (:: Kautzsch 67f.; MdD 323 wird äg. Herkunft erwogen; vgl. dazu aber GB 539), tritt das Der. סוֹף erst spät und nur vereinzelt auf, wogegen es aram. wohlbekannt ist, s. KBL a. a. O. Synn.: u. a. אַחֲרִית, schon Num 24 14 (J, Eissf. Hex. 189*), קֵץ, häufig, schon Gen 4 3 (J, Eissf. ebd. 6*), u. קָצָה, gleichfalls häufig u. schon Gen 19 4 (J, Noth UegPt. 29).

A: Kautzsch 68; Gesen. HWb. 1810, 782; GB; KBL 27r; Fz. Delitzsch Qoh 202; Driver Congr. Vol. Copenh. 32; SR. Driver Intr. 313; Hertzberg Qoh 28[3]; Podechard Qoh 45; Robinson Joel 62.

[200.] סִיוָן Siwan (Monatsname): Esth 8 9.

Mhe. BMAP, nab. palm. ja. md. סִיוָן < akk. *Simānu* (zur Dissim. *m* > *w* s. v. Soden Gr. § 31 a), Der. v. *wasāmu* »reif, prächtig werden« (Ungnad, zit. bei J. Lewy ArchOr. 11, 1939, 39[8]), woraus sich als Bedeutung »Monat der Reifezeit (des Getreides)« ergibt. Name des 3. Monats, der, mit unverändert gebliebenem *ā* (s. II § 8) analog אֲדָר wahrscheinlich dank aram. Vermittlung das He. erreicht hat, s. Nr. 4.

201. I סלה (qal) abweisen: Ps 119 118 (nachexil., Gkl. 516) cj. Ez 2 6 (anders Zimmerli Ez 10), (pi.) Thr 1 15.

Fehlt mhe., kommt jedoch aram., z. T. mit Derr., vor: ja. sy. u. md. סלא (etpe. af.) »verachten, verwerfen«, pehl. סלי »schlecht« (Nyb. 2, 297); akk. *salū* »(das Joch) abschütteln«. Syn.: I מאס, häufig, schon Jdc 9 38.

A: Kautzsch 68; Gesen. HWb. 1810, 793; GB; LS 475; Driver Congr. Vol. Copenh. 34; Fohrer Ez 15.

202. סלק (qal) hinaufsteigen: Ps 139 8 (nachexil.)[1].

Anm.: 1) Gkl. 586; nach Kraus 917 unbestb.

Mhe. Aram. Äquivalent für he. עלה, s. Belege KBL 1103; Suppl. 205 u. 225, DISO 193f., > ar. *salaqa* (Haupt ZDMG 64, 1910, 713). Nach Bgstr. Gr. I § 20 Anm. e ist die Assim.* אֶסְלַק > אֶסַּק die einzige progressiver Art im He., doch ist sie mitsamt dem Lw. dem Aram. entnommen, wo sie in den kausativen Stammformen gebräuchlich ist, s. KBL a. a. O. u. BLA 33f. 137ab.

A: Kautzsch 68ff.; Gesen. HWb. 1810, 796; BDB; GB; KBL 660 u. a. a. O.; Bgstr. Gr. a. a. O.; Fz. Delitzsch Ps II, 301; Driver Congr. Vol. Copenh. 27; SR. Driver Intr. 374; GK § 19f.; Gkl. 590; MdD 332; Wilson PThR 23, 1925, 256.

203. סְמָדַר Knospenhülle: Cant 2 13. 15 7 13.

Mhe. He. auch inschr. auf einem Weinkrug aus der Zeit Pekahs (etwa 730 v. Chr.; Yadin BA 1957, 40 u. Hazor II, 73f.; Dahood Bibl. 42, 1961, 475f.). Sonst nur noch aram. belegt (Dahood op. cit. will freilich, aber wohl zu Unrecht, auch eine ug. Entsprechung finden): ja. sy. סְמָדְרָא u. md. *simadra* (MdD 327). Nach Löw I, 72f. u. KBL 660f. abzuleiten von einer Wurzel מדר, nsy. »umwenden, auf den Kopf stellen« mit *s* als Präfix und erhaltenem *ā* (s. Barth Nom. § 107b u. unten II § 8); es könnte sich aber vielleicht auch um ein Fw. handeln. Die auf Cant beschränkte Belegung mit den aram. Entsprechungen läßt an einen allfälligen A bzw. aram. Vermittlung denken. Man möchte allerdings vermuten, die Hebräer hätten für die »aufgehende Weinstockknospe« (Löw a. a. O.) eine autochthone Bezeichnung zur Verfügung gehabt.

A: Wilson PThR 23, 1925, 257.

204. סְפִינָה Schiff: Jon 1 5.

Mhe., vgl. auch סַפָּן »Schiffer«. Der. v. ספן »decken, täfern«, danach urspr. ev. »Schiff mit einem Deck« (Salonen Wf. 19); Grdf. nach Frae. 216 (entsprechend שׂפן »verbergen« Dtn 33 19; vgl. auch Driver AnOr. 12, 1935, 59f.) * שְׂפִינָה. Äga. BMAP 13, 7, s. auch DISO 196, ja. (neben סְפִינָא) sy. (s. SG § 28) u. md. סְפִינְתָּא »Schiff«, ja. u. sy. ferner סַפָּנָא »Schiffer«, > ar. *safīnat* »Schiff«, *saffān* »Schiffsbaumeister« (Frae. a. a. O.; Salonen op. cit. 19[1]) und außerdem nbab. *sapīnatu* (Albr. BASOR 143, 1956, 33), was auffallen muß, da von den übrigen sem. Sprachen wohl viele seemännische Ausdrücke dem Akk. entlehnt worden sind, im Akk. als entsprechendes Lw. aus einer andern sem. Sprache aber nur dieses eine nachgewiesen werden kann (s. Zimmern 45; Salonen a. a. O. u. 8). Mehr. *sfenēt* (Salonen ib.). Vgl. auch *Sefīne*, n. l. zwischen *Mōṣul* u. *Tekrīt*, ebenso *Sfīne*, n. pr., s. Sachau, Reise 261. He. Äquivalente: אֳנִי, 5×, frühester Beleg I Reg 9 26, u. אֳנִיָּה, etwa 25×, schon I Reg 9 27.

A: LS 490f.; BMAP 289; SR. Driver Intr. 322; Frae. a. a. O.; MdD 334f.; Robinson Jon 121; Sellin Jon 245.

204a. סְפָר Zählung: II Chr 2 16.

Mhe. סְפוֹרָה »Zahl«. Der. v. he. סֵפֶר = aram. *סְפַר (KBL 1104 u. Suppl. 205, vgl. auch DISO 196f.) »Schriftstück, Buchrolle« > denom. ספר he. (qal) »zählen«, he. (pi.), sam. (pe. pa.), sy. (pe.) »aufzählen > erzählen«. Die Nominalform trägt aram. Charakter, s. II § 2. Doch ist das Wort in gleicher Bedeutung aram. nicht belegt, ebensowenig übrigens mhe. Ob man unter solchen Umständen mit einem eigentlichen A oder wohl zutreffender bloß mit aramaisierender Vokalisation (so z. B. BLH 470 l u. BM § 37, 1) zu rechnen hat, ist bei diesem sehr spät belegten hap. leg. schwer zu entscheiden.

A: Kautzsch 70; KBL; Lag. Ue. 175.

205. * סָרָב widerspenstig: Sir 41 2. — Ez 2 6 fällt wohl weg, s. Fohrer Ez 15; Zimmerli Ez 10.

Mhe. סַרְבָן, dass., סרב (pi.) »sich weigern, ablehnen«. Aus **sarrāb* (BLH 221q), Der. v. סרב, sy. (pe.) »widersprechen, sich widersetzen«, ja. (pa.) »widerspenstig sein, sich weigern« mit mancherlei Derr. wie ja. סָרְבָנָא »widerspenstig», sy. *sārōbā* »oblocutor«. Vgl. als häufigen syn. Stamm: מרה, u. a. Hos 14 1, außerdem קְשֵׁה עֹרֶף, z. B. II Reg 17 14.

A: Bertholet Ez 14; Cornill Ez 188; Herrmann Ez 5.

206. * סַרְעַפָּה Zweig: Ez 31 5 (סַרְעַפֹּתָיו).

Mhe. סַרְעַפִּים. Der. v. I *סעף wie u. a. סָעִיף Jes 17 6 27 10, oder * סְעַפָּה »Zweig« Ez 31 6. 8, denom. II סעף (pi.) »Zweige abhauen« Jes 10 33, vgl. auch ar. *sa'af* »Palmzweig«, öteb. *és-sä'äf* »die noch weißen Federn des Palmwedels« (KBL 662). Demgegenüber im Aram. mit dissim. *r* (Ruž. 230; s. auch Nr. 70): sy. *sar'ef* »keimen, sprossen«, *sar'īfjātā* »Buschwerk« u. a. m.; ebenso mehr. *śarġajf* neben *śġafōt* u. soq. *śiġéf* »Baum-, Blumenblatt« (Leslau 425).

A: Bertholet Ez 161; Fohrer Ez 175; Rüthy 54; Zimmerli Ez 748.

207. סְתָו Winter: (K) Cant 2 11[1].

Anm.: 1) Q סתיו, nach Rudolph Cant 133, um die Aussprache *-tāw* statt *-tō* oder *-tū* sicherzustellen; s. auch BLH 587k.

Mhe. **Sitāw(u)* ließe he. etwa **śitaj* > * שְׂתָה erwarten (BLH 584a u. a. a. O.). Im Aram. erfolgte statt dessen Umbildung zur Segolatform *qatl* mit Erhaltung des *ā* (BLA 28r; s. auch II § 8) und, unter Ausnahme von aam. שתוא (s. EHO 30, 91), Vermengung von *ś* u. *s* (s. II § 11): ja. cp. u. md. (MdD 330) סִתְוָא, sy. *satwā* »Winter« (neben weitern ja. u. sy. Nominalbildungen). Ar. *śitā'* »Regenzeit, Winter«, vgl. auch akk. *śatū* »bewässert werden«. Syn.: I חֹרֶף, 6×, ältester Beleg Gen 8 22 (J, Eissf. Hex. 13*).

A: Kautzsch 70; GB; Bertholet Cant 10; BM § 37, 1; Budde Cant 10; Driver Congr. Vol. Copenh. 34; SR. Driver Intr. 448; Rudolph Cant 111.

208. * עֲבָד Tat: Qoh 9 1.

209. * מַעְבָד Tat: Hi 34 25.

210. fällt aus.

211. * עַבְדֻת Knechtschaft: Esr 9 8f. Neh 9 17.

Mhe. nur עַבְדוּת »Knechtschaft«. Zur aram. Nominalform v. Nr. 208 s. II § 2, zu unverändertem *ā* bei Nr. 209 II § 8. Die he. Bedeutung »dienen, bearbeiten« des he. häufigen Stammes עבד (die auch bei Nr. 211 zum Ausdruck kommt, wobei aber das sf. *-ūt*, s. II § 16, 1, und die seltene, späte Belegung sowie die Übereinstimmung mit ja. cp. u. sy. עַבְדוּתָא auf einen A hinweisen) unterscheidet sich in charakteristischer Weise von aram. עבד »tun, machen«, obwohl gewisse Überschneidungen festzustellen sind (vgl. Num 4 26, ev. auch Hi 33 11, s. Tur-Sinai Job 497, andererseits aram. עֲבֵד = he. עֶבֶד »Diener«; indessen gibt z. B. die Peschitta he. עבד »(Gott) verehren, dienen« stets mit *plḥ* wieder). Aram. Belege s. KBL 1105; Suppl. 205, DISO 198 ff. u. Alth.-St. ASpr. 274; vgl. ferner die Derr. ja. עוּבְדָא עוֹבָדָא, cp. sy. *ʿabādā* (s. VG I 347k), md. עובדא (nach Nöld. ZDMG 57, 1903, 419 etwa *ŏvādā* auszusprechen) »Tat, Arbeit«, ja[b]. עובדא »Zauberhandlung« (Rossel 142), dem bedeutungsmäßig sy. *maʿabādā* (sonst im Aram. = »Tat«) entspricht. Häufige he. Äquivalente sind עשׂה, schon Gen 3 21 (J, Eissf. Hex. 5*), מַעֲשֶׂה, schon Ex 34 10 (J, ebd. 158*), u. פֹּעַל, schon Jes 1 31.

A: Kautzsch 63. 70; Fz. Delitzsch Qoh 203; Dhorme Job LXXXII; Dillmann Hi 309; Driver Congr. Vol. Copenh. 30; SR. Driver Intr. 474; Hertzberg Qoh 171; Podechard Qoh 45; Siegfried Qoh 20; Terrien Job 27[1]; Tur-Sinai Job a. a. O.; VG I, 415. 3c; Wilson PThR 23, 1925, 256; vgl. BDB u. GB.

212. עבר (pi.) bespringen: Hi 21 10.

Mhe. (pi. hitp.) »schwanger werden, sein«. Während der he. sehr oft belegte Stamm in den übrigen Stammformen qal, nif. hif. »dahin-, vorübergehen, hinüberschaffen« usw. bedeutet, entspricht er im pi. ja. pa./itpa. »schwängern, schwanger werden« (< »darübergehn«).

A: GB; KBL; Cheyne JaS. 294; Fohrer Hi 337; Hölscher Hi 52.

213. עגן (nif.) sich (ehel. Verkehr) verschlossen halten: Ruth 1 13.

Mhe. (qal) »einschließen; eine Frau verhindern, eine neue Ehe einzugehen«. Wohl herkommend vom mit dem Mhe. übereinstimmenden ja. t. t. des Eherechts עגן (pa.). Der. עִגּוּנָא »Ehehindernis für eine Frau«, während der Stamm sonst pe. »einschließen, zurückhalten« bedeutet u. z. B. ar. *ʿağama* IV »verschließen« entspricht.

A: Gesen. HWb. 1815, 466; Bertholet Ruth 50; Nowack Ruth 188; Rudolph Ruth 40.

214. I עדה (qal) schreiten: Hi 28 8, (hif.) »ein Kleid abstreifen«: Prov 25 20.

Mhe. nur hif. »wegnehmen, ein Kleid ausziehen«. Aram. עדא (pe.) »vorüber-, weggehen«, (af.) »wegnehmen, ausziehen«, Belege s. KBL 1106 u. Suppl. 205, steht als he. Äquivalent das sehr oft vorkommende עבר (Jon 3 6 sogar im Sinne von »Kleider ablegen«, hif.) gegenüber. Da der Stamm indessen auch ar. u. äth. in der Bedeutung »vorübergehen«, asa. in jener von »sich begeben« und als Namenselement ev. ebenfalls phön. (Harris 131; pun. sehr unsicher, s. DISO 204) bezeugt ist, kann nur mit Vorbehalt von einem A gesprochen werden; am ehesten liegt bei der Prov-Stelle ein Bedeutungslw. vor. — Etwas anders verhält es sich, wenn man mit DISO a. a. O. עדא in die beiden Wurzeln I »wegnehmen« und II »vor-, vorübergehen« u. ä. unterteilt: während letztere der Hi-Stelle zugrunde liegen, aber wegen des oben erwähnten außeraram. Vorkommens he. I עדה nur unzureichend als A ausweisen würde, könnte der Prov-Beleg auf erstere zurückgehen und (vorsichtig) als A in Erwägung gezogen werden (vgl. auch die schon früh u. häufig belegten Synn. חלץ u. פשט für »Kleider ablegen«).

A: Dhorme Job CXLI; EB 1, 595; Tur-Sinai Job 400; vgl. auch KBL a. a. O.

215. II עֵדֶר n. m.: I Chr 23 23 24 30.

216. * עֵדֶר n. m.: I Chr 8 15.

217. עַדְרִיאֵל n. m.: I Sam 18 19 II Sam 21 8.

Derr. v. עדר »helfen«, der aram. Form von he. עזר, vgl. עֲזַרְאֵל I Chr 12 7 u. ö. (s. ZATU 81ff.; Ruž. ZA 27, 1912, 314f. u. GdUM § 5. 13). Als aram. Parallelen beachte man die zahlreichen keilschr. Wiedergaben aram., mit *idru* gebildeter Namensformen, s. APN 94b, 264b; Driver, Fschr. Furlani 45; ZATU 82f.; KBL 685; ferner äga. u. a. אתעדרי, נשכעדרי u. עדרי (s. dazu ZATU 83[4]), nab. עדרו und anderseits Αδαρ u. Ωδερ (KBL a. a. O.). Asa. עדראל (Conti 202). — Ob auch III עֵדֶר, n. l., Jos 15 21 zu diesem Stamm gehört, ist unsicher: Noth Jos 148 versteht es als »bewässerter Ort«.

A: BDB; BMAP 138; Dhorme Sam 163[19]; Noth Namen 63; ZATU 86.

218. cj.* עֶטֶם Schenkel: cj. Hi 21 24[1].

Anm.: 1) s. Dhorme Job 291; Echterbibel; Fohrer Hi 336 u. Hölscher Hi 54; demgegenüber gehen u. a. Duhm 112; Budde 124 u. Weiser 161 in ihren Hi-Komm. von tg. מַעְטָן »Kufen für Oliven; Tröge« aus).

Es handelt sich um die aram. Form von he. I עֶצֶם »Knochen, Gebein«, vgl. ja. עִטְמָא, עַטְמָא, cp.* עטם, sy. *ʿaṭmā* u. md. אטמא »Schenkel, Lende«. SEM Belege s. KBL 698. 728 u. Suppl. 178.

A: Dhorme Job 291; Hölscher Hi a. a. O.

עֲלִיל s. Nr. 220.

219. II עלל (po.) hineinstecken: Hi 16 15.

220. Der עֲלִיל Eingang (?): Ps 12 7 (unbestb., GKL. 44).

Mhe. (qal) »hineingehen«, עֲלִיל »Eingang« (JASTR. II, 1083). Über sozusagen alle Dialekte verbreitetes aram. Äquivalent für he. בוא, s. KBL 1108f., Suppl. 205 u. DISO 212f. Ug. ġll »hineingehen, -tauchen« (vgl. RIN BZ 7, 1963, 23) u. ar. *ġalla* »hineinstecken«, ebenso das vielfach belegte und gut he. Der. עֹל »Joch« lassen vermuten, daß der Stamm urspr. auch im He. heimisch gewesen, aber von בוא verdrängt worden ist. — Nr. 220 bleibt unsicher: im Anschluß an Tg. wird das Wort meist als »Tiegel« o. ä. verstanden (s. dazu KELSO § 93f. u. GUILLAUME ZAW 76, 1964, 91), nach BANETH ZDMG 69, 1915, 402ff. soll es ein t. t. des Bergbaus sein; mit GKL. 45; SCHMIDT Ps 21 u. a. m. ist es aber vielleicht als in den Text geratene Randnotiz zu streichen. Aram. sind nur das unsichere עלי[לו] Sef. III, 2 (s. KOOPM. I, 62 u. KAI II, 266 »Tat, Aktion (?)«) u. sy. *ʿalīl, ʿalīlūtā* »Eingang« (P. SM. 2878f.) als Entsprechungen namhaft zu machen. Zur Form s. II § 3. Syn.: מָבוֹא etwa 25×, u. a. II Sam 3 25.

A: (Nr. 219) KBL a. a. O.; (Nr. 220) DUHM Ps 37.

221. fällt aus.

222. עִנְיָן Bemühung, Geschäft: Qoh (8×).

Mhe. (nif. pi. hif.), עִנְיָן »Angelegenheit, Sache«; zu DSS vgl. KQT 167 u. QC I, 33, 1, 2. Obwohl andere Derr. desselben Stammes III ענה nicht als A zu erachten, z. T. häufig und auch schon früh belegt sind, gilt Entsprechendes nicht für das auf Qoh beschränkte Nomen Nr. 222 mit erhaltenem *ā* (s. II § 8), das in ja. cp. עִנְיָנָא u. sy. *ʿenjānā* »Angelegenheit, Sorge« genaue Parallelen hat. Zahlreich und bereits in alten Texten vorkommende Synn. sind דָּבָר u. מְלָאכָה; vgl. auch Nr. 109.

A: KAUTZSCH 71; BDB; GB; BARTH Nom. § 194b; BLH 500o; FZ. DELITZSCH Qoh 203; SR. DRIVER Intr. 474; PODECHARD Qoh 45; VG I § 210; WILSON PThR 23, 1925, 257.

223. עֳפִי dichtes Laub: Ps 104 12 (unbestb., GKL. 454).

Fehlt mhe., kommt aber 1QH 6 15 vor. He. Äquivalent ist etwa 15× belegtes עָלֶה. Das Nomen geht auf aram.* עֳפִי, s. KBL 1110, Der. von dem he. nicht, wohl aber aram. belegten Stamm עפה »einwickeln, verhüllen« (KBL a. a. O.), zurück. Ar. *ʿafā* »(das Haar) wachsen lassen« liegt weiter ab. Zur he. pl.-Form K עֳפָאִים, Q עֳפָיִם s. BLH 215gh. u. 579p.

A: KAUTZSCH 71; BDB; GB; KBL 723 u. a. a. O.; DRIVER Congr. Vol. Copenh. 30; GKL. 455; RÜTHY 64; vgl. auch LS 538.

224. I עֲרָד n. m.: I Chr 8 15; Wildesel: cj. Jes 32 14[1].

Anm.: 1) Echtheit umstritten, s. EISSF. Einl. 381 u. FOHRER Jes II, 126).

Mhe. nur עָרוֹד. Aram. lautet das Nomen mit typ. aram. Nominalform (cf. II § 2) עֲרָד, Belege KBL 1111, Suppl. 205 u. DISO 221, während he. עָרוֹד, z. B. Hi 39 5, lautgerecht ist. Die frühere Auffassung, daß עָרוֹד das aram. Äquivalent zu he. פֶּרֶא sei (s. schon GESEN. HWb. 1810, 893; ferner KAUTZSCH 72; GB 618 u. DHORME Job 547) ist von KÖHLER ZAW 44, 1926, 59ff. u. KIL 64ff., dem freilich HUMBERT ZAW 62, 1950, 202ff. widersprochen hat, bestritten worden; s. auch HÖLSCHER Hi 25. Keilschr. n. m. *Aradi* (APN 271a). An SEM Entsprechungen vgl. akk. (*ḫa*)-*ra-da* (BAUMG. Eissf. Fschr. II, 26) u. ar. *ʿard* »Wildesel« (NÖLD. ZDMG 57, 1903, 413). — Zu II עֲרָד n. l. s. NOTH Jos 149.

A: KAUTZSCH a. a. O.; DHORME Job CXLII.

225. II עשת (hitp.) sich eingedenk zeigen: Jon 1 6.

226. Der. עַשְׁתּוּת (Var. עַשְׁתוֹת, vgl. BLH 506tu) Meinung (?): Hi 12 5.

227. Der.* עֶשְׁתֹּנֶת Gedanke, Plan: Ps 146 4 (nachexil., GKL. 613).

Fehlt mhe. Sonst nur noch aram., s. KBL 1111 u. DISO 223f. Im He. dienen die häufig belegten זכר u. חשב als Synn. Von den beiden Derr. hat nur Nr. 227 in ja. עֶשְׁתּוֹנִין »Sinnen, Gedanke« ein Gegenstück. Nr. 226 kann u. U. eine he. Bildung sein, weist aber außer dem aram. Stamm das im späteren He. durch aram. Einfluß stark verbreitete sf. *-ūt* auf (s. II § 16, 1). — Ob עָשׁוֹת »bearbeitet« Ez 27 19 zum selben Stamm gehört, bleibt zweifelhaft, s. GB 627.

A: KAUTZSCH 72; BDB; GB; KBL a. a. O.; BUDDE Hi 59; DHORME Job 154; DRIVER Congr. Vol. Copenh. 34; SR. DRIVER Intr. 322; DUHM Ps 297; GKL. a. a. O.; NOWACK Jon 194; ROBINSON Jon 120; SELLIN Jon 245; WILSON PThR 23, 1925, 255.

עַתִּיק s. Nr. 229.

228. עתק (qal) altern: Ps 6 8 (unbestb., GKL. 22) Hi 21 7.

229. Der. * עַתִּיק alt überliefert, alt: I Chr 4 22; entwöhnt: Jes 28 9.

230. Der. עָתֵק alt angestammt: Prov 8 18.

Mhe. (nif.) »versetzt werden«, (hif.) »entfernen«, daneben עַתִּיק »alt«. He. verbal (qal, hif.) 7× in der SEM Bedeutung »weitergehen, vorrücken«, der im Aram. fast ausschließlich »altern« gegenübersteht, s. KBL 1112, Suppl. 205 u. DISO 224, was sich zwar auch ar. findet, jedoch nicht entscheidend gegen einen A sprechen kann. Aram. Entsprechungen zu Nr. 229 s. KBL 1111f., Suppl. u. DISO a. a. O., vgl. außerdem Atik n. m. (Wuthn. 28). Zur Bedeutung »entwöhnt«, die aram. nicht belegt zu sein scheint, vergleiche man etwa sy. (af.) »entziehen«. Nr. 230 wird eine selbständige he. Bildung sein, analog der bei adjj. beliebten *qatil*-Form (BLH 464z), bedeutungsmäßig liegt indes ein A vor. Synn. Stämme: זקן u. Derr., häufig, u. a. schon I Sam 2 22, u. שׂיב, mit Derr., etwa 20×, u. a. schon I Sam 12 2.

A: Kautzsch 73; BDB; Dhorme Job CXLI; Driver Congr. Vol. Copenh. 28; SR. Driver Intr. 539; EB 1, 595.

231. פצה (qal): befreien: Ps 144 7. 10f. (vorexil, Gkl. 605).

DJD II, 42, 6 vielleicht in der Bedeutung »Gesetz außer Geltung setzen«, aber textl. unsicher; sonst, wie auch etwa 10× he. (qal), »den Mund aufreißen«, vgl. damit ar. *faṣāʲ* »trennen«. Demgegenüber bedeutet äga. ja. cp. sy. md. (MdD 376) u. GnAp. XXII, 11 פצא (pe., meist aber pa.) in überwiegendem Maß »retten, befreien« (vgl. auch die nab. nn. pr. פציו u. פצאל) entsprechend he. פצה an unsrer Stelle. Zu weiteren außerbiblischen he. Belegen s. DISO 233. Synn.: חלץ, häufig, schon Jes 20 2, u. נצל, häufig, schon Jdc 18 28.

A: Kautzsch 74; GB; KBL 772; Fz. Delitzsch Ps II, 332; SR. Driver Intr. 374; Gkl. 606f.

232. פקע Gedröhn: Sir 46 17.

233. פְּקָעִים koloquintenförmige Zierat: I Reg 6 18 7 24 cj. II Chr 4 3 (2×).

234. פַּקֻּעֹת Koloquinte: II Reg 4 39.

Mhe. פָּקַע u. a. »Platzen«, פַּקּוּעָה »Koloquinte«. Nach II Reg 4 39 sind die Früchte den Schülern Elias fremd; sie wachsen in den sinait. Talschaften (Löw I, 538), auch im Küstenland und Jordantal (Dalm. AuS. I, 343). Derr. von פקע, einer im Aram. belegten Nf. von gemeinsem. und auch he. häufig vorkommendem בקע »spalten« u. ä.: vgl. ja. (neben בקע) sy. פקע u. md. פקא u. a. »sich spalten, platzen, krachen«, dazu Derr. wie ja. פַּקַּעְתָּא, ja. u. sy. פַּקּוּעָא »Koloquinte«, sy. *pᵉqīʿā* »koloquintenförmiges Ornament«, *paqʿā* »Lärm, Krachen«, md. *paqata* »Schlucht«, *pqita* »Bruch« u. a. m. (MdD 376. 362). Es ist wohl möglich, daß es sich bei den he. *p*-Formen um A handelt; zum Wechsel *b*/*p* vgl. Nr. 37, des weitern 18 u. 242a. Ar. *fuqaʿ* u. *fuqqāʿ* »Koloquinte«.

A: Driver Congr. Vol. Copenh. 35; Smend Sir XLIII.

[235.] פַּרְדֵּס Baumgarten: Cant 4 13 Qoh 2 5 Neh 2 8[1].

Anm.: 1) hier »königl. Domänenforst«, s. RUDOLPH Neh 108 u. JEPSEN ZDPV 74, 1958, 65ff.

Mhe. Ape. *paradayadām* (KENT 195; HINZ 116 u. BENVENISTE JA 246, 1958, 58: *par'daydām*), av. *pairidaēza* »Umwallung« (KENT a. a. O. u. HÜBSCHM. I, 439) > einerseits spbab. *pardīsu*, andererseits ja. cp. md. פַּרְדֵּיסָא u. sy. *pardaisā* »Baumgarten«, ferner md. *pardi/asa* »Lustgarten« (MdD 363; *pardasia* = pl.?, DROVER Or. 15, 1946, 325), sy. u. md. *pardaispānā* »Gärtner«; > he. פַּרְדֵּס, ar. *firdaus* (s. BRO. ZDMG 67, 1913, 111) u. gr. παράδεισος.

236. II פרח (qal) fliegen (?): Ez 13 20 (textl. unsicher).

Mhe. Sonst nur noch ja. (pe. pa. af.), cp. (pe.) u. sy. (pe. pa.) פרח »fliegen« mit entsprechenden Derr.

A: KAUTZSCH 109; GESEN. HWb. 1810, 942; BDB; KBL; LS 594; BERTHOLET Ez 81; FOHRER Ez 75; HERRMANN Ez 81; WILSON PThR 23, 1925, 257; ZIMMERLI Ez 285.

237. פרק (qal) befreien: Gen 27 40 (E)[1] Ps 136 24 (nachexil.)[2] Thr 5 8.

Anm.: 1) EISSF. Hex. 50*; GKL. Gen 314; nach NOTH UegPt. 30[93] J. 2) GKL. 577.

Mhe. He. 7× in der Bedeutung »(ab-, zer)reißen«, entsprechend akk. *parāqu* »trennen, spalten«, ug. *prq* »brechen« (GdUM Nr. 1592), »etwas abbrechen, mit etwas aufhören« (AISTL. Wb. Nr. 2282), ar. *faraqa* »spalten«, wovon sich aram. פרק »ablösen, (Sünden) tilgen, erlösen«, nab. (DISO 237) u. cp. (pe.), ja. sy. u. md. (pe. pa. af.) im besondern auch »retten, befreien«, mit Derr. wie ja. cp. sy. u. md. *pārō/ūqā* »Retter, Befreier, Erlöser«, cp. sy. u. md. *purqānā* »Befreiung, Erlösung« unterscheidet. Es ist nicht ausgeschlossen, daß sich bei der he. Bedeutung »befreien« aram. Einfluß geltend macht; doch wird man diese Möglichkeit im Blick auf asa. פרק (CONTI 221) u. äth. *faraqa* »befreien« nicht allzu hoch einschätzen können, zumal sich auch eine innerhe. Entwicklung denken läßt, vgl. die Synn. חלץ u. נצל, s. Nr. 231, welche die beiden Bedeutungen »herausbrechen, -reißen« und »retten, befreien« nebeneinander aufweisen.

A: KAUTZSCH 74; FZ. DELITZSCH Ps II, 285; DRIVER Congr. Vol. Copenh. 28.

[238.] פַּרְתְּמִים Edle: Esth 1 3 6 9 Dan 1 3.

Fehlt mhe. Zugrunde liegt die ape. Titulatur **parϑama* »der erste«, Nf. v. *fratama*, wohl allgemein »Edler, Frei(geboren)er« (EIL. 23[2] u. ZA 51, 1955, 229ff.; HINZ 83; KENT 197; CAMERON JNESt. 17,

1958, 162) > armen. *p'art'am* »reich« (EIL. a. a. O.), auch gr. πρῶτος »der erste«. Obwohl nur in pehl. פרתום (GB 664), bzw. *pahrom, pahlon* »vorzüglich, trefflich« (NYB. II, 168; EIL. ZA a. a. O. 230[2]) belegt, ist aram. Vermittlung für das He. am naheliegendsten (vgl. GEHMAN JBL 1924, 321ff.)

[239.] פֵּשֶׁר Deutung, Erklärung: Qoh 8 1 Sir 38 14.

In DSS (KQT 182) häufig als t. t. für »Textdeutung«, s. ELLIGER 123ff.; EISSF. ZAW 63, 1951, 105ff.; SCHOEPS ebd. 250 u. OPPENHEIM 217ff. Dem ganz vereinzelten und sehr späten he. Vorkommen stehen zahlreiche aram. Belege sowohl für den Stamm פשר, u. a. »lösen, deuten« (in letzterer Bedeutung < akk. pašāru šutta »Traum deuten«, ZIMMERN 68; pišru u. piširtu nach v. SODEN ZA 41, 1933, 220 »Omendeutung, Geheimnis«, s. ferner POHL Or. 30, 1961, 329; > ar. fasara »erklären«, FRAE. 286), als auch für das Der. * פְּשַׁר »Deutung« (ba. etwa 30× »Traumdeutung«) gegenüber, s. KBL 1114 u., in Ergänzung dazu, sam., COWLEY SL II, LXVII, u. md., MdD 383. Eine spez. Bedeutungsentwicklung nahmen ja[b]. פשר »entzaubern«, ROSSEL 145, u. md. pišra »Exorzismus«, MdD 372. — He. Syn. ist * שֵׁבֶר, nur Jdc 7 15.

A: KAUTZSCH 74f.; BDB; KBL; HERTZBERG Qoh 28[3]; PODECHARD Qoh 45; SIEGFRIED Qoh 20; TORCZ. EJ III, 134.

[240.] פַּת־בַּג kostbare Speise, Tafel: Dan 1 5. 8. 13. 15f. 11 26.

Fehlt mhe., nach Suppl. 181 indes 1QJes[a] פתבג. Die Schreibung in 2 Wörtern trennt fälschlich פַּת »Brocken« ab. Der Ursprung liegt im Pers.: **piϑfa-baγa* aus *pitav* »Speise« und *baγa* »Verteiler« > keilschr. *pitipabaga* (EIL. 77ff.; doch ist die Ableitung des 1. Elements unsicher, s. KOSCHAKER OLZ 47, 1944, 174f.), > äga. פתפא »Essen(s-ration), Verpflegung, Ration« (EIL. AfO 17, 1954/6, 331 u. 333; s. auch DRIVER AD 61), sy. *pat/ṭbāgā* »kostbare Speise«. Zu gr. ποτίβαζις (LAG. GA 73, 186, ferner ELLENB. 141) s. EIL. 77. Vgl. auch ALTH.-ST. ASp. 21.

[241.] פִּתְגָם Bescheid, Spruch: Qoh 8 11 Esth 1 20 Sir 5 11 8 9.

Mhe. nicht belegt, indessen 4QpJs[a]A8. Ape. *pati-gāma* (CAMERON JNESt. 17, 1958, 162), mparth. *paδgām*, vgl. modern-pers. *payγām* (ROSENTH. Gr. 59), »Botschaft«; > aram. פִּתְגָם (ă > ĭ, BLA 29x), Belege s. KBL 1114 u. SEGERT ArchOr. 24, 1956, 390; eine andere Entwicklung führte über **pagdām* (mit Metathesis) zu md. פוגדאמא (MG XXXII u. MdD 367; s. des weitern TELEGDI JA 226, 1935, 253; WIDGR. IsK 99; HÜBSCHM. I, 222; GEHMAN JBL 43, 1924, 325f. u. ELLENB. 142). Vom Aram. wurde das Wort schließlich dem He. weitergegeben (zu *ā* s. II § 8).

242. II פתה (hif.) weiten Raum schaffen: Gen 9 27 (J)[1].

Anm.: 1) Noth UegPt. 29; nach Eissf. Hex. 15*: L).

Mhe. (hitp.); von Dalm. 356 u. Jastr. II, 1252 irrtümlich mit I פתה »verführen, verlocken < (das Herz) öffnen« identifiziert (vgl. auch Hoftijzer OTSt. 12, 1958, 25f.) Sonst nur noch aram. belegter Stamm, s. KBL 1114f. u. Suppl. 206, vgl. dazu DISO 239 (md. auch mit Metathese פהת, MdD 366f.), an dessen Stelle man atl. zu Unrecht gelegentlich ebenfalls I פתה hat finden wollen (z. B. v. Rad Gen, ATD, 114). Syn.: רחב, etwa 25×, u. a. schon Gen 26 22 (J, Eissf. Hex. 47*).

A: Gesen. HWb. 1810, 952; KBL a. a. O.

242a. פֶּתֶן Cobra Naja haje: nachexil.: Hi 20 14. 16 Sir 39 30; unbestb.: Dtn 32 33[1] Jes 11 8[2] Ps 58 5[3] 91 13[4].

Anm.: 1) s. Nr. 7 Anm. 3. 2) s. Nr. 28 Anm. 10. 3) Gkl. 250. 4) Kraus 636.

Mhe. »Otter«; DSS (KQT 183). Ursem. ist wohl ein *$b\underline{t}n$ anzusetzen (Humbert AfO. 11, 1936, 235f.), das einerseits zu ar. *baṯan*, ug. *bṯn* »Schlange« u. akk. *bašmu* »(myth.) Gift-, Seeschlange« (Aistl. Wb. Nr. 611; nach Fitzmyer JAOS 81, 1961, 197f. auch aam.: *l.* בתן Sef. I A 32), andererseits jedoch zu ja. פִּתְנָא u. sy. *patnā* (s. auch I. Löw, Schlangenn. 16 u. vgl. gr. βαθανηραθα, ebd. 11f.) wurde, womit die he. Form mit *p* u. *t* (statt *š*, vgl. GdUM § 5. 13; zum Lautwandel *b*/*p* s. im übrigen Nr. 37 u. vgl. Nr. 18 u. 232/4) übereinstimmt. Wie Bodenheimer II, 7 ausführt, ist die Cobra in Palästina selten, was die Übernahme des aram. Wortes, das dann segoliert wurde, verständlich werden läßt.

A: GdUM Nr. 379; v. Soden AHw. 112.

[243.] פַּתְשֶׁגֶן Abschrift: Esth 3 14 4 8 8 13.

Fehlt mhe. Im Pers., woher das Wort stammt, gibt es nach Widgr. IsK. 97f. mehrere Wechselformen mit der Basis **čagna*, deren zwei in he. פתשגן (<*patšayn*) und aram. פַּרְשֶׁגֶן, Belege s. KBL 1114 (ja. auch ״פת; vgl. außerdem pehl. *pačēn*, Rosenth. Gr. 59), zum Vorschein kommen, die aber beide auf eine einzige Form zurückgehen, da sich in mpe. Dialekten der Wechsel *pr-*/*pt-* findet. Demgegenüber geht Beneviste JA 225, 1934, 180ff. von ape. **pati-čagna* »Wiedergabe, Reproduktion« aus, während Hübschm. I, 224 u. Telegdi JA 226, 1935, 253 eine pers. Entwicklung **fračayana* > *paršayna* vermuten (weitere Lit. s. Bibl. 42, 1961, 152*, Nr. 2118). Vgl. sogd. *p'ṯcynyy* »Antwort« (Henning 130b; Gershevitch § 674). Syn.: מִשְׁנֶה, etwa 35×, in gleicher Bedeutung u. a. Dtn 17 18.

244. II צדה (nif.) verheert sein: Zeph 3 6 cj. Dan 8 12 (s. BH ad. loc.).

Mhe. (qal). Zeph gebraucht im selben Vers die 3 Synn. כרת, שמם u. חרב, denen er offenbar unser Verbum als aram. Lw. beigesellt, um dem parallelismus membrorum Genüge tun zu können (s. III § 9). Aram. gut belegt, vgl. ja. sy. u. md. (pe. pa. af.) צדא »verheeren, zerstören, in Schrecken setzen«, ferner BMAP Nr. 9, 4 מצדית »leerer, nicht überbauter Raum (?)«, kommt der Stamm zwar auch in ar. *ṣadija* »dürsten« u. äth. *ṣadaj* »Sommer« vor, doch zeigt er hier eine etwas abweichende Bedeutungsentwicklung.

A: Gesen. HWb. 1810, 961; Nowack Zeph 316; Sellin Zeph 389.

245. צִיבָא n. m.: II Sam 9 2-12 16 1-4 19 18. 30 (gesamthaft 14×).

Mhe. צִיב »Faser«. Wahrscheinlich herzuleiten vom aram. Stamm *ציב: ja. צִיבָא, צִיבְתָא »Ästchen, Zweig«, pehl. Frah. 4,4 ציב u. md. ציביא (pl.) »Brennholz« (MG 117 u. MdD 392), ferner palm. ja. cp. u. sam. צִיבְחַד »ein wenig«, (s. S. 626), sy. *ṣībē* (*debesrā*) »(Fleisch-)Stücke«, nsy. צִיוָא n. m. S. auch Noth Namen 231.

246. צְלֹחִית Schüssel[1]: II Reg 2 20.

Anm.: 1) s. Kelso § 70 u. Honeyman PEQ 1939, 87f.

Mhe. nur צְלוֹחִית. He. 4× in der Form צַלַּחַת, bzw. *צֵלָחַת, (mit dem he. nur selten in konkreter Bedeutung vorkommenden sf.-*īt*, BLH 504m), während sich ja. cp. u. sy. nur צְלוֹחִיתָא, > ar. *ṣalaḥījat* (VG I, 220β), »Fläschchen, Krug, Schüssel« belegt findet. Im übrigen liegt Metathesis vor, da es sich um denselben Stamm wie bei ar. *ṣaḥn* u. äth. *ṣaḥl* »Schüssel« handelt (VG a. a. O.).

247. * צַנְתְּרוֹת Röhren[1] (?): Sach 4 12.

Anm.: 1) so u. a. Dhorme Bible II, 845; Elliger Sach (ATD) 99, Horst Sach 230.

Fehlt mhe. Bedeutung ungeklärt, vgl. z. B. Sellin Sach 452 »Kanäle«; Rignell 166. 169 »Ölgefäße«. Dunkel ist auch die Etymologie: meist wird der Ursprung in *צנר, nach Rignell a. a. O. onomatopoet. »brausen«, mit *t*-insertum, gesucht, wozu dann auch das in der Bedeutung ebenfalls undurchsichtige צִנּוֹר II Sam 5 8 Ps 42 8 (s. auch Frae. 89[1]) zu stellen wäre. Da das Nomen nur noch in ja. צַנְתְּרָא »Röhre« eine Entsprechung hat, kann man allenfalls an einen A denken, doch bleibt alles unsicher.

248. צָפִיר Ziegenbock: Dan 8 5. 21 Esr 8 35 II Chr 29 21.

Fehlt mhe. Da alle he. Belegstellen spät sind und das He. sonst etwa 55× das Syn. II שָׂעִיר, 4× auch תַּיִשׁ, verwendet, kann in Anbetracht des aram. gut belegten *צְפִיר, s. KBL 1116, ein A als sicher erachtet werden. Durch Vortondehnung erfolgte bei der Übernahme eine gewisse Hebraisierung. Ug. *ṣpr* gehört wohl zu einem andern Stamm (:: GdUM Nr. 1645; Gord. Ug. Lit. 70, Zeile 124, wird es mit Ginsberg Krt 39 als Entsprechung zu he. I צפה »wachen« aufgefaßt; anders Driver CML 150 u. Aistl. Wb. Nr. 2346, die *ṣpr* »hungrig« vorschlagen — Driver erwägt auch *ṣpr* »winseln«). Gleich verhält es sich mit phön. צפר = »Vogel« (Harris 141 :: GdUM a. a. O.).

A: Kautzsch 75; Bentzen Dan 54; Charles Dan 197; SR. Driver Intr. 507; Marti Dan 57; Montg. Dan 331; Rudolph Esr 165.

249. * צֹרֶךְ Bedarf[1]: II Chr 2 15.

Anm.: 1) Vgl. auch die bei Sir häufigen צרך »bedürftig sein«, צורך u. צרוך (?) »Bedürfnis« u. צריך »bedürftig«, s. Smend Sir XLIIIf. 77. צרוך entspricht dem spähe. beliebten und auch aus der Qumran-Lit. bekannten Typus der sog. »umgekehrten Segolata« *qutl* > q^e*tōl*, s. II § 6.

Mhe. צרך (qal, hif.) »nötig haben, bedürfen«, צוֹרֶךְ »Bedarf«. Trotz ug. *ṣrk* »Mangel haben« und ar. *ḍaraka* »arm sein« (VG I, 135) liegt in diesem späten hap. leg. ein A vor: ja. cp. צוֹרְכָא, sy. *ṣurkānā*, md. *ṣ(u)rik* »Bedarf, Bedürfnis« (zur md. Bedeutung s. MdD 391), Derr. v. palm. ja. cp. sy. u. md. צרך »bedürftig sein«. Die SEM Parallelen lassen es als möglich erscheinen, daß der Stamm einst auch im He. heimisch gewesen, in der Folge aber verdrängt worden ist; doch kann darüber nichts Verläßliches ausgemacht werden. He. dient דַּי etwa 35× als Äquivalent, schon I Sam 18 30 belegt.

A: Kautzsch 75f.; Lidzb. ZDMG 61, 1907, 694[1]; Rudolph Chr 200; Smend Sir XLIV.

250. קבל (pi.) entgegen-, annehmen: Prov 19 20 Hi 2 10 Esth 4 4 9 23. 27 Esr 8 30 I Chr 12 19 21 11 II Chr 29 16. 22, (hif. »entgegentreten« u. ä.) Ex 26 5 u. 36 12 (P, Eissf. Hex. 153*. 159*) Sir 12 5.

251. Der. * קְבֹל (BLH 582u: * קֹבֶל) eine Belagerungsmaschine: Ez 26 9. — Es fällt weg: II Reg 15 10.

Verbal mhe. u. DSS (KQT 189). Man darf als nahezu sicher annehmen, daß das Verbum althe. bekannt gewesen ist, da es sich auch akk. EA, ar. asa. äth. u. ev. ug. (so Aistl. Wb. Nr. 2383, aber sehr unsicher, da eine Ergänzung von yqb[, s. Driver CML 144) u. a. in gleicher Bedeutung findet (etwas abweichend soq. *qóbol* »zufrieden sein« u. mehr. *qōbel* »angenehm sein«, LESLAU 366). Im He. scheint der Stamm indessen von dem sehr oft und z. B. schon Jdc 4 6 belegten Syn. לקח verdrängt und erst unter dem Druck des Aram., wo er häufig begegnet, s. KLB 1117, Suppl. 206 u. DISO 248f., wiederum in Gebrauch gekommen zu sein (vgl. HORST Hi 29). Anders läßt sich das auffällig späte Auftreten eines so alltäglichen Wortes trotz ALBR.'s Einsprache BASOR 89, 1943, 31[16] kaum verstehen, s. auch FOHRER Hi 99f. Schwieriger ist die Beurteilung von Nr. 251, da aram. Entsprechungen fehlen. Daß es sich um eine selbständige he. Bildung handelt, ist nicht ausgeschlossen, doch gibt auch dieses einzige, erst aus exil. Zeit überlieferte Der. dann zu erkennen, wie wenig lebendig der Stamm im Unterschied zu לקח gewesen ist, von dem uns 6 z. T. schon früh belegte Derr. bekannt geworden sind.

A: KAUTZSCH 76f.; BDB; GB; KBL; LS 640; BGSTR. Gr. II § 17b; BUDDE Hi 10; SR. DRIVER Intr. 536; EISSF. Einl. 583; FOHRER Hi a. a. O.; GK § 2v; RUDOLPH Esr 165; SELLIN-R. Einl. 149; SMEND Sir XLIV; TUR-SINAI Job 27; vgl. auch DRIVER Congr. Vol. Copenh. 31.

252. קדם (pi.) zuvorkommen, früh tun: Ps 119 147f. (nachexil., GKL. 516) Jon 4 2 (»das erste Mal tun«).

253. Der. שֶׁקַּדְמַת ehe, bevor: s. Nr. 298.

Mhe. (qal, pi. hif.) u. 1QS 1 14, 1QCD 11 23. He. etwa 10× in der mit dem SEM übereinstimmenden Bedeutung »vorne sein, begegnen« u. ä., hier indessen wie oftmals aram. »vorher, früh tun, zuvorkommen«, s. KBL 1117f. u. DISO 251, vgl. auch ja. קַדְמוּת »zuerst«, קַדְמוּתָא »erstes Mal« oder קַדְמְתָא »Morgen«; ferner Καδαμος n. m., WUTHN. 163.

A: KBL; ROBINSON Jon 124.

254. קטל (qal) töten: Ps 139 19 (nachexil.)[1] Hi 13 15 24 14.

255. Der. קֶטֶל Mord: Ob 9[2].

Anm.: 1) GKL. 590; KRAUS 917 ohne Zeitbestimmung. 2) wohl nachexil., s. EISSF. Einl. 492; nach SELLIN-R. Einl. 127 u. a. m. eher vorexil.

Fehlt mhe. Grdf. **qtl*, vgl. Mari *qatālu* (Syr. 19, 1938, 108), aam. קתל (s. SEGERT ArchOr. 26, 1958, 566), ar. u. äth. *qatala*, soq. *látaḥ* u. mehr. *letōġ* (seltener *letōq*; LESLAU 236). Aram. assimilierte sich ein *t* als 2. Radikal einem *q* als erstem zu *ṭ* (VG I, 154h); Belege s. KBL 1119; Suppl. 206, DISO 257 u. ALTH.-ST. ASpr. 275, vgl. des weitern ja. cp. קְטָלָא, sy. *qeṭlā*, md. גיטלא »Mord«, nar. *qṭōla* »Tod,

Prügel« u. *qaṭlṯa* »Prügel« (Bgstr. Gl. 73), ferner Nr. 273. Zu aam. כטל s. VG I, 239b. Häufige Synn.: הרג, schon Gen 4 8 (J, Eissf. Hex. 6*), u. רצח, schon Ex 20 13 (E, Eissf. Hex. 33*). Das späte und, im Unterschied zu den Synn., vereinzelte Vorkommen, zusammen mit der lautlichen Übereinstimmung mit dem Aram., lassen (:: Edzard ZA 56, 1964, 146f.) einen A als sicher erscheinen, s. Baumg. in Fschr. Eissf. I, 54f.

A: Kautzsch 109; KBL a. a. O.; LS 658; Baumg. Eissf. Fschr. I, 54f.; BLH 334b; BM § 24, 4; Fz. Delitzsch Ps II, 307; SR. Driver Intr. 374; EB 1, 595; Horst Hi 201; Nöld. ZDMG 57, 1903, 417; Noth, Urspr. 30; Stamm ThZ 1, 1945, 84; VG a. a. O.; Wellhausen KlPr. 212; vgl. auch Driver Congr. Vol. Copenh. 31.

256.—264. fallen aus.

265. cj.* קִיט Sommer: cj. Hi 8 14.

Mhe. nur קַיִץ. Budde hat in seinem Hi-Komm. an Stelle der alten crux אֲשֶׁר־יָקוֹט die cj. קְרֵי קִיט »Sommerfäden« vorgeschlagen. Dabei handelt es sich um die aram. Form für lautgerechtes, he. etwa 20× belegtes קַיִץ, s. KBL 1119. Zu aam. כיצא s. EHO 31, 92. — Freilich hat Budde nicht allgemeine Zustimmung gefunden: während u. a. KBL 837, Fohrer, Horst u. Peters in ihren Hi-Komm. die cj. in der Form קִשְׁרֵי קִיט übernehmen, lehnen sie z. B. Dhorme, Echterbibel u. Hölscher ab.

266. קִנְיָן (persönlicher) Besitz, Habe: vorexil.: Gen 34 23 (E)[1] Jos 14 4; exil./nachexil.: Gen 31 18 u. 36 6 (P)[2] Lev 22 11 (P)[3] Ez 38 12f. Sach 13 5 Ps 105 21[4] Prov 4 7; unbestb.: Ps 104 24[5].

Anm.: 1) Eissf. Hex. 70*; nach Noth UegPt. 31[99] Zusatz zu J. 2) Eissf. Hex. 61*. 74*. 3) Eissf. Hex. 159*. 4) Gkl. 458. 5) ev. schon vorexil., s. Gkl. 454.

Mhe. u. DSS (1QH 10 25). Der. v. I קנה »erwerben, kaufen«. מִקְנֶה וְקִנְיָן (Gen 31 18 34 23 Ez 38 12f.) kann nach Noth Jos 78 eine stereotype paronomastische Wortverbindung sein. Da das Nomen aram. recht gut belegt ist, darf ein A in Betracht gezogen werden, vgl. pehl. Frah. 16, 1 *qnjn*, äga. BMAP (s. auch DISO 260f.), ja. cp. u. md. קִנְיָנָה/א, sy. *qenjānā* »Besitz« u. nar. *qinjōna* »Vieh« (Bgstr. Gl. 70). Nöld. ZDMG 57, 1903, 415, der einen A ablehnt, mißt relativ früher Belegung zu großes Gewicht bei. Immerhin ist der Stamm he. sehr lebendig und auch produktiv gewesen. — Formal besteht Identität mit Nr. 222. — Synn.: u. a. II חֵלֶק, schon I Sam 30 24, מִקְנֶה, schon Jdc 6 5, u. נַחֲלָה, schon Jdc 18 1, alle häufig vorkommend.

A: Kautzsch 77; Lag. Ue. 205; BM § 41, 1a.

267. קִפּוֹד (קִפֹּד) Igel: Jes 14 23 u. 34 11 (beidemal nachexil.)[1]; (»Eule«) Zeph 2 14[2].

Anm.: 1) s. Eissf. Einl. 385 u. 395; Fohrer Jes I, 175 u. II, 138. 2) auch Jes 34, 11?, s. Aharon, Osiris 5, 1938, 470; Driver PEQ 87, 1955, 137: »ruffed bustard«.

Mhe. קִפֹּד. Ar. *qunfud̲* u. äth. *qʷenfez* ließen lautgesetzlich im He. *z* statt *d* erwarten (s. GdUM § 5. 13); *d* entspricht indessen der aram. Form, vgl. ja. (neben קֻפְּדָא) u. sy. קֻפְּדָא (s. auch Montg. JAOS 46, 1926, 56), md. *qunpud* (MdD 408) »Igel«. Beachtenswert ist das Vorkommen von קפד (pi.) »zusammenrollen« im »Hiskiapsalm« Jes 38 12 als t. t. des Weberhandwerkes (der fertige Stoff wird aufgewickelt, Dalm. AuS V, 124; Hönig 136), nach Begrich 28 ein A. Indessen scheint es recht fragwürdig zu sein, ob man für die Wurzel als solche einen A ansetzen kann, da im Ar. *qafada* »(die Kopfbinde) fest zusammenbinden«, *qafida* »einen großen Nacken haben« (Driver a. a. O.) belegt ist und darüber hinaus das andere he. Der. קְפָדָה »Beklemmung« Ez 7 25 keine aram. Entsprechung aufweist, somit also wohl eine he. Bildung ist. Es hat vielmehr manches für sich, mit BLH 478f die Existenz von ursem. Wurzelvarianten anzunehmen, die he. in den Formen קפד, * קפז u. קפץ in Erscheinung treten (:: Garbini SNO 196, der in קפד die Grdf. erkennen will). Dies hindert natürlich nicht, bei dem einen Der. קִפּוֹד einen A in Erwägung zu ziehen, wozu die SEM Entsprechungen Anlaß geben. Doch kommt man über Mutmaßungen nicht hinaus, zumal der Umstand, daß ein einheimisches Tier einen fremden Namen tragen soll, etwas störend ist.

A: Torrey Dtjes 477; VG I § 187; vgl. auch Gesen. HWb. 1810, 1010; BLH a. a. O. u. H. Bauer OLZ 36, 1933, 473.

268. * קָצָת Ende, Äußerstes: Ex 37 8 38 5 39 4 (stets P)[1] Ps 65 9 (unbestb.)[2].

269. Der. מִקְצָת am Ende von, einige: Dan 1 2. 5. 15. 18 Neh 7 69.

Anm.: 1) Eissf. Hex. 159*. 2) nach Kraus 450 ev. schon vorexil.; Gkl. 274 verzichtet auf Zeitangabe.

Mhe. nur מִקְצָת »Teil, einiges«, außerdem 1QM 1 8 קצוות. Der. v. I קצה »abbrechen, lostrennen«, wovon sich he. die weitern syn. Derr. קָצֶה, f. קָצָה u. * קָצוֹת regulär ableiten (BLH 462m. 463tu. 411x). Demgegenüber weist קְצָת aram. Bildungsart auf und erklärt sich analog Nr. 175 (**qáṣawat(u)* > **qaṣắt(u)* > * קְצָת); überdies finden sich im Aram. auch präzise Entsprechungen, s. KBL 1120 u. Suppl. 206. Zum aramaisierenden cs. קְצָת s. II § 16, 3b; zur pl.-Form קְצוֹת bzw. קְצָוֹת s. II § 16, 4c. Mit Nr. 269 ist äga. מן קצת, ba. מִן־קְצָת > ja. מִקְצָתָא

»Teil« zusammenzustellen, s. KBL a. a. O. u. ferner DISO 262f. Synn. unter Nr. 199.

A: Thes. 1227; GB; KBL 849 u. 1120; Barth Nom. § 61c; BLH 463x. 599h; GK § 95n; Kropat 43. 74; VG I, 349e; Wellhausen SuV. VI, 259.

[270.] קְרָב Kampf: vorexil.: Ps 144 1[1]; nachexil.: Sach 14 3 Ps 55 22[2] 68 31[3] 78 9[4] Hi 38 23 Qoh 9 18 Sir 37 6. Es fallen weg: I Sam 17 11 Ps 55 19.

[271.] קְר(וֹ)בִים kampfbereit, kampftüchtig (?): Ez 23 5. 12.

Anm.: 1) Gkl. 606. 2) Entstehungszeit nicht genau festlegbar, aber wohl nachexil., s. Gkl. 239. 3) Gkl. 286; s. auch Kraus 471f. 4) Gkl. 342.

Mhe. u. DSS (KQT 195). Das Nomen, dem im He. etwa 300× מִלְחָמָה als Syn. gegenübersteht, zeigt aram. Vokalismus (s. II § 2) und hat im Aram. weite Verbreitung erfahren, s. KBL 1120, Suppl. 206 u. DISO 265; es stammt aus gleichbedeutendem akk. *qarābu* (Zimmern 13; weniger bestimmt Rosenth. Gr. § 188). Hierher ist wohl auch Nr. 271 zu ziehen, wobei durch die Umlautung *ā* > *ō* eine Hebraisierung stattgefunden hat, s. Zimmerli Ez 530f. (Weitere Erklärungsversuche bei Zimmerli ebd. u. Driver AnOr. 12, 1935, 60f.).

A: Kautzsch 77; BDB; BLH 192n; BM § 23, 1a; Cheyne OrPs. 474; Driver Congr. Vol. Copenh. 30; GK § 84n; Bro. HbOr. III, 60; Hertzberg Qoh 28[3]; Marti Sach 451; Nowack Sach 414; Podechard Qoh 46.

272. קרם (qal) überziehen: Ez 37 6, (nif., ps.) cj. Ez 37 8 (beidemal von der Haut), (hif. »einen Überzug sich bilden lassen«, vom Eis) Sir 43 20.

Mhe. (qal, hif.). Sonst nur noch aram. belegt, was an einen ev. A denken läßt: ja. (u. a. »eine Haut bilden«) u. md. pe., sy. auch pa., »überziehen, bedecken«, mit Derr. wie ja. u. sy. קְרָמָא (> ar. *qarām*, LS 696) »Haut, Decke, Schutz«, md. *qraumia* »Häutchen« (MdD 415f.). Synn.: חפה, etwa 10×, u. a. I Chr 3 5, u. II צפה, etwa 45×, schon I Reg 6 15.

273. קֹשֶׁט Bogen: Ps 60 6 (unbestb., s. Gkl. 258).

Mhe. verbal קשט »schießen«, mit div. Derr. wie קַשָּׁט neben קַשָּׁת »Bogenschütze« u. קֶשֶׁת »Bogen« (auch DSS, s. KQT 196). Es handelt sich um den SEM Stamm *qšt* (s. KBL 861, Suppl. 184), wovon im He. als Derr. קֶשֶׁת »Bogen« (häufig) u. קַשָּׁת »Bogenschütze« (Gen 21 20) belegt sind. Das Aram., welches zwar meist dieselbe Lautform mit *t* aufweist, hat daneben, infolge Assim. des *t* an *q* (Frae. 206; vgl. Nr. 254f.), auch Formen mit *ṭ* gebildet (s. Nöld. NB 132f.) wie z. B. ja. קַשְׁטָא »Bogen«, worauf he. קשט zurückgeht.

A: Kautzsch 79; BDB; KBL; Duhm Ps 162; Kittel Ps 208; Nöld. a. a. O.

274. קֹשְׁטְ Wahrheit: Prov 22 21 (nach GEMSER Prov 84 sekd.).

Fehlt mhe. Ein aram. in den meisten Dialekten verwendetes Wort, s. KBL 1121, Suppl. 206 u. DISO 267, wofür im He. das Äquivalent אֱמֶת häufig und schon früh (z. B. Jdc 9 15) in Gebrauch steht. Indessen waren für die Nominalbildung die he. Sprachgesetze wirksam, wonach Doppelkonsonanz ohne Hilfsvokal möglich ist, wenn das Nomen auf einen Explosivlaut endigt (BLH 580t. 213t): **quṣ̌t* > קֹשְׁטְ; anders aram.: **quṣ̌t* > *qúšeṭ* > *qušúṭ* > קְשֹׁט (BLA 35c. 661; daneben mit offenbar dissim. *t* sam. *qašta*, sy. *quštā*, s. NÖLD. NB 132[7]; md. auch כושטא, s. MG 39, MdD 209f. u. ROSENTH. AF 245). Gegen einen A könnte höchstens ar. *qasaṭa* »Unrecht tun; Gerechtigkeit üben« und *qisṭ* »Wahrheit, Gerechtigkeit« (NÖLD. NB 98) sprechen, doch handelt es sich wohl um aram. Lehngut (FRAE. 206).

A: KAUTZSCH 78f.; LS 704; WILSON PThR 23, 1925, 256.

275. רִבּוֹ zehntausend: vorexil.: Ps 68 18[1]; exil./nachexil.: Jon 4 11 Dan 11 12 Esr 2 64 (רִבּוֹא[2]) 2 69 Neh 7 66. 71 (רִבּוֹא[2]) 7 70 I Chr 29 7. — Es fällt weg: Hos 8 12 (K).

Anm.: 1) nach GKL. 286f. zwar nachexil., VV. 1-30 aber wohl eher alt, s. KRAUS 470ff. 2) s. GK § 23i.

Mhe. u. DSS רִבּוֹא (KQT 199). He. etwa 15×, u. a. schon Jdc 20 10, רְבָבָה als Syn. Die in der Tat auffällige Form ist mehrfach als phön. Aussprache von **ribbāh* erklärt worden (vgl. z. B. LS 707; H. BAUER ZAW 48, 1930, 75 u. BM §§ 42, 5 u. 59, 5); TSEVAT HUCA 29, 1958, 127 bezweifelt andererseits einen A auf Grund der in den Alalaḫ-Texten gefundenen Form *ribbāt/at*. Angesichts der ansehnlichen aram. Belegung, s. KBL 1122 u. DISO 272, wird man aber dennoch an aram. Lehngut zu denken haben, wobei offen bleibt, wie sich die Form im Aram. letztlich erklärt (nach H. BAUER OLZ 29, 1926, 802 handelt es sich im Aram. um einen alten Kanaanismus, der dem He. dann als »A« übermittelt worden wäre, s. auch BLH 627s). Zum pl. רִבֹּאוֹת > רִבּוֹת Neh 7 70 s. BGSTR. Gr. I § 15h u. unten II § 16, 4c.

A: KAUTZSCH 79f.; BDB; KÖNIG Wb.; KBL a. a. O.; BARTH ZDMG 41, 1887, 631; BGSTR. a. a. O.; BLH a. a. O.; BLAKE 95[1]; CHARLES Dan 269; CHEYNE OrPs. 475; GK § 97g; NÖLD. ZDMG 57, 1903, 420; OLSHAUSEN 418b; ROSENTH. AF 51[3].

276. I רבע (qal) daliegen, begatten: Lev 18 23 u. 20 16 (P)[1] Ps 139 3 (nachexil.)[2], (hif. »bastardieren«) Lev 19 19 (P)[1].

Anm.: 1) EISSF. Hex. 159*. 2) GKL. 590; nach KRAUS 917 zeitl. unbestb.

Mhe. רבץ (qal, pi. hif.) »lagern« u. רבע (qal, nif. pi.) »begatten«. Lautgerechte aram. Entsprechung zu he. etwa 35× belegtem רבץ u.

ar. *rabada* »sich niederlegen« (vgl. GdUM § 5.13): ja. cp. sy. u. md. (pe. pa.) רבע »sich lagern, begatten«, mit Derr. wie z. B. md. רביתא »Ozean« u. מארביההתא »Lager, Höhle, Grube« (MdD 423. 252).

A: Kautzsch 80; Gesen. HWb. 1810, 1034; BDB; GB; KBL; Fz. Delitzsch Ps II, 299; Driver Congr. Vol. Copenh. 27; Duhm Ps 268; Gkl. a. a. O.; MdD 422; Torcz. EJ III, 134.

277. רגשׁ (qal) unruhig sein: Ps 2 1 (vorexil.)[1].

278. Der. רֶגֶשׁ Unruhe: Ps 55 15 (wohl nachexil.)[2].

279. Der. רִגְשָׁה Unruhe, Erregung: Ps 64 3 (unbestb).[3].

Anm.: 1) Gkl. 9f. 2) Kraus 403; Gkl. 239 ohne Zeitangabe. 3) Kraus 446; Gkl. 270 erwähnt Entstehungszeit nicht.

Mhe. (hitp.) »herbeiströmen«, (hif.) »fühlen, merken«, DSS (KQT 200) »branden, brausen, toben«. Nach Schulth. ZNW 1922, 245ff. ein Stamm onomatopoet. Ursprungs, vgl. z. B. auch ar. *rağasa* »donnern«. In der Bedeutung »in unruhiger, lärmiger Bewegung sein« (ba. »hereinstürmen«), aber auch »fühlen, merken«, gemein-aram., s. KBL 1123 u. DISO 275; als Der. vgl. ja. רִגְשָׁא, sy. *regšā* u. a. »Lärm, Unruhe, Tumult«. Derselbe Stamm steht wohl auch hinter Βοανηργές Mc 3 17, das eine Wiedergabe von בני רגשׁ »filii tumultus« sein wird, wobei es sich ev. um einen Versuch handelt, den unreinen Vokal der galiläischen Aussprache, der etwa ein dumpfes *a* sein mochte, darzustellen (Nöld. GGA 1884, 1022f.; Betz RdQ 3, 1961, 43). Synn.: המה, etwa 30×, z. B. Ps 46 7, u. II שָׁאוֹן, etwa 15×, schon Am 2 2.

A: Kautzsch 80f.; GB; KBL; LS 713; Begrich 68; Cheyne OrPs. 463; Driver Congr. Vol. Copenh. 34; Gkl. 10; MdD 425.

280. * רַהַט Tränkrinne: Gen 30 38. 41 (J)[1] Ex 2 16 (J)[2] Cant 7 6[3].

281. * רָהִיט Dachsparren: Cant 1 17 (Q רחיטינו).

Anm.: 1) Noth UegPt. 30; nach Eissf. Hex. 59*: L. 2) Noth ebd.; Eissf. op. cit. 110*: L. 3) Bedeutung unsicher, s. Rudolph Cant 169f.

Mhe. sind beide Nomina vertreten, Nr. 281 in der Bedeutung »Hauptbalken des Hauses« > denom. רהט (hif.) »den Hauptbalken legen«. Zugrunde liegt offenbar der Stamm רהט = he. mhe. רוץ »laufen« (Nöld. ZA 12, 1897, 187 u. Schulth. HW 68f.), so daß es sich wie bei Nr. 184f. im Aram. um eine durch sekd. *h* erweiterte Wurzel handelt, die schon in früher Zeit vom He. übernommen worden ist. רַהַט wäre dann keine echte Segolatform (s. H. Bauer

ZAW 48, 1930, 75[4]). Aram. finden sich dieselben Bedeutungen noch in ja. רַהֲטָא, sy. *rā/ahṭa* (> denom. pa. »bewässern«) u. md. ר(א)האטא (MdD 419; LIDZB. Johb. II, 111[2]) »Tränkrinne«, sy. auch »Brett«; vgl. ferner DISO 275. SEM Entsprechungen s. KBL 876. Synn.: * מַשְׁאָב, nur Jdc 5 11, u. שֹׁקֶת, nur Gen 24 20 u. 30 38 (J, NOTH UegPt. 30)

A: KAUTZSCH 110; GESEN. HWb. 1910, 1041; KBL a. a. O.; BAENTSCH Ex 15; BERTHOLET Cant 7; NÖLD. Untersuchungen 20[4]; vgl. auch MEISSNER OLZ 5, 1902, 470.

[282.] רָז Geheimnis: Sir 8 18.

Mhe. nicht, häufig aber im Qumranschrifttum belegt (KQT 203f.; s. auch WIDGR. IsK. 55; weitere Lit. Bibl. 37, 1956, 150*, Nr. 2499 u. 40, 1959, 204*, Nr. 3276), vor allem indessen auch im Aram., s. KBL 1123 u. Suppl. 207, < mpe. *rāž*, av. *razah-* (TELEGDI JA 226, 1934, 254f.; NYB. II, 195; WIDGR. op. cit. 100).

A: SMEND Sir XLIV; CARMIGNAC VT 5, 1955, 352f.

283. * רַחֲמָן mitleidig, barmherzig: Thr 4 10[1].

Anm.: 1) :: * רַחֲמָנִי, z. B. KBL 886; s. GULK. 112[3].

Mhe., daneben f. רַחֲמָנִית sowie רַחֲמָנוּת u. רַחֲמָנִיּוֹת »Barmherzigkeit«. Der. v. רחם »barmherzig sein«. Aega. u. palm. (DISO 278), ja. cp. u. sy. (neben weitern Derr.) רַחֲמָנָא, md. *rahmana* (MdD 419) »barmherzig« > ar. *raḥmān* (NÖLD.-SCHWALLY, Geschichte des Qorans I, 121[1]), vgl. aber auch asa. רחמן epithetum Dei (CONTI 240). Nach GULK. 84[1] u. 85 Anm. bezeichnet im talmud. Sprachgebrauch die Endung *-ān* charakterliche Eigenschaften und typische Merkmale; zur Erhaltung des *ā* vgl. im übrigen II § 8. Hinsichtlich des pl. רַחֲמָנִיּוֹת s. die Erklärung der analogen Form בִּירָנִיּוֹת Nr. 40. Syn.: רַחוּם, etwa 15×, schon Ex 34 6 (J, EISSF. Hex. 158*).

A: vgl. BARTH Nom. § 227d; BLH 501y.

284. III* רֵעַ Wollen, Absicht, Gedanke: Ps 139 2. 17 (nachexil.)[1] cj. Prov 20 30.

285. II רְעוּת Streben, Trachten[2]: Qoh 1 14 2 11. 17. 26 4 4. 6 6 9.

286. רַעְיוֹן Streben: Qoh 1 17 2 22 4 16.

287. cj.* תַּרְעִית Sinnen: Ps 119, 118 (nachexil.)[3].

Anm.: 1) GKL. 590; nach KRAUS 917 unbestb. 2) nur in der Verbindung ר״ רוּחַ »Haschen nach Wind«. 3) GKL. 516.

Mhe. nur Nr. 286. Derr. des aram. Stammes III רעה/א »begehren wollen, nachdenken, planen«, dem wohl he. I רצה »Gefallen haben, gnädig behandeln, belieben« entspricht (Suppl. 186), wie andererseits mit Nr. 286 he. רָצוֹן »Wohlgefallen« zusammenzustellen ist. Aram. Belege s. KBL 1124, Suppl. 207 u. DISO 281, vgl. ferner ja. sy. תַּרְעִיתָא u. md. *tiaruta* (MdD 484) »Denken, Sinnen, Ränke« (zur aram. Endung *-ōn* v. Nr. 286 s. II § 8). Trotz Fehlens einer aram. Entsprechung wird auch Nr. 284 den A zuzuzählen sein (:: DAHOOD Bibl. 33, 1952, 203f.). Phön. רעת ist wohl ebenfalls aram. Lw., s. HARRIS 147 u. FRIEDR. Gr. § 207. Synn.: I יֵצֶר, etwa 10×, schon Gen 6 5 (J, EISSF. Hex. 9*), u. מְזִמָּה, etwa 20×, z. B. Jer 23 20.

A: KAUTZSCH 81ff.; BARTH WU 48; CHEYNE OrPs. 483; FZ. DELITZSCH Ps II, 299 u. Qoh. 204; DRIVER Congr. Vol. Copenh. 34; SR. DRIVER Intr. 374; DUHM Ps 267; HERTZBERG Qoh 28[3]; GKL. 530; KITTEL Ps 418; LAG. Ue. 156; MONTG. Dan 164; NÖLD. ZDMG 54, 1900, 154f.; PODECHARD Qoh 46; POWELL 34; SCHULTH. HW 69ff.; SMEND Sir XLIV; vgl. WILSON PThR 23, 1925, 250.

288. II רעע (qal) zerbrechen, zerschlagen: vorexil.: Ps 2 9[1]; exil./nachexil.: Jes 24 19[2] Jer 15 12[3] Hi 34 24, (hitp. »zerbersten« u. ä.) Jes 24 19[2] Prov 18 24; unbestb.: (qal) Mi 5 5[4]. — Es fällt wohl weg: Prov 25 19.

Anm.: 1) GKL. 9f. 2) in der Jes-Apokalypse, s. EISSF. Einl. 392ff. u. FOHRER Jes II, 1ff.; die qal-Stelle textl. unsicher. 3) textl. unsicher. 4) nach ROBINSON Mi 143f. echt, nach EISSF. Einl. 502 wahrscheinlich unecht.

Mhe. u. DSS (KQT 207f.) רצץ u. רעע. Aram. Lautform für he. etwa 20×, u. a. schon Jdc 9 53 belegtes רצץ s. KBL 1125 (ja. gelegentlich auch רצץ); vgl. ar. *raḍḍa* »zermalmen«.

A: KAUTZSCH 83f.; BDB; GB; KBL 902 u. a. a. O.; BEGRICH 68; BLH 26r; CHEYNE OrPs. 463; DHORME Job LXXXII; DUHM Ps 9; GK § 2v; GKL. 11; KITTEL Ps 8; LINDBLOM JesAp 25 u. 117; SCHMIDT Ps 3; SELLIN-R. Einl. 149.

[289.] רשה (hof.) über etwas Gewalt bekommen: Sir 3 22.

[290.] * רִשְׁיוֹן Ermächtigung: Esr 3 7.

Mhe. (hif.) »erlauben, bevollmächtigen«, רַשַּׁי »berechtigt«; DSS (KQT 208). Akk. *rašû* »fassen, bekommen, erwerben, eine Forderung haben« (= he. ירשׁ, Suppl. 226) > aram. רשׁא (vgl. ZIMMERN 17 u. DISO 284): ja. (pe.) »Erlaubnis, Befugnis haben«, (af.) »ausleihen, auferlegen, erlauben« und, etwas differierend, sy. (pa. af.; nach BRO. LS 745 denom.) »geben, schenken« u. md. (pe. af.) »leihen, bestechen«, mit Derr. wie nab. ja. רַ/רְשְׁיָא »einer, der ermächtigt ist«, ja. רְשׁוּתָא (< akk. *rašûtu*) »Erlaubnis, Bevollmächtigung, Darlehen«, רַשָּׁאָה »berechtigt«, sy. *rešjānā* »Geschenk« u. md. ראשויתא »Bestechung«; > ar. *rašwat* »Bestechung« (LS 745). — Nr. 290 mit hebraisierender Endung -*ōn* < -*ān*.

A: GB; Suppl. 186; Rudolph Esr 30; Smend Sir XLIV.

291. רשם (qal) aufzeichnen, festlegen: Dan 10 21.

Mhe. (qal) u. 1QH 16, 10. Stark belegter aram. Stamm in der Bedeutung »auf-, vor-, bezeichnen, schreiben« u. ä., s. KBL 1125 u. DISO 284, > ar. *rašama* u. *rasama* »schreiben« (Nöld. ZDMG 29, 1875, 327; Frae. 137. 250; vgl. auch ṣafat. *ršm* »schreiben, Schrift«, TU 187), dessen (auch aram. vorkommendes) Äquivalent כתב ist.

A: Kautzsch 84; GB; SR. Driver Intr. 507; Marti Dan 77; Nöld a. a. O.

292. שׂבר (qal) prüfen: Neh 2 13. 15; (pi. »hoffen, warten«) nachexil.: Ps 119 166[1] 145 15 Ruth 1 13 Esth 9 1; unbestb.: Jes 38 18[3] Ps 104 27[4].

293. Der. שֵׂבֶר Hoffnung: Ps 119 116 (s. Nr. 292) 146 5 (nachexil.)[5].

Anm.: 1) Gkl. 516. 2) Gkl. 610. 3) im »Hiskiapsalm«, s. Begrich 67 u. Eissf. Einl. 144. 396, :: de Boer OTSt. 9, 1951, 180ff. 4) Gkl. 454. 5) Gkl. 613.

Mhe. סבר (qal, hif.) »meinen, vertrauen« u. סֵבֶר »Hoffnung«. Aram. סבר sehr weit verbreitet, s. KBL 1102 u. ZATU 89, > ev. ar. *sabara* »untersuchen« (Frae. 261; anders Schwally 13 u. Schulth. HW 39f., vgl. auch BLH 190d, die umgekehrt von ar. *sabara* ausgehen und die he. Schreibung mit *ś* für irrtümlich halten, wie denn das Aram. bei diesem Stamm auch durchgängig *s* aufweist, s. ZATU 89. Demgegenüber stellt Praet. DLZ 1900, 1696, welchem Bro. VG I, 230η folgt, den Stamm mit ar. *šamara* »sich eilig zu etwas rüsten«, *šimr* »mit raschem, klarem Blick« u. äth. *šamra* »belieben« zusammen). Synn.: יחל, schon I Sam 13 8, קוה, schon Jes 5 2, je etwa 40×, u. II תִּקְוָה, u. a. Prov 29 20, etwa 30× belegt.

A: Kautzsch 85f.; BDB; Bertholet Ruth 58; BLH a. a. O.; Driver Congr. Vol. Copenh. 30; SR. Driver Intr. 455; Duhm Jes 256; Marti Jes 264; Nowack Ruth 188; Schwally a. a. O.; Wilson PThR 23, 1925, 256; ZATU a. a. O.

294. שׂגה (qal) groß werden: Ps 92 13 (nachexil.)[1] Hi 8 11 (Var. יִשְׂגֶּא)[2], (hif. »groß machen«) Ps 73 12 (nachexil.)[3] Hi 8 7 cj. Hos 10 1 u. mit א- statt ה-[2]: Hi 12 23 u. 36 24.

294a. Der. שַׂגִּיא[2] (groß) erhaben: Hi 36 26 37 23.

Anm.: 1) Gkl. 409. 2) s. II § 10. 3) Gkl. 316.

Fehlt mhe. Aram. vielgebrauchter Stamm, auf Grund des Aega. urspr. offenbar שׂגא > סגא/ה (s. unten II §§ 10f.), Belege s. KBL 1125f. u. DISO 291; > auch phön. שגי »groß werden« (HARRIS 148). Ar. *šaǧawǧāⁱ* »lang und dick« und äth. *s/šegā* »Fleisch« (s. LESLAU 51) liegen weiter ab. Synn.: I גדל, häufig, schon Jdc 13 24, u. I רבה, ebenfalls häufig, u. a. Gen 43 34 (J, EISSF. Hex. 91*).

A: KAUTZSCH 86; BDB; GB; KBL a. a. O.; LS 457; BLA 27g; BLH 376; BUDDE Hi 37; CHEYNE JaS. 294; DHORME LXXXII; EB 1, 595; GK § 2v; GKL. 318; SCHAED. 247; WILSON PThR 23, 1925, 256.

295. * שָׂהֵד Zeuge: Hi 16 19.

Mhe. nur denom. סהד (pi.) »mit Zeugen versehen«. Grammatikalisch ein pt. pe. der Wurzel שׂהד > סהד, aram. Belege s. KBL 1126; Suppl. 207, DISO 292 u. ALTH.-ST. ASpr. 276 (vgl. auch Avrōmān 7: pl. שׂחדין). Als aram. n. t. findet sich Gen 31 47 auch שָׂהֲדוּתָא »Zeugnis«. Trotz ar. *šahida* »bezeugen« ist bei dem späten hap. leg., dem als he. Äquivalent über 100× und schon I Sam 12 5 belegtes und z. B. Hi 16 19 parallel verwendetes עֵד gegenübersteht (vgl. III § 9), mit einem sichern A zu rechnen.

A: KAUTZSCH 86; GESEN. HWb. 1810, 1082; BDB; GB; KBL; LS 461; BGSTR. Gr. II § 14 Anm. r; BLA 27r; BUDDE Hi 86; CHEYNE JaS. 294; DHORME Job CXLII; DUHM Hi 89; EB 1, 595; FOHRER Hi 281; HORST Hi 252; MdD 319; PETERS Hi 176; TERRIEN Job 29[10]; TUR-SINAI Job 269.

[296.] שַׂכִּין Messer: Prov 23 2.

Mhe. סַכִּין. Der. des he. mhe. u. aram. nicht belegten Stammes II * שׂכך < akk. *šakāku* »spitzig sein« (vgl. auch *šikkatu* »Pflock, Nagel«, ZIMMERN 35[1]). Dem He. offenbar vom Aram. übermittelt: äga. ja. cp. u. sy. סַכִּינָא, pehl. Frah. 14, 2 *skjn'*, md. סיכינא, nsy. *iskīno* (VG I, 70γ) bzw. *skīnā* (BRO. HbOr. III, 160) u. nar. *sikkina* (BGSTR. Gl. 80) > ar. *sikkīn* (FRAE. 84), vgl. auch mehr. *škōt* (*śkōt*) u. soq. *śkáʿah* »Schwert« (LESLAU 430). Die Endung *-īn* ist wohl sf. (BLH 479p). Synn. u. a.: מַאֲכֶלֶת, 4×, schon Jdc 19 29, u. תַּעַר, etwa 10×, schon I Sam 17 51.

A: KAUTZSCH 86f.; BDB; GB; LS 474; BLH a. a. O.; FRAE. 74[1]; MdD 326; ROWL. Aram. 36[1]; SCHAED. 247[5]; WILDEBOER Prov XIV; ZIMMERN a. a. O.

[297.] שְׂרָד bes. Art v. Gewebe: Ex 31 10 35 19 39 1. 41 (stets P, EISSF. Hex. 153*).

Mhe. סָרָד < **sarrād* »Siebmacher«. Ja. סִרְדָא »Drahtgeflecht, -sieb«, סִרְדוּתָא »Flechtwerk, Sieb«, < akk. *serdū* »(Zug-)Seil« (v. SODEN Or. 24, 1955, 394 »Zugseil der Sänfte«), letztlich sum. Lw. (LANDSB.

MSL III, 222, 5). Die späte Belegung und die typisch aram. Form (s. II § 2) lassen vermuten, daß das Wort dem He. über ein aram. Medium zukam.

A: LAG. Ue. 175.

298. (שֶׁ).

Es handelt sich um eine ursem. (urspr. demonstrative, FRIEDR. Gr. § 310, 2) Partikel **ša* (> he. שַׁ > שֶׁ, BLH 264a—c; vgl. akk. *ša, šu* u. phön. ש), die im He. wohl von Anfang an heimisch gewesen ist, von אֲשֶׁר aber — wenigstens in der Lit. (nach BGSTR. ZAW 29, 1909, 55f. durch eine exil. puristische Redaktion) — verdrängt worden ist und erst unter aram. Einfluß (nunmehr aufgefaßt als Analogon zu aram. דִּי, דְּ, KBL 1064f.) literarisch wieder Verwendung gefunden hat. Sie ist aus diesen Gründen vorexil. nicht sicher nachweisbar, s. RUDOLPH Cant 111. In der Folge hat שֶׁ umgekehrt אֲשֶׁר verdrängt, sofern letzteres nicht (wie z. B. in den Büchern der Chr., s. KROPAT 68, oder in Esth, s. STRIEDL ZAW 55, 1937, 81) künstlich restauriert worden ist (Cant kennt nur noch שֶׁ; Qoh hat beide Formen nebeneinander, wobei nach DAHOOD Bibl. 33, 1952, 44f. diese Vorliebe für שֶׁ auf phön. Einfluß zurückgeht). Daß im übrigen geschriebenes אֲשֶׁר oft wie שֶׁ gelesen wurde, hat SIEVERS I, 195 metrisch nachgewiesen und KAHLE ZAW 39, 1921, 237ff. bestätigt. — Da eine Behandlung in syntakt. Hinsicht außerhalb der Zielsetzung dieser Arbeit liegt, seien nachstehend nur mehr einige mit שֶׁ zusammengesetzte, auch lexikalisch verwertbare Formen vermerkt, die sich vom Aram. herleiten. (Als Entsprechung wurde meist das Ja. gewählt, s. indessen zu den einzelnen Ausdrücken immer auch KBL a. a. O.).

* שֶׁל (s. VG II § 166), analog aram. דִּיל (DALM. Gr. 118f.), in מִשֶּׁלָּנוּ »wer von uns?« II Reg 6 11 (textl. aber unsicher, s. jedoch MONTG.-GEHM. 382f.), בְּשֶׁלְּמִי »um wessen willen« Jon 1 7 u. בְּשֶׁלִּי »um meinetwillen« 1 12 (Übertragung v. aram. בְּדִיל »um ... willen, wegen«, DALM. Gr. 237), als Possessivpronomen שֶׁלִּי »mein« Cant 1 6 8 12 (vgl. aram. דִּילִי, DALM. Gr. 379, 6) und in שֶׁלִּשְׁלֹמֹה »dem S. gehörig« 3 7; כְּשֶׁ״ »wenn« Qoh 9 12 10 3 (vgl. aram. כְּדִי, DALM. Gr. § 52); בְּשֶׁל אֲשֶׁר »weil« Qoh 8 17, s. auch BLH 652b u. vgl. aram. בְּדִיל דְּ, DALM. Gr. § 51); שַׁלָּמָה Cant 1 7 = אֲשֶׁר לָמָּה Dan 1 10 »daß nicht« (aus לְ + מָה > he. לָמָּה (zur Gemin. des *m* s. BLH 639b) »warum?«, vgl. aram. דִּלְמָה, DALM. Gr. 237 a. a. O.; VG II § 456); בְּשֶׁכְּבָר »weil längst« Qoh 2 16 (s. Nr. 126) u. מַה־שֶּׁ »was immer« Qoh 1 9 3 15 6 10 (vgl. aram. מָא דְּ »das, was«, DALM. Gr. 118); שֶׁקַּדְמַת »ehe, bevor« Ps 129 6 (textl. unsicher, wohl nachexil., GKL. 560; s. Nr. 253; aram. Entsprechungen s. KBL 1118 u. BLA 256v; nach SPITALER IdgF. 61, 1954, 262[9] soll

es sich bei "מִן־ק bloß um etymolog. Schreibung handeln); wohl auch עַד־שֶׁ »bis (daß)«, wenigstens in den späten Belegen wie Cant 1 12 2 7. 17 3 4f. 4 6 8 4 (vgl. aram. עַד דְּ KBL 1106; Suppl. 205; Dalm. Gr. § 48; zu he. אֲשֶׁר s. BLH 652b).

A: (jeweils für bestimmte Einzelformen) Kautzsch 51. 87; GB; KBL 1092; Bgstr. a. a. O.; BLA 265c; MG 209[5]; Bentzen Dan 18; Charles Dan 3; Fz. Delitzsch Ps II, 251 u. Qoh. 204; Driver EBr. 11, 363; SR. Driver Intr. 448; Eissf. Einl. 604; Hertzberg Qoh 171; Montg. Dan 133; Podechard Qoh 46; Rudolph Cant 123; Sellin Jon 245; Siegfried Qoh 19; Wildeboer Qoh 152; ZATU 228[3].

299. I שבח (pi.) preisen: vorexil.: Ps 63 4[1]; exil./nachexil.: Ps 117 1[2] 145 4[3] 147 12[4] Qoh 4 2 8 15, (hitp., refl.) Ps 106 47[5] I Chr 16 35.

300. Der. יִשְׁבַּח[6] n. m.: I Chr 4 17.

301. Der. שבח Lob: Sir 44 1.

302. Der. תשבחה Lob: Sir 51 12 (s. Smend Sir 503).

Anm.: 1) Gkl. 267. 2) Kraus 799; Gkl. ohne Zeitangabe. 3) Gkl. 610. 4) Gkl. 615. 5) Gkl. 464f. 6) Ableitung nicht völlig gesichert, s. Noth Namen 211.

Mhe. (qal, pi. hif.), שֶׁבַח »Lob«. Gegenüber den häufig und schon früh belegten Synn. II בָּרַךְ (z. B. Gen 24 27, J: Eissf. Hex. 39*), II הלל (u. a. Jdc 16 24) oder II ידה (cf. Gen 29 35, J: Eissf. Hex. 56*) nur selten auftretend, während der Stamm aram. in fast allen Dialekten vorkommt, s. KBL 1128 u. vgl. außerdem ja. שְׁבָחָא, sy. *šubḥā*, md. *šubaha* »Lob«, sy. md. *š^{e}bīḥ/ḥā* (pt. ps.) »gepriesen«, ja. cp. תֻּשְׁבַּחְתָּא, sy. *tešboḥtā* u. md. *tušbihta* (MdD 447) »Lobpreis«; > ar. *sabbaḥa* u. äth. *sabḥa* (Nöld. NB 36).

A: Kautzsch 87f.; BDB; GB; LS 750; Driver Congr. Vol. Copenh. 34; Duhm Ps 167; Gkl. 504; Kittel Ps 411; Podechard Qoh 46; Rothstein Chr 294.

[303.] שְׁבָט S^{e}bāt (Monatsname): Sach 1 7.

Mhe. Nab. palm. ja. u. sy. שְׁבָט, md. *šabaṭ* (MdD 439), Name des 11. Monats, nar. *ašbaṭ* »Februar« (Bgstr. Gl. 88); > ar. *š(u)bāṭ* (Bgstr. ebd.); < akk. *šabāṭu* »schlagen, klöppeln« > *Šabāṭu* (11. Monat). Zur Nominalform s. II § 2. Vermutlich wie אֲדָר über das Aram. in das He. gelangt, s. Nr. 4.

304. * שָׁבִיב Funke: Hi 18 5 Sir 8 10 45 19.

DSS (KQT 216). Ein aram. gut bezeugtes Wort, s. KBL 1128 u. Suppl. 207. Der. v. * שבב, ja^{b}. »brennen« = ar. *sabba* »schneiden«,:: Identifizierung mit ar. *šabba*, akk. *šabābu* »anzünden, brennen«, soq.

šbb (oder *šwb*) »aufwärmen, anfeuern« (LESLAU 410), s. MONTG. Dan 213 u. KBL a. a. O. Synn.: לַהַב, etwa 10×, u. a. Jdc 3 22, לֶהָבָה, etwa 20×, schon I Sam 17 7, u. נִיצוֹץ, nur Jes 1 31.

A: GB; LS 750; BUDDE Hi 93; DHORME Job 235; LESLAU a. a. O.; NÖLD. ZDMG 57, 1903, 417; SMEND Sir XLIV; TUR-SINAI Job 287.

304a. I שׁוּר Mauer: Gen 49 22 (im Jakobssegen)[1] II Sam 22 30 = Ps 18 30 (wohl vorexil.)[2]. Es fällt weg: Ps 92 12.

304b. Der. אֲבִישׁוּר (Zusammensetzung mit אָב »Vater«) n. m.: I Chr 2 28 f.

304c. Der. שׁוּרָה (f.) Stützmauer: Hi 24 11 cj. Jer 5 10.

Anm.: 1) Üblicherweise J zugeschrieben, s. NOTH UegPt. 18[54], nach EISSF. Hex. 103*: L. 2) Alter nicht genau bestimmbar, s. KRAUS 141f., nach GKL. 67 aus der letzten Zeit Judas.

Mhe. Im Unterschied zu den recht häufig und schon früh belegten Synn. גָּדֵר, חוֹמָה u. I קִיר kommt unser Stamm im He. nur vereinzelt vor, während das Aram. שׁוּרָא »Wall, Mauer« beinahe in allen Dialekten aufweist, s. KBL 1129, DISO 319 u. MdD 456f. (älteste Belege Zkr A 10, hier defektiv שר, u. 17; event. auch in aram. Text DJD III, 24, 8, Z. 2), > ar. *sūr* (Frae. 237f.). Im Aram. ist das Nomen im übrigen ebenfalls zur Bildung von nn. pr. verwendet worden, s. NOTH Namen 157; vgl. ferner asa. אבשור, RYCKM. 2, 23. Die frühe he. Belegung läßt altes Erbgut vermuten. — Die Zugehörigkeit von II שׁוּר n. l. ist fraglich.

A: NOTH Namen a. a. O.

304d. I שחר (qal) schwarz werden: Hi 30 30.

304e. Der. שְׁחוֹר Schwärze, Ruß (schwarze Kohle?)[1]: Thr 4 8.

304f. Der. שָׁחֹר schwarz: Lev 13 31. 37 (P, EISSF. Hex. 159*) Sach 6 2. 6 Cant 1 5 5 11.

304g. Der. * שַׁחֲרוּת[2] schwarze Haare (?): Qoh 11 10.

304h. Der. שְׁחַרְחֹר[3] schwärzlich: Cant 1 6.

Anm.: 1) GRADWOHL 51 u. 82f. 2) vermutlich eher zu anderem Stamm gehörig, s. DRIVER ZAW 50, 1932, 177 u. KBL 962. 3) zur Form s. BLH 483n u. BM § 39, 2.

Mhe. (hif.), mit Derr. wie שְׁחוֹר »Ruß«, שָׁחוֹר »schwarz« u. שְׁחַרְחָרוּת »Schwärze«; DJD III, 298 (Kupferrolle): תחת האבן השחורה, wahrscheinlich Basalt aus dem Hauran (ebd. 239f.), nach Jos. Ant. VIII § 187 zur Straßenpflasterung gebraucht. Ja. md. (af.) und bes. sy. (pe. pa. af.) verbal in derselben Bedeutung belegt, vgl. des weitern Derr. wie ja. שְׁחוּרָא »Schwärze«, ja. sy. שִׁיחוֹרָא, md. *šihura* (MdD 461) »ausgeglühte schwarze Kohle, Ruß« (Grdf. *šīḥār*: *ā* > *ō* durch Einfluß von *r*, Frae. 184f.), sy. *šāḥrā* »schwarz«, *šūḥārā* »Ruß, Kohle, Schwärze«; > vermutlich ar. *šaḥara* II »mit Ruß schwärzen« (Wehr 416, s. auch Frae. a. a. O. u. Gradwohl 52[19]; ar. *saḥara* »behexen, bezaubern«, *sāḥir* »Zauberer« u. *siḥr* »Zauber«, Lane IV, 1316f. u. Wehr 363, dürften :: Frae. BAss. 3, 1898, 64 wohl mit akk. *sāḫiru* »Zauberer« zusammenzustellen sein, s. Zimmern 67 u. GB 819). Zur Bedeutungsentwicklung »Ruß, Kohle > Schwärze« s. Gradwohl 51ff. u. Fohrer Hi 422[18]. Da der Stamm nur exil./nachexil. belegt ist, im Aram. aber gut beheimatet erscheint, kann ein A in Betracht gezogen werden. Gewisse Bedenken erregt freilich der Umstand, daß erstens nicht alle he. Derr. aram. Entsprechungen aufweisen und also vielleicht he. Bildungen sind, und zweitens ein so alltäglicher Begriff bloß das Thr 4 1 auftretende II עמם (hof.) »dunkel, schwarz werden« und in weiterm Sinn פֶּחָם »Kohlen« (vgl. mhe. פחם pi. »schwärzen«) zu Synn. hat (betr. חום »läufig« s. L. Köhler ThZ 5, 1949, 314f. u. KBL 282 :: GB 218 u. Gradwohl 50f.).

A: Gradwohl 52 u. 58.

שִׁיוָא s. Nr. 181.

305. שַׁלְהֶבֶת Flamme: Ez 21 3 Hi 15 30, cj. Cant 8 6.

Mhe., neben שַׁלְהֵב »(ver)brennen«; DSS שלה(ו)בת (KQT 220); cf. R. Meyer ZAW 70, 1958, 42). Der. v. *להב »flammen«, mit dem im He. sehr, im Aram. aber weniger seltenen Kausativpraefix *ša-* (BLH 486k; Ruž. 242; Dalm. Gr. 173, 6 u. Nyb. MO 14, 1920, 197f. 211; vgl. als Beispiel für altkan. (kaus.) Praefix *š-*: ug. *š*ʿ*tqt* n. f. »Krankheitsentfernerin«, GdUM § 8. 45; BM § 40, 6). Im Aram. ist das Nomen gut vertreten, cf. ja. (neben שַׁלְהֵ/הוֹבָא, ja[b]. שלהיבתא, Rossel 151) u. cp. שַׁלְהָ/הוֹבִיתָא, sy. *šalhebītā* u. md. *šalhab(i)ata* (MdD 442) »Flamme«, ferner verbal שַׁלְהֵב »verbrennen, anzünden«; im übrigen ist der Stamm auch in äth. *šalbaba* »angezündet sein« (Leslau 53) belegt. Synn. s. unter Nr. 304.

A: GB; Bertholet Ez 110; Cheyne JaS. 294; SR. Driver Intr. 448; Herrmann Ez 128; Nöld. ZDMG 57, 1903, 417; Tur-Sinai Job 258.

306. שלט (qal) Macht gewinnen, haben: Qoh 2 19 8 9 Esth 9 1 Neh 5 15, (hif., kaus. u. ä.) Ps 119 133 (nachexil., Gkl. 516) Qoh 5 18 6 2.

307. Der. שִׁלְטוֹן der Macht hat: Qoh 8 4. 8 Sir 4 7.

308. Der. שַׁלֶּטֶת mächtig: Ez 16 30.

309. Der. שַׁלִּיט Machthaber: Qoh 7 19 8 8 10 5.

Mhe. Nr. 306. 307 u. 309, letzteres auch 4QPB 1. Für einen A spricht die späte und relativ seltene, auch hauptsächlich auf Qoh beschränkte Belegung des Stammes, für welchen im He. I מלך (z. B. Jdc 9 8) u. II משל (z. B. Jdc 8 22f.) als häufige und schon in alter Zeit verwendete Synn. dienen. Indessen mag der Stamm bereits althe. bekannt gewesen sein. Dies wird nahegelegt durch schon früh bezeugtes שַׁלִּיט Gen 42 6 (E, EISSF. Hex. 86*), das gut zu ug. *šljṭ* paßt, einer ungewöhnlichen Form mit »Pleneschreibung«, wie sie vereinzelt auch bei א vorkommt, s. DUSSAUD, Découvertes 69; GdUM § 4. 5 (anders ALBR. BASOR 83, 1941, 40[6] u. RI 104, der *j* konsonantisch auffaßt und *šalyaṭ* liest, gedeutet als Drachenname und erklärt als Kombination der Wurzeln *šlṭ* u. *šjṭ*, vgl. Jes 28 15 (K); ebenso DAHOOD Bibl. 33, 1952, 205 u. Or. 26, 1957, 66; nach AISTL. Wb. Nr. 2612 handelt es sich ev. um einen »pl. fr. in sensu abstr. (?)«). In der Folge scheint der Stamm im He. dann von Synn. abgelöst worden und erst unter aram. Einfluß zu neuer Geltung gekommen zu sein. Das nur he. belegte Der. Nr. 308 als f.-Form v. Nr. 309 (BLH 479o) läßt u. U. sogar an eine selbständige he. Bildung denken. Eine sehr große Verbreitung hat der Stamm im Aram. gefunden, s. KBL 1131, Suppl. 207 u. DISO 302f., das ihn auch dem Ar. in *sulṭān* »(Voll-)Macht« > Obrigkeit > Machthaber, Herrscher« (> wohl denom. *saliṭa* »Macht haben«) und dem Äth. in *š/selṭān* »Gewalt« (> denom. *sallaṭa* »Gewalt haben«; s. NÖLD. NB 39[3]; EIL. 22[2]) übermittelt hat. Interessant ist dabei die Beobachtung, daß das Sy. die Form *sulṭānā* (LS 476) aus dem Ar. zurückentlehnt hat, offenbar zusammen mit der Bedeutung »Machthaber«, die freilich gelegentlich schon bei ältern sy. Schriftstellern in Verbindung mit *šulṭānā* auftritt. Im Unterschied dazu kennt das Ba. Sam. (BARTH Nom. § 194c) u. Ja. die Form * שִׁלְטוֹן (KBL a. a. O.), um die Person der Herrschers zu bezeichnen (im Nab. in der Bedeutung »Kommando«), was dann auch vom He. übernommen worden ist. Wohl irrtümlich rechnet BLA 10t hierbei mit einem Kanaanismus (s. NÖLD. a. a. O.; zur aram. Endung *-ōn* s. II § 8; statt einer Grdf. **šulṭān*, KBL a. a. O., vermutet CANT. I, 48 *šilṭūn*).

A: KAUTZSCH 88f.; GB; KBL; LS 781; BLH 27r; FZ. DELITZSCH Qoh 205; DRIVER Congr. Vol. Copenh. 34; SR. DRIVER Intr. 475; HERTZBERG Qoh 28[3]; GK § 2v; NÖLD. a. a. O.; PODECHARD Qoh 46; POWELL 34; WILSON PThR 23, 1925, 256.

310. שלם (hif.) völlig preisgeben: Jes 38 12f. (s. Nr. 292 Anm. 3).

Fehlt mhe. Obwohl der Stamm he. häufig und auch im hif. in der Bedeutung »zur Vollendung, zum Frieden bringen« gut belegt ist, muß an unsrer Stelle auf einen A erkannt werden, da genaue Übereinstimmung mit aram. af. »ausliefern« besteht, s. KBL 1131 u. DISO 303; zum Palm. vgl. außerdem ROSENTH. Spr. 62[1]. 63[4]. Synn.: I מגן, 3×, schon Hos 11 8, u. I סגר, häufig, z. B. Dtn 32 30.

A: KBL; BEGRICH 31; PROCKSCH Jes 465.

311. cj* שֶׁלֶף Schwertklinge: Hi 20 25 (pr. שָׁלַף)[1].

Anm.: 1) HÖLSCHER Hi 51; indes nicht allgemein akzeptiert, sondern meist mit G שֶׁלַח »Geschoß« gelesen, s. BUDDE Hi 118; DHORME Job 275; FOHRER Hi 326; TUR-SINAI Job 319.

Fehlt mhe. Der v. SEM שלף »herausziehen« (auch he., u. a. schon Jdc 3 22); vgl. damit sy. *šelāfā* (neben *še/ulfā*) »Schwertklinge« u. s. ferner Nr. 51d.

A: KBL; HÖLSCHER a. a. O.

312. שעה Stunde: Sir 37 14.

Mhe. Das Wort, dessen Etymologie noch dunkel ist, leitet sich wohl von aram. שָׁעָה her, s. KBL 1133f. u. Suppl. 208; > ar. *sāʿat* u. äth. *saḏata* (NÖLD. NB 44).

A: SMEND Sir XLIV.

313. שעה (hitp.)[1] sich unterhalten (בְּ mit etwas): Sir 44 8.

314. Der. שעיה[2] Gespräch: Sir 38 25.

Anm.: 1) להשתעות neben השעות (Rand), s. SMEND Fragm. Sir. 17, im Text השתענות hištafʿal v. I ענה; zu ersterem paßt das בְּ vor dem (allerdings erst cj.) תהלתם, s. I. LEVY, Hebrew Text 85 u. SMEND Sir 419. 2) oder שעית, s. SMEND Sir 419.

Fehlt mhe. Aram. aber wohlbekannt: ja. שעא (itpa.) »erzählen«, sy. (pa.) »spielen«, md. *šaa* (etpa.) »reden« (MdD 438), weiterhin u. a. sy. *šeʿjā* »Schmerz«, *šoʿītā* »Erzählung« u. md. *šuta* »Rede«. Häufige Synn.: נגד (hif.), schon Gen 3 11 (J, NOTH UegPt. 28), u. II. ספר (pi.) bzw. I מִסְפָּר, z. B. Gen 24 66 (E, EISSF. Hex. 42*), Jdc 7 15.

A: SMEND Sir XLIV.

315. שַׁעַף n. m.: I Chr 2 47. 49.

Fehlt mhe. Geht offenbar zurück auf ja. שַׁעֲפָא »Balsam«. Syn.: בֹּשֶׂם, etwa 30×, schon Jes 3 24.

A: KBL; NOTH Namen 223.

316. I שׁפר (qal) schön sein, gefallen: Ps 16 6 (wohl nachexil.)[1].

Anm.: 1) s. Gkl. 52; Kraus 119f. verzichtet auf zeitl. Ansetzung.

Mhe. (qal) »glatt sein, gefallen«. Ein allfälliger pi.-Beleg (s. Hölscher Hi 62) u. Derr. kommen als A nicht in Betracht. Indessen entspricht das qal genau aram. pe. »gefallen, belieben« (Belege s. KBL 1134), dem aram. Äquivalent für he. häufiges u. z. B. schon Jdc 13 23 bezeugtes I חפץ.

A: Begrich 68; Duhm Ps 45; Gkl. 53; Nyb. StHos. 122; vgl. auch Driver Congr. Vol. Copenh. 31.

[317.] שַׁרְבִיט Stab, Zepter: Esth 4 11 5 2 8 4.

Mhe., neben שֵׁבֶט, dazu denom. שִׁרְבֵּט »geißeln (?)«. Der. v. * שׁבט dessen normale und häufig belegte Form im He. שֵׁבֶט und im Aram.* שְׁבַט oder *שְׁבֵט ist, s. KBL 1128, Suppl. 207 u. MdD 459 (*šibṭa*; vgl. auch שאוטא: MG Nachdruck 495 u. MdD 440); < akk. *šabbiṭu* »Stock, Zepter«, Der. v. *šabāṭu* »schlagen« (Zimmern 8). In ja. שַׁרְבִיטָא > denom. שַׁרְבֵּט »steif machen« und ebenso in unsrer he. Vokabel ist indes die Gemination durch Insertion eines *r* aufgelöst worden (s. Nr. 70). Vgl. auch kopt. *šarbōt* neben *š(e)bot* »Stock« (GB 863).

A: Gesen. HWb. 1810, 1184; GB.; SR. Driver Intr. 484; GK § 85w; Haller Esth 126; Nöld. ZDMG 57, 1903, 417f.; Siegfried Esth 140; Wildeboer Esth 187.

318. שׁרה (qal) loslassen (Donner): Hi 37 3. — Es fallen weg: Jer 15 11 u. I Sam 5 9.

Mhe. (qal) u. a. »(auf)lösen«. Da * מִשְׁרָה »Flüssigkeit« mit GB 863 :: KBL 1011 besser von einer Wurzel II* שׁרה = aram. תרא »wässern« = ar. *ṯrj* »feucht sein« abgeleitet wird und auch שִׁרְיָה »Pfeilspitze (= ar. *sirwat* »Pfeil«) nicht ganz sicher zu diesem Stamm gehört, bleibt unsre Verbalform der einzige zuverlässige he. Beleg für eine Wurzel, die aram. reich vertreten ist, s. KBL 1134, Suppl. 208 u. DISO 319f. Zwar zeigen akk. *šurrū* »anfangen«, äth. *saraja* »(Sünde) vergeben« u. nach GdUM Nr. 1888 u. Aistl. Wb. Nr. 2685 ug. *šrh* »aufblitzen (lassen), (Blitze) loslassen, schleudern«, vgl. auch Driver CML 148 *šr* »aufleuchten« (Identität der Wurzeln aber nicht voll gesichert), daß sie außerhalb des aram. Bereiches ebenfalls beheimatet war, doch schließt das für unser spätbelegtes hap. leg. einen A keineswegs aus. — Eine ganz andere Erklärung gibt freilich Wernberg VT 8, 1958, 308, indem er eine he. Wurzel שׁרה »vervielfachen« zugrunde legt.

A: Kautzsch 90; GB; LS 803; Budde Hi 235; Driver Congr. Vol. Copenh. 34; Haller Esth 126; Nöld. ZDMG 57, 1903, 417f.; Siegfried Esth 140; Wildeboer Esth 187.

319. שתק (qal) zur Ruhe kommen: Jon 1 11 Ps 107 30 (nachexil., GKL. 470f.) Prov 26 20.

Mhe. (qal, pi.) »schweigen«, Derr. שְׁתִיקָה u. שְׁתִיקוּת »Schweigen«. Ein aram. lebendiger Stamm: Sef. I Ba 8, Uruk 2. 7, äga. (DISO 322), ja. cp. sam. sy. u. md. שתק, daneben infolge partieller Assim. sam. (KAHLE Bem. 37), cp. u. md. (MdD 450) auch שדק (pe. u. z. T. pa.) »schweigen«, mit Derr. wie ja. שְׁתִיקוּתָא, sy. *še/utqā*, md. *šida* »Schweigen«. Damit verwandt ist im übrigen der gut he. Stamm שקט »Ruhe haben, schaffen«, häufig u. schon Jdc 18 7 belegt; an Synn. vgl. ferner II דמה, etwa 15×, schon Jes 6 5, u. רגע, etwa 10×, u. a. Jer 31 2.

A: GB; KBL; LS 812; SR. DRIVER Intr. 322; NÖLD. ZDMG 57, 1903, 417.

[320.] תגר Kaufmann: Sir 42 5, vgl. 37 11.

Mhe. תַּגָּר. Palm. (DISO 324), ja. *cp. sy. u. im manichäischen Schrifttum (WIDGR. Mch. 88f.) תַּגָּרָא, md. תאנגארא »Kaufmann«, palm. *tgrt'* (DISO a. a. O.), ja. תַּגָּרָא u. תַּגָּרוּתָא, sy. *tēgurtā* (s. VG I 296r), md. תאנגארותא »Handel« (die Form *t'gwrt'* spiegelt sich nach WIDGR. op. cit. 87 auch im Kopt.), denom. ja. cp. u. sy. תגר md. תנגר (MdD 488 u. WIDGR. op. cit. 91. 92[3]; i/etpa.) »Handel treiben«; < akk. *tamk/garu* »Händler« (ZIMMERN 16; SALONEN NBab. 23; LEEMANS passim) > sum. *dam-gar* (FDR. DELITZSCH, Sum. Gl. 296; WIDGR. op. cit. 92; SALONEN op. cit. 23[1]; FALKENSTEIN, Genava NS 8, 1960, 312; weitere Lit. zur Etymologie s. LEEMANS 4[24]); > ar. *tāǧir* (pt. eines Denom. *taǧara*) u. armen. *t'angar* (ZIMMERN a. a. O.).

A: SMEND Sir XLIV.

321. * תִּגְרָה Erregung: Ps 39 11 (wohl nachexil.)[1].

Anm.: 1) s. GKL. 166; nach KRAUS 300 zeitl. unbestb.; textl. unsicher.

Mhe. תִּגָּר »Streit«. Der. der etymolog. noch nicht ganz durchschaubaren Wurzel גרה he. (pi. hitp.) »sich erregen, in Streit einlassen«, äga. ja. u. sy. (pa. i/etpa.) »reizen, (an)treiben, schleudern, sich erregen«, zu welcher neben akk. *garû* »angreifen« wohl auch ar. *garā[j]* »fließen, laufen« gehört (s. KOPF VT 9, 1959, 251f.). Vielleicht geht das he. Nomen auf ja. (neben תִּגְרְתָא), sam. u. md. תִּגְרָא, sy. *tegrā* »Steit« zurück, wobei die Übersetzung »indem deine Hand gegen mich fährt« (vgl. Tg. תגרת ידך »mit Schlag deiner Hand«) nicht unmöglich ist (s. KOPF a. a. O.).

A: GB; GKL. u. KRAUS a. a. O.

322. תֹּךְ Bedrückung: vorexil.: Ps 72 14[1] (תוֹךְ) Prov 28 13, cj. Jer 9 5 (תוֹךְ); exil./nachexil.: Ps 10 7[2] 55 12[3] cj. 90 11[4].

Anm.: 1) GKL. 308. 2) GKL. 32ff. 3) KRAUS 403; GKL. 239 ohne Zeitangabe. 4) KRAUS 629; nach GKL. 399 älter.

Fehlt mhe. Der. v. * תכך, ja. (neben תוך, JASTR. II 1652) u. sy. »bedrücken«. Da aber auch ar. *takka* »mit Füßen treten« (von SCHULTH. HW 87 freilich als ar. Wurzel bezweifelt) u. vor allem phön. תכך »bedrücken« (HARRIS 155) bei schon vorexil. he. Belegung vorkommen, scheint ein A trotz ja. sy. תּוּכָּא u. md. *tukia* (pl., s. MdD 483) u. a. »Bedrückung« etwas fraglich zu sein. Zur pl.-Form תְּכָכִים s. II § 16, 4e. Synn.: עֶצֶר, nur Jdc 18 7; עֲשׁוּקִים 3×, schon Am 3 9, u. עֹשֶׁק, etwa 15×, u. a. Jer 6 6.

A: LS 822; SCHULTH. a. a. O.; weniger bestimmt NÖLD. ZDMG 57, 1903, 417.

[323.] תְּכֵלֶת violette Purpurwolle: P 39× (Ex 33× u. Nu 6×) Jer 10 9 (sekd.)[1] Ez 23 6 27 7 u. (sekd.)[2] 24 Esth 1 6 8 15 II Chr 2 6. 13 3 14 Sir 6 30 45 10.

Anm.: 1) RUDOLPH Jer 61f. 2) s. ZIMMERLI Ez 661.

Mhe. u. 1QM 7 10. Ältester Beleg Ez 23 6. Die Ware wurde sowohl in Palästina als auch in Assyrien/Babylonien offenbar aus gemeinsamer Quelle (Phönizien, vorab Tyrus u. Sidon) eingeführt, s. BRL 153, HÖNIG 128f., GRADWOHL 67f. u. vgl. Nr. 27. Hierbei ist der akk. Name *takiltu*, wie der Schwund von *a* in der Silbe vor dem Ton zeigt (BLH 234p[2]), dem He. wahrscheinlich durch das Aram. vermittelt worden, cf. ja. תְּכֵי/כֶלְתָּא, תִּכְלָא, cp. תכלא u. sy. *tekl^{e}tā* »purpurblaue(r) Farbe, Wolle, Stoff«. ZIMMERN KAT 649 u. BIRKEL. 11 denken freilich an direkte Übernahme aus dem Akk., vgl. dazu Nr. 162f. (Zu E. BEN YEHONDA, der das Nomen von der Wurzel *kḥl*, s. Nr. 127, ableiten will, s. GRADWOHL 66[9]).

A: BLH a. a. O.; VG I, 101 Anm. 1.

324. תַּכְרִיךְ Umwurf, Mantel: Esth 8 15.

Mhe. »Bündel, Sterbekleid«. Das ganz vereinzelte und späte Vorkommen des he. sonst unbelegten, mhe. u. bes. ja. cp. sam. (RUŽ. 11) sy. u. md. aber sehr lebendigen Stammes * כרך »umwickeln, umbinden, ummauern« u. ä., mit Derr. wie ja. כְּרִיכָא »Rolle, Hülle«, תַּכְרִיכָה »Gewand, Sterbekleid«, sy. *k^{e}rīk* »umwallt« (weitere Beispiele ähnlicher Bedeutung s. DISO 127), läßt an einen A denken, um so mehr, als die Nominalform *taqtīl* he. nur sehr selten und spät (BLH 496w; BM § 40, 7d), aram. indessen öfters begegnet (NÖLD. MG 133; SG § 127; DALM. Gr. 172; sie ist freilich auch akk., v. SODEN Gr. § 56 la, ferner ar. als inf.-Form des II. Stammes, s. BRO. AG § 53b, bekannt). Offenbar aus dissimilatorischen Gründen weist das Nomen trotz der geschlossenen drucklosen 1. Silbe *a* statt *i* auf (VG I, 78, 3; BM § 27, 3). Vielleicht besteht im übrigen ein Zusammenhang mit akk. *karāku* »herumgehen, wiedertun« (OPPENHEIMER Or. 11, 1942, 124ff.). Synn.: אַדֶּרֶת, etwa 10×, schon I Reg 19 13, I שַׂלְמָה, etwa 15×, u. a. Jos 9 5, שִׂמְלָה, etwa 30×, u. a. Jos 7 6.

A: SR. DRIVER Intr. 484; SIEGFRIED Esth 140; vgl. auch BLH 496w und BM § 40, 7d.

325. תֶּלַח[1] n. m.: I Chr 7 25.

Anm.: 1) textl. unsicher; so u. a. DHORME Bible I, 1283, GALLING Chr (ATD) 33 u. ROTHSTEIN Chr 146 :: שׁוּתֶלַח, s. z. B. NOTH Namen 260 u. RUDOLPH Chr 72.

Fehlt mhe. Das Wort ist vielleicht aus ja. sy. תלח, nar. *clḥ* (BGSTR. Gl. 18) »spalten« zu erklären und wäre dann ein Gegenstück zu he. II פֶּרֶץ n. m., Gen 38 29 (J, NOTH UegPt. 31) u. ö.

A: vgl. KBL.

[326.] תַּלְמִיד Schüler: I Chr 25 8.

Mhe. Der. v. למד »lernen«. Im Aram. gut belegt: ja. u. sy. תַּלְמִידָא, md. תארמידא (*l* > *r*, s. MG § 54) »Schüler« (cp. u. sy. auch f. תַּלְמִידְתָּא) > ar. *talmīd* (GdUM Nr. 1130) u. *tilmīḏ* »Schmiedegehilfe«, später »Schüler« (*ḏ* soll wohl die aspirierte Aussprache des aram. ד ausdrücken, FRAE. 254), < akk. *talmīdu* (ZIMMERN 29; v. SODEN Gr. § 56a); vgl. auch ug. *lmd* »Lehrling« (GdUM a. a. O.). Zur Nominalform *taqtīl* s. Nr. 324. Syn.: לִמֻּד/לִמּוּד, etwa 3×, u. a. Jes 50 4.

A: vgl. BLH 496w; BM § 40, 7d; SR. DRIVER Intr. 539; ZIMMERN a. a. O. 327.

327. תנה (qal; Bedeutung?): Hos 8 10 Ps 8 2[1] (unbestb.)[2], (pi. »besingen«?) Jdc 5 11[3] 11 40 cj. Ex 32 18 (J)[4], (hif.) Hos 8 9.

Anm.: 1) l. תְּנָּה pr. תְּנָה, s. Suppl. 193; MOW. Fschr. Pedersen 261: אֲתַנֶּה; ähnlich DRIVER Bibl. 26, 1945, 352. 2) KRAUS 67; nach GKL. 9f. vorexil. 3) im Deboralied, s. EISSF. Einl. 117ff. 4) EISSF. Hex. 154*.

Fehlt mhe. Ein A kann vorliegen, wenn ein Zusammenhang mit he. שנה »wiederholen« besteht, da es sich dann um die aram. Lautform desselben Stammes handelt, vgl. ja. cp. u. sy. תנא u. a. »sagen, melden, erzählen, rezitieren«, dem andererseits ar. *tanā*ʾ »preisen, rühmen« entspricht (vgl. GdUM § 5. 13). Jedoch ist über Vermutungen nicht hinauszukommen, da Bedeutung und Text der Belegstellen z. T. unsicher sind.

A: BURNEY Jdc 129 u. 172f.; DRIVER Congr. Vol. Copenh. 27; NOWACK Jdc 47f.; vgl. auch TOURNAY RB 66, 1959, 112.

328. תקן (qal) (gerade) richten: Qoh 1 15[1], (pi.) Qoh 7 13 12 9 Sir 47 9.

Anm.: 1) wahrscheinlich ist aber (:: HERTZBERG Qoh 78 u. a. m.) nif. zu lesen, s. KBL 1039; DRIVER VT 4, 1954, 225 schlägt das von diesem Verbum sonst nicht belegte pu. vor.

Mhe. (pi. hif.) »anordnen, ausbessern«, mit Derr. Die normale, etwa 15× u. u. a. I Sam 2 3 belegte he. Form ist תכן, die auch Derr. gebildet hat und mit akk. *taknu* »sorgfältig bereitet« zusammenfällt. Demgegenüber kennt das Aram., mit Ausnahme des Ja., wo ebenfalls תכן vorkommt, nur תקן, s. KBL 1137f. u. DISO 333, was wiederum mit akk. *taqānu* »in Ordnung kommen« und ar. *'atqana* »festmachen« übereinstimmt.

A: KAUTZSCH 91f.; GESEN. HWb. 1810, 1224; KBL a. a. O.; Suppl. 194; BARTH WU 52f.; Fz. DELITZSCH Qoh 206; SR. DRIVER Intr. 475; PODECHARD Qoh 46; SMEND Sir XLIV.

329. תקף (qal) überwältigen: Hi 14 20 15 24 Qoh 4 12[1] 6 10[1].

330. Der. תַּקִּיף stark: Qoh 6 10 (Q), cj. 4 12[1].

331. Der. תֹּקֶף Kraft, Gewalt: Esth 9 29 10 2 Dan 11 17.

Anm.: 1) textl. unsicher, s. GALLING Qoh 66. 72; KBL 1039f.

Mhe. (qal) »sich bemächtigen«, תּוֹקֶף »Macht«. Den paar wenigen und späten he. Belegen steht aram. ein vielgebrauchter Stamm mit Derr. wie *תַּקִּיף u. *תְּקֹף gegenüber, s. KBL 1138, Suppl. 208, DISO 333 u. MdD 490; > ar. *ṯaqafa* »(mit Anstrengung) erreichen« (NÖLD. ZDMG 47, 1893, 102). Letzteres wie auch asa. תֿקף »erlangen« (CONTI 261) ließen im He. eigentlich * שׂקף erwarten (vgl. GdUM § 5. 13) und erweisen den he. Stamm daher auch lautlich als A; Lww. zeigen eben oftmals ältere Lautverhältnisse. Nr. 331 wurde durch Segolierung hebraisiert. Vgl. im übrigen noch soq. *'etqef* »redresser« (LESLAU 445). Synn. u. a.: חזק, schon I Sam 17 50, II ענה, schon Jdc 16 5f., u. נכה, z. B. Ez 33 21, alle vielfach bezeugt; s. auch Nr. 11f.

A: KAUTZSCH 92; BDB; KÖNIG Wb.; GB; LS 833; BLH 27r; BUDDE Hi 75; CHARLES Dan 270; Fz. DELITZSCH Qoh 206; DHORME Job 199; DILLMANN Hi 135; DRIVER Congr. Vol. Copenh. 34; SR. DRIVER Intr. 475; DUHM Hi 79; EB 1, 595; FOHRER Hi 239; HERTZBERG Qoh 28[3]; GK § 2v; LAG. Ue. 34; MdD a. a. O.; NÖLD. ZDMG 47, 1893, 102; PETERS Hi 163; PODECHARD Qoh 46; SIEGFRIED Qoh 20; WILSON PThR 23, 1925, 256.

cj.* תַּרְעִית s. Nr. 287.

[332.] תִּרְשָׁתָא Statthalter: Esr 2 63 Neh 7 65. 69 8 9 10 2 12 26.

Fehlt mhe. Pers. Beamtentitel (GALLING, Rudolph-Fschr. 74: »Exzellenz«, s. ferner RUDOLPH Esr 20; ALT, Kl. Schr. II 333[2]), vgl. ape. *trsatiy* »er fürchtet sich« (HINZ 130), av. *taršta* »der Ehrfurcht Gebietende« (KBL 1042). Obwohl aram. Belege unbekannt sind, ist analog den übrigen letztlich pers. Lww. im He. aram. Vermittlung anzunehmen, s. III § 6, 6c. Zum Endungs-א s. II § 10.

תשבחה s. Nr. 302.

[333.] תשניק Atemnot: Sir 34 20.

Mhe., neben תַּשְׁנוּק »Erstickung«. Der. v.* שנק, ja. sy. u. md. (neben סנק) »quälen« (״ש = šaf.; ״ס = saf. v. אנק?, s. MG 46[4]), vgl. ferner sy. *tašnīqā* »Folter, Qual« u. md. תאסניקא »Peinigung«, < akk. *tašnīqu* (ZIMMERN 49). Für aram. Vermittlung spricht auch die Nominalform *taqtīl*, s. Nr. 324.

A: SMEND Sir XLIV. 280.

KAP. 2. GRAMMATIKALISCHE ARAMAISMEN

A. Schriftlehre[1]

§ 1. *Scriptio plena.* Zur gelegentlichen »Pleneschreibung« im Ug. s. GdUM § 4. 5 und die Ausführungen zu Nr. 306—309. Wann im Althe. matres lectionis eingeführt wurden, steht nicht fest (EHO 56ff. wird mit Mitte 9. Jh. v. Chr. gerechnet), sicher aber hat schon das Althe. die sog. lineare Vokalisation gekannt. Vorbild mag dabei das Aram. gewesen sein (s. EHO a. a. O.), wie auch bei der weitern Ausgestaltung aram. Einfluß mitbestimmend gewesen sein wird, vgl. Formen wie וְהֲבֵיאתִי Num 14 31 (P, EISSF. Hex. 172*), הֲבֵיאתָ Jes 43 23 u. הַכֵּינִי I Reg 20 35. 37. Im übrigen läßt das ausgebildete System von Vokalbuchstaben in DSS Ähnliches auch für das jüngere atl. Schrifttum vermuten, wobei dann mit BM § 9, 4 angenommen werden muß, daß späterhin diese »Lesemütter« teilweise wieder entfernt worden sind, deren Fehlen also eine fortgeschrittenere Entwicklung des Textzustandes reflektiert. S. zu dieser ganzen Frage BLH 92ff.; R. MEYER WZsL. 3, 1953/4, 85ff. u. VT 3, 1953, 233; DALM. Gr. 70ff.; EHO u. a. 45ff.; DAHOOD Bibl. 33, 1952, 35; FRIEDR. Or. 26, 1957, 37ff.; Gelb 166f.; MORAG 9f.; FREEDMANN, Textus 2, 1962, 87ff. u. ZATU 227.

---

[1] Betr. *Schwa*, das schon PRAETORIUS auf sy. *Marhᵉṭānā* und *Mᵉhaggᵉjānā* zurückgeführt hat (vgl. KAHLE in BLH 107ff.), s. die Einwendungen NÖLD.'s ebd. »Nachträge und Berichtigungen« XII. — Zur Frage der Quadratschrift s. oben I § 2.

B. Lautlehre

§ 2. *Qᵉtāl* (s. BLH 470 l). **Qatāl* > he. *qāṭōl* (BLH 234 o. 192 j. 469 e; BM § 37, 1), aram. aber *qᵉtāl* (BLA 66 l. 28 r. 187 cd), womit einzelne aramaisierende Formen mit Murmelvokal und erhaltenem *ā* (vgl. unten § 8) übereinstimmen. Freilich kann sich hinter solchem *qᵉtāl* auch urspr. **qitāl* u. **qutāl* verbergen (BLH 234 q. 473 e. 235 w. 474 l), deren Entwicklung zu *qᵉtāl* nicht auf Aramaisierung beruht. Letzteres trifft indessen wohl für folgende Beispiele zu:

אֲמָם n. l. Jos 15 26 (vgl. G: Αμαμ); אֲרָב n. l. Jos 15 32 (Borée 21. Ortsnamen sind bes. oft von derartiger Aramaisierung betroffen worden, wie die Umschrift von G, die hierbei vielfach gute Dienste leistet, nachweist, s. Borée 8 f. 32; zum allgemeinen Problem aramaisierter Ortsnamen im atl. He. s. Albr. AJSL 44, 1927/8, 33[1]); מְצָד schwer zugänglicher Ort, etwa 10 ×, u. a. schon I Sam 23 14 (vgl. ja. מְצָדְתָּא »Festung«; s. BLH 491 h u. Suppl. 218); wohl auch עֲנָק Halskette, 3 ×, schon Jdc 8 26 (mhe., vgl. ja. עֲ/עִנְקָא, dass.; s. Kautzsch 109; Barth Nom. § 61 c Anm. 1 u. Lag. Ue. 175); שְׁאָר Rest, etwa 25 ×, Lieblingswort des Jes (mhe., ja. שְׁאָרָא u. שְׁיָרָא, s. VG I, 53 k; Barth a. a. O. u. unten § 7). Gleicher Form sind die A Nr. 4 77 120 f. 141 175 204 a 208 224 268 270 297 u. 303.

§ 3. *Qᵉtīl* (s. BLH 471 s). **Qatīl* > he. *qāṭīl* (BLH 234 o. 470 mn; BM §§ 23, 1 b u. 37, 4), aram. indes *qᵉtīl* (BLA 66 l. 188 h). Weil im He. jedoch auch urspr. **qitīl* regulär zu *qᵉtīl* werden kann (BLH 234 q. 471 s), ist nicht in allen Fällen sicher auszumachen, ob wirklich aram. Einfluß in Rechnung zu stellen ist. Vgl.:

אֱלִיל Götze, etwa 20 ×, schon Jes 2 8 (mhe., ja. אֱלִילָא, dass., sy. *'alīlā* »elend«); חֲזִיר Wildschwein, 7 ×, u. a. Dtn 14 8 (mhe., pehl. Frah. 7, 4, ja. cp. u. sy. חֲזִירָא, md. היזורא u. f. היזו/ירתיא, MdD 142, ja. cp. palm., LS 225, חוּזִירָא, sy. auch *ḥazūrā*; zum Wechsel *u/i* s. Baumg. Eissf. Fschr. II, 26; aus SEM Bereich vgl. ferner akk. *ḫuzīru*, ug. *ḫzr* neben *ḫnzr*, ar. *ḫinzīr* u. äth. *ḫanzīr*, Frae. 110 f.); I כְּסִיל töricht, frech, häufig belegt, u. a. schon Prov 26 4 (mhe., ja. כְּסִילָא); I נְצִיב Säule, etwa 10 ×, schon Gen 19 26 (J, Eissf. Hex. 31*; mhe. »Bürger, Posten«, nab. נציבי »Säulen«, ja. נְצִיבָא »Setzling, Pflanzung«; s. VG I, 357[1]); צְרִיחַ Keller, 3 ×, u. a. Jdc 9 46 (nab. ja. צְרִיחָא »Saal«). Vgl. auch die A Nr. 162 f. u. 220 (unsicher).

§ 4. *Qᵉtūl* (s. BLH 473 ac). **Qatūl* > he. *qāṭūl* (BLH 234 o. 471 u; BM §§ 23, 1 c u. 37, 5), aram. jedoch *qᵉtūl* (BLA 66 l. 189 m); da he. aber auch urspr. *qutūl* bzw. *qitūl* zu *qᵉtūl* werden kann (BLH 235 x. 473 a), ohne daß dies mit einer Aramaisierung im Zusammenhang stünde, ist man hier ebenfalls zuweilen auf bloße Vermutungen angewiesen. Vgl. als Beispiele:

גְּבוּל Grenze, Gebiet, sehr häufig, u. a. schon Gen 10 19 (J, EISSF. Hex. 16*; mhe.); גְּמוּל Wohltat, Vergeltung, etwa 20×, schon Jdc 9 16 (mhe., ja. גְּמוּלְתָא); II זְבֻל n. m., 6× Jdc 9 (vgl. ug. *zbl*, bei dem zu unterscheiden ist zwischen a) **zubūlu* mit der Grdb. »etwas Aufgehobenes, das Erhabene, Estrade, erhabene Wohnung« = he. I זְבֻל »erhabene Wohnung«, mhe. »Wohnung, Tempel« — vgl. auch Βεελζεβούλ Mt 12 24 u. ö., s. KITTEL ThWb. I, 605f.; und b) **zabūlu* »der Erhobene, Erhabene, Fürst«, womit das he. n. m. wohl in Beziehung zu setzen ist; s. ALBR. JPOS 16, 1936, 17ff.; DRIVER CML 149; GdUM Nr. 549; AISTL. Wb. Nr. 878; WIDGR. SKgt. 88[8] u. DAVID VT I, 1951, 59f.); יְבוּל Ertrag, etwa 10×, u. a. Jdc 6 4 (mhe., ja. יְבוּלָא); I כְּרוּב Cherub, häufig, schon I Sam 4 7 (mhe., ja. *cp. כְּרוּבָא u. sy. *k^{e}rōbā*).

§ 5. Bei Nomina mit *anlautendem' und urspr. ĭ > ĕ* in offener Silbe unmittelbar vor der Hauptdrucksilbe zeigt das He. statt gefärbtem Murmelvokal meist — analog dem Sy. (SG § 34) u. z. T. dem Ja. (DALM. Gr. 93e) — Dehnung des 1. Vokals zu *ē*. Mit VG I, 102δ; BLH 234q; BM § 37, 2 u. a. m. darf man hierin eine aramaisierende Tendenz der Punktatoren sehen (:: BGSTR. Gr. I § 28m, der lediglich eine graphische Differenz annimmt). Die bab. Überlieferung setzt kurze Vollvokale, BLA 66n). Vgl.:

אֵבוּס Krippe, 3×, schon Jes 1 3 (cf. akk. *abūsu* »Magazin, Pferdebox«, v. SODEN AHw. 9; s. ferner ALBR. VTS 3, 1955, 11[3]); אֵז(וֹ)ב Ysop, etwa 10×, u. a. Ex 12 22 (J, NOTH UegPt. 32; mhe., ja. אֵזוֹבָא, sam. M^{28} *'izzob*); אֵזוֹר Hüftschurz, etwa 10×, u. a. II Reg 1 8 (mhe. auch »Gürtel«, ja. אֵזוֹרָא, ar. *'izār*; s. BLH 473i); * אֵמֻן Treue, Dtn 32 20 (vgl. he. u. mhe. אֱמוּנָה u. s. KBL 62 u. BLH 473d); אֵסוּר Fessel, 3×, schon Jdc 15 14 (mhe. »Gefangenschaft«, ja. sy. אֱסוּרָא, cp. אוסרא neben * אסור »Fessel«; s. BLH 473d); I/II אֵפ(וֹ)ד Ephod, bzw. n. m., häufig u. schon Jdc 8 27 (mhe., ja. אֵפוֹדָא, sam. M^{49} *'ibbod*, sy. *pedtā* »Priesterkleid«, vgl. ferner ug. ^{3}*pd*, DRIVER CML 136, u. akk. *epattu* »Gewand«, v. SODEN AHw. 222). Vielleicht wurde auch אֵטוּן Leinwand, Prov 7 16, in diesen Typus übergeführt, doch handelt es sich um ein urspr. äg. Lw. (*'idmj* »rotes Leinen«, s. SPIEGELBERG Zs. vgl. Sprf. 41, 1907, 129f.) Vgl. ferner entsprechende Verbformen § 17.

§ 6. In einigen Fällen ist die Doppelkonsonanz der Segolata durch die Masoreten aufgelöst worden, indem sie analog dem Aram. den Vokal der Hauptsilbe in die Nebensilbe verlegten und den 1. Vokal zu Schwa werden ließen (BLA 18b. 47w). Zutreffend kann man solche Nomina *»umgekehrte Segolata«* nennen (BM § 52, 5, ferner 51, 1. 29, 3e u. 34, 6; BLH 580s u. 458s; BIRKEL. 118; BAUMG. Eissf.-Fschr. II, 30). Bes. *qutl > q^{e}tōl* ist im Späthe. ein beliebter Nominaltypus gewesen, der auch in DSS mehrfach bezeugt ist, s. u. a. BAUMG. a. a. O.

25ff.; MANSOOR JSSt. 3, 1958, 45; WERNBERG RdQ 2, 1960, 448ff. u. HEMPEL, Texte 331. Vgl. als Beispiele:

* אֲגַם Schilftümpel, etwa 10×, u. a. Jes 14 23 (sekd., EISSF. Einl. 385; mhe., ja. אַגְמָא, sy. *'egmā* < akk. *agammu* »Schilfsumpf, -lagune«, v. SODEN AHw. 15; s. BLH 563x); דְּבַשׁ Honig, häufig, schon Jdc 14 8f. (mhe., sy. *debsā*; pehl. Frah. 5, 3, ja. u. md. — neben דופשא MdD 103 — dagegen דּוּבְשָׁא, cp. דבשא, vgl. ferner akk. *dišpu(m)*, ar. *dibs*, asa. דבשׁ, CONTI 125); מְעַט ein wenig, häufig, schon Gen 43 11 (J, EISSF. Hex. 89*; mhe., Grdf. indes unbekannt, s. BLH 456j Anm.); סְבַךְ (Var. סְבָךְ) u. * סֹבֶךְ (wohl dialekt. differenziert, s. BAUMG. a. a. O. u. unten § 8) Gestrüpp, 5×, schon Gen 22 13 (E, EISSF. Hex. 36*); סְדֹם n. l. Sodom, häufig, schon Gen 10 19 (J, EISSF. Hex. 16*; mhe., vgl. 1QJes[a] סודם, s. BEEGLE BASOR 123, 1951, 29, neben סודום, s. MANSOOR a. a. O. 44); שְׂלָו Wachtel, 4×, u. a. Num 11 31 (J, NOTH UegPt. 34[119]; mhe. שְׂלָיו, sam. שלוי, s. BLH 502d Anm., sy. *salwaj*, vgl. auch ar. *salwā[j]* u. s. BM § 52, 1b); שְׁכוֹל Verlust der Kinder, Jes 47 8f. (Ps 35 12 fällt weg; s. BLH 461i); I שְׁכֶם Schulterpaar, etwa 20×, schon Jdc 9 48; II שְׁכֶם n. l. Sichem, häufig, schon Gen 12 6 (J, NOTH UegPt. 29; cf. EA *Sakmi* s. BORÉE 30 u. BLH 456j Anm.). Vgl. auch Nr. 51 249 Anm. und gewisse cs.-Formen § 16, 3.

§ 7. 1. Weiterhin ließen die Masoreten im Zusammenhang mit der ev. durch ar. Vorbild angeregten Laryngalerneuerung (s. KAHLE CG 94f. 108; R. MEYER ZAW 63, 1950, 232 u. BM § 22, 3; anders BIRKEL. 15) verstummtes א konsonantisch werden und kamen auf diese Weise durch sekd. Zerdehnung zu aramäischartigen, künstlichen *Restitutionsformen* bes. des *qitl-* u. *qutl-*Typus (s. BM §§ 29, 3e u. 34, 6; BLH 213p u. 580s; KAHLE MW I, 46ff.; CG 86ff. u. BIRKEL. 39).

Vgl. z. B. צֹאן (ug. *ṣ³n*, ar. *ḍa'n*) »Kleinvieh« oder I ראשׁ (ug. *r³s*, ar. *ra's* »Kopf« mit Formen wie:

I/II בְּאֵר Brunnen, bzw. n. l., häufig, u. a. Gen 21 19 (E, EISSF. Hex. 35*; mhe., ja. — neben בְּאֵרָא — sy. u. md. בֵּירָא, sam. *bēr*, DIENING 56, u. *b'rjm* = **bi'r-* auf sam. Ostraka, EHO 49, 9; weitere aram. Belege s. DISO 32; aus dem SEM Bereich vgl. akk. *bēru* VI neben der Hauptform *būru* I, v. SODEN AHw. 122. 141, EA *Beruta* n. l. (= heutiges Beirut), ug. *b³r*, phön. *bi'arutu*, HARRIS Dev. 43 u. BLH 213q, ar. *bi'r* u. asa. *b'r*, CONTI 111); בְּאֹשׁ Gestank, 3×, schon Am 4 10; I זְאֵב Wolf, etwa 7×, u. a. Gen 49 27 (s. Nr. 28 Anm. 1; mhe., ja. sy. md. דֵּיבָא, sam. *zīb*, DIENING 58, vgl. ferner *zibu* n. m., TH. BAUER, Ostkan. 58, u. ar. *ḏi'b*); מְאֹד Kraft, sehr häufig, schon Jdc 12 2 (mhe., cf. akk. *mu'du*); סְאוֹן Schuh, Jes 9 4 (äga. שאן, ja. סֵינָא, sy. *s[e]'ūnā*, neben *sūnā*, KBL 646, md. *sinia*, MdD 328, vgl. im weitern ug. *s³n*, FRIEDR. Or. 12, 1943, 20, äth. *šā'en* u. akk. *mešēnu* > BMAP 142. 146 משאן, pehl. Frah. 14, 3, ja. sy. u. md. מְסָ(א)נָא); פְּאֵר Turban, 7×, schon Jes 3 20 (mhe.); רְאֵם Wildochs, etwa 9×, u. a. Num 24 8 (J, Eissf. Hex. 188*; mhe., ja. רְאֵמָא); I שְׂאֵת Auffahren, Hoheit (inf. v. נשׂא, vgl. שֵׂתוֹ Hi 41 17, neben שְׂאֵתוֹ Hi 31 23, s. BLH 440b u. 441c) u. II שְׂאֵת Hautmal, 7× bei P (mhe.); שְׁא(וֹ)ל Unterwelt, häufig, u. a. Gen 37 35 (J, Eissf. Hex. 78*; mhe., ja. שְׁאוֹלָא, sam. *šōl*, Kahle CG 92); שְׁאָן in בֵּית שְׁאָן n. l., 6×, schon Jdc 1 27 (cf. EA *Bitsāni*, ferner Βαιθσαν, Borée 78); שְׁאָר Rest (s. oben § 2); שְׁאֵר Fleisch, etwa 15×, schon Mi 3 2.

2. Aber auch Nomina anderer Nominaltypen zeigen diesen aramaisierenden Vokalismus, z. B. הֲדַס Myrthe, 6×, frühester Beleg Jes 41 19 (s. BLH 462m; mhe., ja. הֲדַסָּא); סְנֶה Brombeerstrauch, Ex 3 2-4 (J, Eissf. Hex. 111*; BLH ebd.; ja. u. sy. סַנְיָא); שְׁלֵיו ruhig, Jer 49 31 (BLH 557f.; vgl. שָׁלֵו, 1× fälschlich שָׁלֵיו).

§ 8. *Erhaltung des ā.* Zweifellos unterliegt die Bewahrung von *ā* im He. teilweise dem Einfluß des Aram., welches allerdings gelegentlich selber den Wechsel *ā* > *ō* kennt, u. a. bei der Endung *-ōn* (von BLA 10t bezüglich des Ba. und von Lag. Mitt. I, 78 ähnlich hinsichtlich des Sy. zu Unrecht generell als Hebraismus gekennzeichnet, s. Nöld. ZDMG 57, 1903, 418[1]; MG 140; SG § 128 B; Barth Nom. § 194c; VG I, 143ε; Blake 88f. u. KBL XXX), wie übrigens auch modern-ar. Dialekte in Nordsyrien, Nordpalästina und Südarabien diese Lautveränderung aufweisen (s. Rabin 29. 107; Caquot Syr. 29, 1952, 110 u. Harris Dev. 44). Das Problem ist indes verwickelt, weil auch aus althe. Zeit *ā* überliefert ist, wo man entsprechend dem kan. Lautwandel (BLH 192j; VG I, 142gαβ; R. Meyer VT VII, 1957, 142f.; Friedr. Gr. VII, §§ 71ff., Scientia 43, 1949, 220ff. u. v. Soden ZA 56, 1964, 136[4]), der ug. noch nicht (nach R. Meyer ZAW 63, 1951, 224[4] war er nordkan. überhaupt nie bekannt), wohl aber in den EA-Briefen belegt ist (s. Bgstr. Gr. I § 25b; Harris a. a. O.), *ō* erwarten sollte. Diese Erscheinung hat bekanntlich mit zu der hauptsächlich von H. Bauer und P. Leander vertretenen These geführt, das He. sei eine Mischsprache aus Aram. und Kan. Sie gingen, noch zu sehr in der historisch-genetischen Sicht der Dinge befangen, die Schwierigkeiten gewiß in zu schematischer Weise an. Trotzdem haben sie ein echtes Problem gesehen und zu lösen versucht. Es war denn auch grundsätzlich richtig, das He. nicht als eine geschlossene und einheitliche Größe zu verstehen. Nachdem uns heute aber einerseits die Texte aus Ugarit und Qumran und andererseits viel tiefere Einblicke in das Wesen des vormasoret. He. und in das Werden der masoret. Überlieferung zu Gebote stehen, ist die Auffassung, daß das He. ein Mischprodukt in der Art von Bauer und Leander sei, wobei es gelte, die beiden ineinander aufgegangenen Elemente wieder zu trennen, überholt. Man wird vielmehr das He. prinzipiell als ein kan.

Idiom verstehen müssen, das allerdings von Anfang an durch das aram. Erbgut, das die einwandernden Stämme mitbrachten (s. I § 2), dessen Umfang wir aber natürlich nicht kennen, eine gewisse Prägung erhalten hat. Dabei ist zweifellos schon dieses Althe. in regional begrenzte, uns heute leider nur noch in Spuren erkennbare Dialekte untergliedert gewesen (cf. Jdc 12 5, s. ZATU 226[2], u. II Reg 18 26. 28, s. ebd. 227[1]), die ihre eigene Geschichte hatten, sich mit der Zeit gegenseitig vermischten (vgl. R. MEYER ZAW 70, 1958, 45ff., ferner VT VII, 1957, 139ff. über analoge Erscheinungen in Qumran) und Einflüssen von außen, u. a. immer stärker aram., ausgesetzt waren, was zu einer bunten Vielfalt von Sprachformen geführt hat[2]. Dieser Reichtum ist uns jedoch im stark einengenden und bewußt normierenden Rahmen der masoret. Überlieferung vermittelt worden, weshalb es notwendig ist, auch den überaus komplizierten Vorgang der masoret. »Sprachreform« (R. MEYER ZAW 63, 1951, 234) mitzubedenken, wenn man die Geschichte der he. Sprache erhellen oder Teilprobleme der Grammatik wie den *ā/ō*-Vokalismus behandeln will. Nur so wird das Nebeneinander von Formen wie z. B. מִשְׁקָל/מִשְׁקוֹל »Gewicht« verständlich, vgl. R. MEYER ZAW 70, 1958, 40ff., wo sich noch viele weitere Beispiele finden, ferner HARRIS Dev. 43ff. Zum Problem der Sprachmischung s. im übrigen u. a.: BLH 19ff. u. H. BAUER, Zur Frage der Sprachmischung im He.; BAUMG. ZATU 224f. u. EISSF. Fschr. II, 25ff.; BGSTR. OLZ 1923, 253ff. u. 477ff.; BRO. HbOr. III, 61; DRIVER PaB 110ff. u. Problems 98ff.; EDZARD ZA 56, 1964, 143; HARRIS Dev. 11[23]; LANDSB. OLZ 1926, 975f. u. ROSENTH. AF 18ff.

Wie aus diesem Sachverhalt leicht zu ersehen ist, hält es schwer, im He., entsprechend unserer Aufgabe, Formen zu bestimmen, deren *ā*-Laut sicher auf aram. Einwirkung zurückgeht. Immerhin dürfen in Erwägung gezogen werden:

---

[2] Wie lange und wie zäh derartige Dialektregionen selbst geringsten Ausmaßes sich behaupten und ihre Lauteigenschaften bewahren, wie sie aber auch gegenseitiger Vermischung verfallen, kann sehr schön an den modernen schweizerdeutschen Mundarten studiert werden. Im Grundsätzlichen sind die Ergebnisse durchaus auch für antike Verhältnisse von Bedeutung. So gibt es im kleinen Kanton Baselland bis heute deutlich feststellbare Sprachinseln, in der Ortschaft Benken aus nur einem Dorf, in Wenslingen-Oltingen-Anwil aus drei nahe beieinanderliegenden Dörfern bestehend, die sich in gewissen auffallenden Unterschieden von der Umgebung abheben, s. SCHLÄPFER 135ff., 154ff. Man vergleiche ferner die Verdumpfung des kurzen *a* vor *l* + Dentalverschluß zu *o* in *bold* (bald), *cholt* (kalt), *olt* (alt) usw. im Baselbiet, während in Basel, Liestal (durch Einfluß von Basel) und im Birseck *a* gesprochen wird; eine Übergangsform bildet andererseits die Wortverbindung *Wóldsagä* (Waldsäge), wo *o* noch erhalten ist, während es in *Wald* (früher *Wold*) schon nicht mehr gesprochen wird. Durch Einflüsse von außen werden heutzutage die *o*-Formen immer stärker zu Gunsten der *a*-Formen zurückgedrängt.

das feste *ā* in pl.-Formen des Nomens חֲטָא »Sünde«, z. B. חֲטָאֵי II Reg 10 29 Ez 23 49 und חֲטָאֵיכֶם Jes 1 18 (s. BLH 580t; BM § 52, 6);

vielleicht f. בָּגוֹדָה »treulose« (für * בְּגוֹדָה) Jer 3 7. 10 (nach VG I § 131b in Anlehnung an das aram. nomen agentis *qātōl* gebildet, s. ferner GK § 84k u. RUDOLPH Jer 20; BLH 240t vermutet eher dialektische Besonderheit);

wahrscheinlich die Nomina mit unveränderlichem *ā* in der ersten Silbe wie z. B. בָּכוּת »Weinen« Gen 35 8 (E, EISSF. Hex. 72*), * בָּרוּת »Heil- und Trostbrot« Ps 69 22 (nachexil., GKL. 297; neben בָּרוֹת), גָּלוּת »Wegführung«, etwa 15×, ältester Beleg Jes 20 4, הָגוּת »Sinnen« Ps 49 4 (nachexil., KRAUS 365), * לָזוּת »Verkehrtheit« Prov 4 24. S. hierzu BLH 506s. 606i; BLAKE 86b u. BM § 56, 3. Möglich ist jedoch auch die Stützung des *ā* wegen folgendem *ū*, vgl. VG I, 255q. Nach GULK. 122f. liegt im übrigen nicht das sf.-*ūt*, sondern die f.-Endung -*t* vor;

die Endung -*ān* statt -*ōn*, sofern erst spät belegt und nicht dissimilatorisch verursacht (BLH 215i). In Betracht kommen könnten dabei auch Nomina, die, wie häufig im Aram. (MG 139³), -*ān* an das f. sf. -*t* angefügt haben (BLH 500r), vgl. z. B. לִוְיָתָן Leviathan, 5×, u. a. Hi 3 8 (cf. ug. *ltn* = **lōtānu*, GdUM § 8. 52; BM § 41, 1b).

§ 9. Es ist nicht ausgeschlossen, daß auch noch hinter andern Vokalschreibungen letztlich aram. Einflüsse stehen, da die masoret. Vokalfixierung ja einen systematisierenden Versuch darstellt, »auf der Basis der syr.-palestin. Aussprache« (BM § 11, 8) eine Wiedergabemöglichkeit für den Nuancenreichtum der Vokale zu gewinnen, denn letztere waren in der gesprochenen Sprache nicht deutlich voneinander abgegrenzt, was schon Griechen und Römern auffiel (BM a. a. O.). Man darf eben nicht außer acht lassen, welche Bedeutung das Aram., das seinerseits natürlich wieder in Dialekte unterteilt war, für die *Ausprachetradition der Masoreten* und insofern auch für die lautliche Ausgestaltung des MT hatte. Freilich sind die verwickelten Probleme des masoret. Überlieferungswerkes erst in jüngster Zeit intensiver Forschung unterzogen worden, so daß noch vieles im Dunkeln liegt. Manches wird in Einzelheiten auch gar nicht mehr erfaßt werden können. Es soll an dieser Stelle deshalb bloß allgemein die Möglichkeit weiterer aramaisierender Vokalisationsformen erwähnt sein. Man muß sich dabei die Situation der Judenschaft vom 2. nachchristl. Jh. an vor Augen halten, wo durch die schrecklichen Verfolgungen die lebendige Tradition u. a. in der Aussprache des He. weithin verlorengegangen und fortan die aram. Koine notgedrungen in erster Linie für die Lesung der alten he. Texte maßgebend geworden war (s. R. MEYER ZAW 63, 1951, 23ff. u. BM § 18). Gewiß machten sich im Laufe der Zeit auch andere, vornehmlich ar. Einflüsse geltend, doch war es vor allem der aram. Druck, der z. B. zur Aussprachedifferenz des bab. u. palästin. Judentums führte, was schließlich Nachwirkungen bis in die sefardische und aschkenasische Ausspracheweise im Mittelalter (s. Kahle KG 81f. 137f. u. in BLH 100ff.) und Auswirkungen sogar auf die Gestalt des Qāmeṣ hatte (s. R. Meyer ZAW 70, 1958, 46ff.). Ferner gehen auf ihn zurück u. a. die Laryngalelision, welche die mannigfachen Erscheinungen der Laryngalrestitution mit der Einsetzung neuer Vokale (Kahle KG 179) im Gefolge hatte (vgl. §§ 7 u. 13), das Fallenlassen von Auslautvokalen (s. Kahle a. a. O. 181ff.) und die Spirierung von Explosivlauten (s. § 12). Es ist im übrigen auch beachtenswert, daß die bab. und anfänglich ebenso die tib. Masora aram. verfaßt waren (Kahle a. a. O. 68f.).

§ 10. Für die späte Zeit charakteristisch ist die *Vermengung von auslautendem h und ʾ*. Dahinter steht offensichtlich das Aram., dessen Dialekte in unterschiedlichem Ausmaß die Differenzierung fallen gelassen haben: war urspr. *h* das Zeichen der f.-Endung, ʾ jenes der Determination, wie noch fast rein erhalten im Aam. u. Äga. (EHO 33, in Anm. 53 auch eine Erklärung zur Herleitung des ʾ; Leand. 90g. 35c), deutlich erkennbar noch im Ba. (ZATU 77ff. :: BLA 199), so vermischten sich beide Laute immer stärker, bis der Unterschied in den späten Dialekten schließlich ganz dahinfiel (s. ZATU 81; Schaed. 231 u. Segert ArchOr. 26, 1958, 578ff.).

In dem uns überlieferten atl. He. ersetzt, falls eine derartige Vermengung eingetreten ist, sozusagen stets ʾ ein *h* (als Ausnahmen, bei welchen *h* für ʾ steht, vgl. מִכְלָה »Hürde« Hab 3 17 u. III מַרְפֵּה »Heilung« Jer 8 15; s. Gulk. 112), wofür Autoren und Abschreiber der späthe. Zeit sowie die Masoreten verantwortlich sind. Die genaue Anzahl solcher Verstöße festzustellen ist unmöglich und auch nur von geringem Wert, denn die HSS schwanken sehr stark (man vergleiche z. B. die Unterschiede in den verschiedenen Ausgaben der BH). Beispiel: חֵמָא »Zorn« Dan 11 44 (etwa 120× חֵמָה). — Vgl. im weitern noch BM § 12, 2.

§ 11. Parallel dazu geht die *Vermischung von ś u. s*. Wiederum sind die beiden Laute aam., ebenso fast immer äga., auch ba. u. noch oft nab. unterschieden, während *ś* im Palm. nur noch als orthographische Reminiszenz weiterlebt, im Ja. von *s* stark verdrängt und im Sy. zuletzt ganz fallen gelassen wird (s. ZATU 89ff.; Schaed. 247f. u. Harris Dev. 79; die altsy. Inschriften verzeichnen allerdings noch *ś*, s. z. B. Pognon Inscr. No. 36, 1).

Im He. spiegelt sich diese fortschreitende Indifferenz vornehmlich in den spätern Schriften (s. KBL XXVII; BLH 190d; BM § 22, 5 u. Rosenth. Gr. 16), wobei die Verantwortung auch hier bei den oben § 10 erwähnten Kreisen liegt. Einer genauen Erfassung stehen indessen die Schwierigkeiten schwankender Textüberlieferung und gelegentlicher Unkenntnis der urspr. Lautung gewisser Stämme entgegen. Gesamthaft kann freilich festgehalten werden, daß häufiger *s* für *ś* (vgl. z. B. גרס statt * גרשׂ »sich zermürben« Ps 119 20, s. KBL 194) als *ś* für *s* (vgl. שְׂמִיכָה statt * סְמִיכָה »Vorhang« Jdc 4 18, s. KBL 661. 925) geschrieben wird.

§ 12. Aram. Ursprungs und von den Masoreten systematisiert ist ferner die doppelte Aussprache und die bes. Bezeichnung der *bgdkpt-Laute*, womit sy. *Quššājā* und *Rukkākā* zu vergleichen sind (s. KAHLE MW I, 51 u., mit einer Notiz über briefl. Zustimmung NÖLD.'s, CG 107f.; BLH 209c; BM §§ 13, 2 u. 22, 2 und schon EWALD, Lehrbuch 124 Anm. 1f.; zur Herkunft des Stammes דגשׁ im t. t. »Dageš lene« aus dem Sy. s. BLH 119).

Was die sog. lose geschlossenen Silben mit Schwa medium betrifft, s. BM § 13, 2 u. BLH 210[1]. Im übrigen hat sich, wie G und vornehmlich die totale Spirierung aufweisende Sek. zeigen, im He. die Spirierung unter aram. Einfluß stets weiter ausgedehnt.

§ 13. Auf aram. Einwirkung, vielleicht schon im »kan. Rahmen«, leitet BM § 22, 3c den Wandel *ḫ* > *ḥ* zurück, der schließlich sogar zur Elision, wenigstens aber zu starker Schwächung dieses Gutturallautes führte, vgl. Sek. ουαββωτη mit tib. וְהַבּוֹטֵחַ »und der Vertrauende« Ps 32 10; die Laryngalrestitution brachte dann die vereinheitlichte Aussprache als *ḥ*.

§ 14. *Einzelformen*. 1. Aram. Vokalismus liegt wahrscheinlich vor bei II צִיר (* צָר) »Bote«, 6×, ältester Beleg Jes 18 2 (auch mhe.), denn he. wäre beim Nominaltypus *qatil* der Stämme ע״ו etwa * צֵיר (BLH 464c) oder * צָר (ebd. 465e) zu erwarten. Der Wandel *ē* > *ī* ist vornehmlich im Westsy. (SG § 46), aber auch in andern aram. Dialekten üblich, vgl. z. B. he. עֵר n. m. (mhe. עֵיר »wach«) mit ba. עִיר »Engel« (s. KBL 1107), oder he. mhe. מֵת »tot, Toter« mit ja. מִיתָא »Leiche«, sy. *mīt* »tot«.

2. אַדְמָה n. l. Gen 10 19 14 2. 8 Hos 11 8 u. Dtn 29 22 steht aramaisierend für häufiges I/II אֲדָמָה, vgl. G Αδαμα; s. BLH 493t u. BLA 185s.

3. Auf ja. שִׁבְיְתָא, cp. שביתא u. sy. *šebītā* »Gefangenschaft« kann mit GULK. 121[2] die Nf. שְׁבִית v. שְׁבוּת »Wegführung in Gefangenschaft« Num 21 29 (E, EISSF. Hex. 182*) Ez 16 53 und sonst 6× in Q- und 3× in K-Belegen (s. MANDELKERN 1139) zurückgeführt werden.

4. VG I, 77α u. 399f.γ Anm. wird ferner צִדְנִיֹּת I Reg 11 1 (f. pl. v. צִידֹנִי »Sidonier«) für aramaisierend gehalten (vgl. m. pl. צִידֹנִים, sy. *ṣajdānājā*), s. indessen BLH 501b.

C. Formenlehre

§ 15. *Pronomen.* 1. Für das *selbständige Personalpronomen* der 1. sg. »ich« existierten schon ursem. 2 Formen, die im He. als אֲנִי (vgl. aram. אֲנָה/א, BLA 70j, ug. *'n* = **'anā/ī*, ar. *'anā*, äth. *'ána*) und אָנֹכִי (vgl. akk. *anāku*, ug. *'nk* = **'anākī/ū*, phön. אנך, אנכי u. *anech*, spätphön., wohl unter aram. Einfluß, auch אן, Friedr. Gr. § 111, moab. אנך, ebd. 1a[1], ferner Had. 1 u. Pan. 19 *'nk(j)*, s. dazu oben I § 1 Anm. 13) in Erscheinung treten; letzteres entstanden aus **'an'ā* > ** 'anā* und dem Element *-kū* (vgl. äth. l. sg. pf. *qatálkū*), welches z. T. schon altkan. (EA *anuki* neben häufigerem *anāku*) dem sf. l. sg. *-ī* angeglichen worden ist. Während in der ältern he. Lit. אנכי gegenüber אני weit überwiegt, tritt in späterer Zeit אני, das urspr. wohl proklitischer Art gewesen ist, stärker auf, um schließlich etwa seit dem 8./7. Jh. mehr und mehr zu dominieren (s. Harris Dev. 10. 74f. u. KBL a. a. O.), so daß z. B. die Quellenschrift P אנכי nur noch Gen 23 4 verzeichnet (VG I, 298[4]). Die Annahme liegt nahe, daß das Aram. zu dieser Entwicklung beigetragen habe, s. BLH 248k u. BM § 30, 2b (anders Harris a. a. O.; vgl. auch Birkel. 62). — Indessen ist Gleiches nicht wahrscheinlich für das pron. pers. l. pl. »wir« אֲנוּ Jer 42 6 (K), wo es sich vielmehr um eine Analogieform zu אֲנִי handeln dürfte; als gewöhnliche Bildungen werden נַחְנוּ u. אֲנַחְנוּ < **niḥnū* (vgl. ar. *naḥnu*) verwendet, s. BLH 249o u. Harris op. cit. 78f.

2. Unter den *pronn. sf.* sind schon von Knobel, Jeremias Chaldaizans 10; später von GK §§ 91l u. 58g; Gkl. 444; Kraus 702 u. a. m. Formen des Possessiv-sf.'s der 2. sg. f. wie z. B. עֲוֹנֵכִי oder תַּחֲלֻאָיְכִי Ps 103 3 als aramaisierend erklärt worden (vgl. sy. *-ekī*, SG § 65). Doch hat man es wohl eher mit einem (ev. durch masoret. Vokalrestitution wiederhergestellten) urspr. ** -i-ki* (vgl. BLA 122d) > *ēkī*, bzw. **-ajkī*, an Stelle von normalem *-ēk* u. *-ajik* zu tun (s. BLH 255k. 251j. 253u; BM § 30, 3c u. Birkel. 65). — Indessen findet sich das aram. sf. *-ōhī* bei תַּגְמוּלוֹהִי »seine Wohltaten« Ps 116 12 (spätnachexil., Gkl. 502; s. BLH 253v), ebenso in 1QJes[a] (EHO 69[21]) und 3× in der Hexapla (-αυι, Brønno 200f.). — Weiterhin vermutet Albr. BASOR 92, 1943, 22[27] aram. Einfluß in der merkwürdigen Schreibung des he. sf. poss. 3. sg. m. ָיו–, da es urspr. wohl *-ēw* gelautet habe, vgl. *jarḥēw* im Gezer-Kalender u. he. *-ēhū* in der Poesie (BLH 253v), aber mit dem parallelen aram. sf. (vgl. ba. *-ōhī*, sy. *-auhī* = gesprochen au) kombiniert worden sei (s. auch EHO 68). —

§ 16. *Nomen.* 1. *Afformative.* a) *-ūt.* Das He. weist eine ansehnliche Zahl von Wörtern mit der Endung *-ūt* auf, die z. T. schon früh belegt sind und zweifelsohne nicht auf aram. Einwirkung zurückgehen (vgl. z. B. כְּבֵדֻת »Beschwer« Ex 14 25, E: Noth UegPt. 39, nach Eissf. Hex.

137*: L; s. GULK. 8f. 130). Das sf. ist speziell zur Bildung von Abstrakta verwendet worden, wie dies schon im Akk. (v. SODEN Gr. § 56s u. Or. 20, 1951, 155f.) und wohl auch Ug. (vgl. *abynt* = **'abjanūtu* »Elend«, GdUM § 8. 51; BM § 41, 5b) nachweisbar ist, und stimmt äußerlich mit der f.-Endung *-t* des inf. der Stämme ל״ו überein (vgl. z. B. דְּמוּת »Abbild«), ist daraus aber nicht etwa herzuleiten (s. GULK. 123. 132[1]; BM §§ 41, 5b u. 56, 2a :: GK § 86k; VG I, 415, 3; BLH 505o; BLA 197g u. BIRKEL. 121). Fraglich bleibt allerdings, ob das He. diese Endung von Hause aus besessen oder vom Akk. übernommen hat, doch scheint das Ug. ersteres zu bestätigen (leider bloß mit jenem einzigen und dabei nicht eindeutigen, oben erwähnten Beleg). Anderseits hat sich *-ūt* im Aram. einer bes. großen Verbreitung erfreut (GULK. 104; VG I, 416d), weshalb seine im Späthe. zu beobachtende Ausdehnung, begründet in dem mit der Entwicklung des begrifflichen Denkens naturgemäß parallel laufenden Verlangen nach mehr Abstrakta, darin gewiß ihre Ursache hat (s. BARTH Nom. § 261; VG I 415, 3c; GK, BLH u. BM a. a. O.; DRIVER EBr. 11, 363; BLAKE § 74bb u. unten III § 10). Ein schönes Beispiel bietet מַלְכוּת »Königsherrschaft« (aram. Entsprechungen s. KBL 1094), das vorexil. nur sporadisch, nachexil. aber in Esth etwa 20×, Dan etwa 10×, Esr/Neh etwa 8× u. I/II Chr etwa 35× belegt, ältere Synn. fast vollständig verdrängt und deren Begriffsinhalte in sich vereinigt hat (s. GULK. 26f.). Wie hier ebenfalls ersichtlich, ist nach Anfügung von *-ūt* die Spirierung der bgdkpt-Laute als 3. Radikale von m. Segolaten nur selten aufgehoben worden (s. BM § 56, 2a u. oben § 12). Weitere Beispiele sind: אַכְזְרִיּוּת (zur Form s. GULK. 112[3]) »Grausamkeit« Prov 27 4, הוֹלֵלוּת »Torheit« Qoh 10 13, חַכְלִילוּת »getrübte Augen« Prov 23 29, u. סִכְלוּת »Torheit« Qoh (7×, 1× שִׂכְלוּת; sy. *saklūtā* »Sünde«), s. auch Nr. 12, 94, 104, 178f., 211, 226, 285 u. 304e u. unten 2d. Für Näheres kann auf GULK. verwiesen werden.

b) *-aj*. Die Endung ist zu trennen vom Beziehungs-sf. (aram.) *-aj* = (he.) *-ī* (BLA 196d; BLH 501w) und urspr. vielleicht sogar fremder Herkunft (BLH 502e; nach BM § 41, 7b ev. aus dem Indogermanischen; vgl. auch LIDZB. Eph. II, 15). Es handelt sich wohl um ein SEM Afformativ, das schon ug. (bei f. Personennamen, GdUM § 8. 48), in EA (Beispiele s. BLH 502e) u. auch phön. (LIDZB. op. cit. 13f.) belegt ist. Dem He. ist es offenbar von Anfang an eigen gewesen, da es schon althe. vorkommt (LIDZB. op. cit. 14), kann aber nur in Personennamen sicher nachgewiesen werden (BM a. a. O.). Überaus beliebt wurde das Affix indessen im Aram. (LIDZB. op. cit. 13f.), weshalb bei he. erst spät auftretenden entsprechenden nn. pr. mit aram. Einfluß gerechnet werden darf — wobei allerdings wiederum zu bedenken ist, daß es sich bei den auch erst spät erwähnten Namen um Bestandteile alter Listen handeln kann. Zudem ist die Möglichkeit einer hypokoristischen Endung in Betracht zu ziehen, deren sichere Abgrenzung schwierig ist, sofern nicht ein zugrunde liegendes adj. eine Kurzform ausschließt. Unter Vorbehalt seien etwa folgende Formen als aramaisierend vorgeschlagen:

הִדַּי II Sam 23 30, חַגַּי etwa 10× bei Hag u. Esr (s. Suppl. 151 u. vgl. gr. Αγγαιος, Preisigke 517), חַדְלָי II Chr 28 12, חוּרַי I Chr 11 32, יַחְמַי I Chr 7 2, יַעְנַי I Chr 5 12, יְרִיבַי I Chr 11 46, מָעַי Neh 12 36, * נֵיבַי Neh 10 20 (s. KBL 614), ס(ו)טַי Neh 7 57 Esr 2 55, * עַדְלַי I Chr 27 29, עוּתַי Esr 8 14 I Chr 9 4, עֵיפַי Jer 40 8 (Q), עֲמָשַׂי etwa 5× I/II Chr u. cj. Neh, שַׂלְמַי Neh 7 48 > שַׁלְמַי Esr 2 46, שִׁמְשַׁי Esr 4 8f. 17.23 (s. KBL 1133) u. שַׁמְשְׁרַי I Chr 8 26 (s. KBL 995). S. auch Nr. 28b u. 56.

c) *-jā*. Das Aram. entwickelte (zunächst wohl bei Inff.) eine radikale Endung *-jā* von ל״י-Stämmen, entstanden durch Antritt der Emphaticus-Endung *-ā* an die auf *-ē* ausgehenden Nomina. Diese Endung erschien dann wie eine besondere Abstraktendung *-jā*, welche in der Folge bei Abstrakta der Form *qᵉtūl* Analogiebildungen nach sich zog, vgl. z. B. sy. *šᵉbūšjā* »Gefangennahme« (s. Barth Nom. §§ 238f., ferner § 255b). Es liegt nahe, damit he. Nomina wie בַּקְבֻּקְיָה n. m. Neh 11 17 12 9. 25 (vgl. בַּקְבֻּק »Flasche«), חֲבַצִּנְיָה n. m. Jer 35 3, עֲלִילִיָּה »Tat« Jer 32 19 (vgl. עֲלִילָה dass.), פְּלִילִיָּה »Entscheidungs-, Urteilsspruch« Jes 28 7 cj. Ps 109 7 (vgl. פְּלִילָה dass.) u. תְּרוּמִיָּה »Abgabe« Ez 48 12 (vgl. תְּרוּמָה dass.) in Verbindung zu bringen.

2. *Infinitive*. Da der inf. von Natur abstrahierenden Charakter hat, ist er, wie in andern Sprachen, auch im He. zur Bildung von abstrakten Verbalnomina beigezogen worden (s. Gulk. 12ff. u. 111ff.). Freilich bleibt manchmal unklar, wo dies der Fall und wo er noch ganz verbaler Art ist. Weil aber für unsre Untersuchung davon nichts abhängt, wird dieser Unterscheidung hier keine weitere Beachtung geschenkt.

a. Zuweilen weist der inf. qal entgegen normalen קְטֹל (cs.) u. קָטוֹל (abs.) Formen mit *praefiguriertem m-* wie im Aram. (vgl. *miqtal*, BLA 105a; aam. daneben auch ohne *m-*, cf. לבנא Had. 13, s. Koopm. I, 35), oder Ar. (*maqtal* I. Stamm, Bro. AG § 53a) auf, s. BLH 317h; BM § 65, 1a u. Morgenstern JBL 1924, 314ff. Zu analogen aram. Verbalabstrakta s. BLA 194s; Dalm. Gr. 168; SG § 126 u. MG § 110. Obwohl sie im He. auch schon vorexil. auftreten, sind sie doch in der Hauptsache erst nachexil. belegt und können durch aram. Vorbild angeregt worden sein. Bei der Beurteilung ist indes die Verwechslungsgefahr mit nicht-inf. Nomina vom Typus *ma/iqtal* (BLH 489, 1) zu beachten. Beispiele:

מַסַּע »Ab-, Aufbruch« Num 10 2 (P, Eissf. Hex. 160*) Dtn 10 11 (s. KBL 543); * מִקַּח »Entgegennahme« II Chr 19 7 (s. Rudolph Chr 256);

I מַשָּׂא »Tragen«, 8× Num 4 (P, Eissf. Hex. 159*) u. 4× I/II Chr; מִשְׁלֹחַ »Zusenden« Esth 9 19. 22 Jes 11 14 (sekd., Eissf. Einl. 382) u. mit f.-Endung ev. * מַעֲלָה »Hinaufzug« Esr 7 9 (GK § 45e u. BLH 425; dagegen lehnt Rudolph Esr 67 aram. Einfluß ab).

b. Als aramaisierend können ferner jene Nomina gelten, die nach dem Typus *qattāl* mit f.-Endung *-ā* gebildet sind und mithin einem aram. inf. pa. *qattālā*, wo *-ā* jedoch nicht f.-Endung ist, gleichen (BLA 111n), s. BLH 479n u. BM § 38, 5c. He. entspricht der inf. abs. pi. **qattāl* > קַטֵּל (BLH 326o). Parallele aram. substantivierte inff. s. BLA 191c; Dalm. Gr. 161; SG § 138A. 167 u. MG 121f. — Hierher gehören: בֶּהָלָה (< **bahhālā*, BLH 216n. 221q) »jäher Schrecken«, 4×, u. a. Jer 15 8; בַּלָּהָה dass. (mit Metathese), 10× u. a. Jes 17 14; בַּקָּרָה »Fürsorge« Ez 34 12 (s. KBL 145); * בַּקָּשָׁה »Verlangen«, 7× in Esth u. Esr 7 6 (mhe.; s. KBL 146); חַטָּאָה »Verfehlung«, 2×, frühester Beleg Ex 34 7 (J, Eissf. Hex. 158*; im Ba. »Sündopfer« = he. Lw., s. KBL 1075, ja. חֲטָאָה »Sünde«, חַטָּאָא »Sünder«); יַבָּשָׁה »Festland«, etwa 15×, ältester Beleg wohl Ex 4 9 (J, Eissf. Hex. 113*; mhe., ja. יַבַּשְׁתָּא, cp. יבישא, sy. *jabbīštā* u. md. *iabu/iša*); לֶהָבָה (< **lahhābā*, vgl. oben בֶּהָלָה) »Flamme«, etwa 20×, frühester Beleg Num 21 28 (E, Eissf. Hex. 182*; mhe.); מַטָּרָה »Ziel, Wache«, s. Nr. 190; נֶאָצָה »Schmähung« (< **na''āṣā*; ' hatte hier offenbar dieselbe dissimilierende Wirkung auf *ă* wie sonst geminiertes *h*, *ḥ* und ʿ; vgl. ug. n^3*ṣ* »Lästerer« = wohl **na*^{3}(^{3})*āṣ*(*u*), // einer *qattāl*-Form, s. Driver CML 156[5]); נֶחָמָה (< **naḥḥāmā*, vgl. oben בֶּהָלָה) »Trost«, 2×, u. a. Hi 6 10 (mhe., ja. נֶחָמְתָּא); עַוָּתָה »Unterdrückung« Thr 5 59 (ja. עַוָּתָא »Verdorbener«; s. Rudolph Thr 233, 59); Bgstr. Gr. II § 17f vermutet Analoges für die beiden inff. זַמְּרָה von I זמר »singen«, Ps 147 1 (textl. aber unsicher), und יַסְּרָה v. יסר »zurechtbringen«, Lev 26 18, s. jedoch BLH 329j.

c. Mit Praeformativ *h-* oder *'-* ergibt sich vom Typus *qatal* die f.-Form *h/'aqtālā* (bes. im Mhe. häufig zur Bildung von Abstrakta, BM § 40, 2), welche einem aram. inf. haf./'af. gleichsieht (BLA 115o) und auch im Aram. zur Nominalbildung verwendet worden ist (BLA 193p; Dalm. Gr. 172; MG § 113). S. BLH 486j u. BM a. a. O. He. entspricht der inf. abs. hif. הַקְטֵל (BLH 332s). Beispiele: אַזְכָּרָה »Teil des Speisopfers«, 7× bei P (s. BLH 599i); * אַחֲוָה, s. Nr. 92; * הַכָּרָה »Parteilichkeit«, schon Jes 3 9; הֲנָחָה »Steuererlaß« Esth 2 18; הֲנָפָה »Schwingen der Opfergabe« Jes 30 28 (mhe., s. Dalm. 116); הַצָּלָה »Rettung« Esth 4 14 (mhe.).

d. Verbalnomina aram. Art sind schließlich auch: הַשְׁמָעוּת »Mitteilung« Ez 24 26 (inf. haf. mit Endung *-ūt*, entsprechend sy. u. vereinzelt auch ba.*-ū*, SG § 167; BLA 246pn. 127lm u. ZATU 103f.) und הִתְחַבְּרוּת »Anschluß« Dan 11 23 (inf. hitp., BLA 111j, ebenfalls mit Endung *-ūt*), s. BLH 505r; Gulk. 113. 120 u. oben 1a.

3. *Status constructus.* a. Einige Segolata m. Form bilden den cs. des sg. nach קְטַל, vereinzelt קְטֵל (BLH 573x). Es ist möglich, daß dahinter das Aram. steht, s. BM § 29, 3e; Montg. Dan 129f.; Hertzberg Qoh 28; Podechard Qoh 232f.; Powell 46 u. oben § 6 (anders verstanden indessen VG I, 216η u. BLH a. a. O.). Vgl. הֲבֵל (abs. הֶבֶל) »Nichtigkeit«; שְׁבַע (abs. שֶׁבַע) »sieben« u. תְּשַׁע (abs. תֵּשַׁע) »neun«.

b. Gelegentlich findet sich eine cs.-Form wie מְנָת statt * מְנַת (v. * מְנָת, s. Nr. 175), die dem Aram. entspricht, cf. Nöld. NB 58[3]; BLA 237j; BLH 590j u. 598.

4. *Pluralbildungen.* a. Die pl.-Form קַדְמוֹנִיּוֹת Jes 43 18 Mal 3 4 (neben קַדְמֹנִים Ez 38 17 Hi 18 20) v. I קַדְמֹ(וֹ)נִי »östlich, vormalig« ist analog בִּירָנִיּוֹת, s. Nr. 40, zu verstehen.

b. Im Aram. wird das Affix *-ū* (= he. *-ūt*, s. BLA 197g) vor *ā* zu *-ᵉw* < *-*uw*, weshalb der pl. z. B. von מַלְכוּ »Königsherrschaft« מַלְכְוָתָא lautet (BLA 245c; VG I, 144γ). Nach diesem Muster ergaben sich im He. die pll. מַלְכֻיּוֹת Dan 8 22 (v. מַלְכוּת); עֵדְוֹתֶיךָ Ps 119 (8×) I Chr 29 19 Neh 9 34 (neben עֵדֹתֶיךָ Ps 93 5); עֵדְוֹתָיו I Reg 2 3 II Reg 17 15 23 3 Jer 44 23 II Chr 34 31 (neben עֵדֹתָיו Dtn 6 17) und חֲנֻיּוֹת v. *חָנוּת, s. Nr. 104. In חֲנֻיּוֹת u. מַלְכֻיּוֹת ist dabei *w* zu *j* dissim. (**ḥanūwōt* > *ḥanujjōt*) und der he. sonst zu *ū* werdende Diphthong *uj* gebildet worden (BM § 22, 4c). Die Gemin. des *j* ist sekd. und mit BLH 214f. und BM § 56, 3 bloß graphischer Natur.

c. Aramaisierenden pl. zeigen außer den A Nr. 28 (אֲרָיוֹת), 128 (כְּנָוֹת), 175 (מְנָיוֹת), 268 (קְצָ(ו)וֹת) u. 275 (רִבֹּאוֹת > רִבּוֹת) auch אֻרָוֹת II Chr 32 28, v. * אֻרְוָת »Stallplatz« < akk. *a/urum, a/urū* »Gehege, Pferch > Pferd« (s. Lewy Or. 19, 1950, 13[1], der für den he. pl. freilich von einer hypothet. akk. pl.-Form **urawātum* ausgehen will), cs. אֻרְוֹת > אֻרְיוֹת, s. KBL 84 (letztere Form von BLH 603g indes auf eine vom Aram. abhängige Nf. * אֻרְיָה zurückgeführt), vgl. sy. *ʾorjā*, pl. *ʾorjawātā* »Krippe«, SG § 79A; und פַּחֲווֹת Esr 8 36 Neh 2 7. 9 (neben פַּחוֹת), v. פֶּחָה »Statthalter« < akk. *pĭ/ăḫatu* »Verantwortlichkeit« (Zimmern 6; Nober Bibl. 42, 1961, 246; vgl. Landsb. MSL I, 126 :: v. Soden AHw. 120: *pī/pā-*), auch mhe., vgl. ja. פֶּחָה, pl. פַּחֲוָאתָא. S. zum Gesamten Nöld. BS 57f.; GK § 93 Anm. 6[1].

d. Während (z. T. neben anderen Formen) die *Nunation* zur Bildung des m. pl. sowohl im Südsem. (ar., Bro. AG § 69; asa., Höfner Gr. § 89; äth., Chaine Gr. § 120; mehr., VG I, 453) als auch im Akk. (v. Soden Gr. § 61i) und offenbar im Amorit. (ZATU 223[5]), bes. aber auch im Aram. (BLA 200d) verwendet wird, kennt das Kan. (mit Ausnahme des Moab., bzw. der Sprache des Mesasteins, welche nach Segert ArchOr. 29, 1961, 197ff. aber ein nordisr. Dialekt und der pl. auf *-īn* daher ein »northernism« ist) die Mimation (ug., GdUM

§ 8. 7; phön., FRIEDR. Gr. § 222; auch jaudisch, s. HARRIS Dev. 9[17] u. oben I § 1 Anm. 13). Das He. entspricht dem kan. Typus (s. BM § 43, 3a; man beachte indessen auch Andeutungen eines »innern pl.«, s. ebd. 43, 7 u. 52, 1b; NÖLD. BS 54. 58ff. u. VG I, 428[1]). Doch tritt an Stelle von *-īm* 24× die pl.-Endung *-īn* auf. Sicher wird man, wo es um alte Belege wie מִדִּין »Teppiche (?)« Jdc 5 10 (wahrscheinl. fehlerhafter Text, s. GRETHER, Deboralied 39f.), עִיִּין »Stein-, Trümmerhaufen« Mi 3 12 und רָצִין »Läufer« II Reg 11 13 (צִדֹנִין I Reg 11 33 ist wohl dtr. Zusatz, s. NOTH UegSt. 72) geht, nicht kurzerhand aram. Einfluß veranschlagen können (BLH 24[1] spricht von Archaismen; RUŽ. 78 von Dissim.; GdUM § 10. 11 Anm. 1 von »northernisms«, womit SEGERT op. cit. 253, u. U. zu Recht, übereinstimmt), wohl aber in folgenden Fällen:
אֲחֵרִין »andere« Hi 31 10; אִיִּין »Inseln« Ez 26 18; חִטִּין »Weizen« Ez 4 9; חַיִּין »Leben« Hi 24 22; יָמִין »Tage« Dan 12 13 (BM § 58, 19); מִלִּין »Worte« Hi (13×; s. Nr. 172 u. FOHRER Hi 129f..); מְלָכִין »Könige« Prov 31 3; צִדֹנִין »Sidonier« (s. o.); שׁוֹמֵמִין = pt. pl. v. שׁמם »öde sein« Thr 1 4 (s. RUDOLPH Thr 206). Zum Ganzen vgl. VG I, 453δ; RUŽ. a. a. O.; BLH 516t; BM § 43, 3b; HARRIS Dev. 9 u. ZATU 228.

e. Aram. Einfluß, der aber recht fragwürdig bleibt, erwägen BLH 570t auch bei pluralischen Nff. mit wiederholtem oder regelmäßig verdoppeltem, aber *zweimal geschriebenem 2. Stammkonsonanten* einiger Nomina des Typus *qa/i/ull* wie z. B.: הֲרָרֶיהָ, הַרְרֵי (neben הָרֵי, < הַר »Berg«); חֲצָצֶיךָ (neben חִצֶּיךָ, < חֵץ »Pfeil«); חִקְקֵי (s. BLH 564; neben חֻקֵּי, < חֹק »Bestimmung«); עֲמָמִים, עַמְמֵי, עֲמָמֶיךָ (neben עַמִּים, עַמֵּי, עַמֶּיךָ, < I עַם »Volk«); צְלָלִים, צִלְלֵי (< צֵל »Schatten«); תְּכָכִים (< תֹּךְ »Bedrückung«, s. Nr. 322). Vgl. BLA 221h, VG I 218η u. 430d, ferner SG § 93 u. MG § 132.

5. *Rückbildungen.* Man könnte geneigt sein, he. אַדְמֹ(ו)נִי »rötlich«, u. a. Gen 25 25 (J, NOTH UegPt. 30; mhe.), נַחֲמָנִי n. m., Neh 7 7 (mhe., neben נַחְמָן), פְּלֹנִי »jemand«, u. a. I Sam 21 3 (s. Suppl. 180), I קַדְמֹ(ו)נִי »östlich, früher«, u. a. I Sam 24 14 (mhe. »uranfänglich, alt«) oder רִאשׁוֹנִית (f.) »(das) erste (Jahr)« Jer 25 1, entsprechend aram. Rückbildungen wie ja. בִּירָנִתָּא, s. Nr. 40, zu verstehen.

6. *Einzelformen.* a. Während bei I מַרְפֵּא »Heilung«, Der. v. רפא »heilen«, die Endung *-ē* < *ī* regelrichtig ist (BLH 492r), hat sie bei II מַרְפֵּא »Gelassenheit« Prov 14 30 15 4 Qoh 10 4, einem Der. v. רפה »schlaff werden, ablassen«, aramaisierenden Charakter. He. wird auslautendes *-ī*, wenn es den Hauptdruck trägt, zu *ā̆* (BLH 193r. 491mn), aram. aber zu *-ē* (BLA 37j). Aramaisierend ist auch ־א für ־ה, s. oben § 10.

b. Die f.-Form von שֵׁנִי »zweiter« heißt he. normalerweise שֵׁנִית (BLH 628v), Neh 3 30 steht indessen שֵׁנִי, was auf ein Versehen eines aram. sprechenden Schreibers zurückgehen kann (falls es sich nicht um einen Textfehler handelt), da im Aram. der st. abs. von Feminina mit urspr. Endung *-*ītu* > -*ī* lautet (BLA 244a).

c. In der Nominalform הַחַשְׁמָלָה »das Elektron« Ez 8 2 hat Hölscher Ez 69[1], wohl sicher zu Unrecht, den aram. st. emph. mit postponiertem Artikel erkennen wollen, s. BLH 511y u. KBL 342.

§ 17. *Verbum*. 1. Durch die neuen Einblicke in das vormasoret. He. ist es möglich geworden, u. a. auch gewisse Verbalbildungen besser zu verstehen. Es scheinen z. B. Formen erkennbar zu werden, die einesteils auf alter Überlieferung beruhen, andernteils aber durch die aram. Umgangssprache mitgestaltet worden sind. So kann es sich bei קָטָלוּ um eine Mischform aus pausalem *qāṭā́lū* und einer aram. Nf. *qaṭlū́* handeln (auch Birkel. 69 spricht von einem »Kompromißprodukt«); oder es mögen die »normalen« impp., die primär wahrscheinlich *qᵉṭṓlī* u. **qᵉṭolū* gelautet haben, durch die »aram. Tendenz der Wortverkürzung mit dem Ziel des Ultimadruckes« (R. Meyer VT III, 1953, 233) zu »segolierten« Formen umgebildet worden sein. Doch ist hier noch vieles im Fluß und ungesichert, weshalb an dieser Stelle nicht näher darauf eingetreten, sondern generall vor allem auf die Arbeiten R. Meyers verwiesen sei, wie sie sich z. B. ThLZ 75, 1950, 721ff., ZAW 63, 1951, 221ff., 70, 1958, 39ff. VT a. a. O. u. VII, 1957, 139ff. finden, vgl. außerdem BM §§ 5, 4 u. 62ff. passim. — Beim aram. Einfluß auf he. Verbformen geht es im übrigen oft nur um unbedeutende orthographische Unterschiede oder vielleicht auch graphische Versehen, deren Hintergrund in der aram. Umgangssprache der Schreibenden zu suchen ist (vgl. als Beispiele aus Qumrantexten R. Meyer ZAW 63, 1951, 229).

2. *Starkes Verbum*. אַשְׁכֵּים Jer 25 3: א־ statt ה־, hif. bzw. af. (BLA § 36; ZATU 93ff.) v. שׁכם »früh tun« (s. BLH 333g). הָמְלַךְ Dan 9 1, singuläres hof., wohl analog der sy. af.-Bedeutung »regieren« als hif. zu fassen, s. Montg. Dan 360f. u. Bentzen Dan 62.

3. *I lar*. אֶתְחַבַּר II Chr 20 35: א־ statt ה־, s. oben 2, hitp. bzw. etpa. (SG § 171) v. חבר »verbunden sein« (s. GK § 54a; BLH 351 u. KBL 273).

4. *II lar*. אֲסָעֲרֵם Sach 7 14: statt *אֲסָעֲרֵם, s. oben § 5, pi. v. I סער »stürmen« (s. BLH 357).

5. פ״א. In Betracht ziehen kann man ev. die beiden Formen אֵהָב (< * ״אֶאֱ, KBL 15), Prov 8 17, und אֵחַר (< * ״אֶאֱ, KBL 31), Gen 32 5 (J, Eissf. Hex. 65*), qal 1. sg. impf. v. אהב »lieben« und אחר »zurückbleiben«, indem man sie entsprechend אֲסָעֲרֵם, s. oben 4, erklärt (BLH 371r; *ē* auch in der bab. Überlieferung, BLH ebd. w). תֵּזְלִי Jer 2 36 fällt mit Rudolph Jer 18 u. KBL 24 weg (::BLH 371r). וַיּוֹחֶר II Sam 20 5

(Q): ו statt א wie im Aram. (s. BLA 139i), sofern wirklich ein hif. v. אחר »zurückbleiben« vorliegt (BLH 371r).

6. סלק »hinaufsteigen«, s. Nr. 202: אֶסַּק < * אֶסְלַק Ps 139 8, qal 1. sg. impf., mit Assim. des *l* wie im Aram. (BLA § 43).

7. פ״י. יְדָעוּן Dtn 8 3. 16 statt ־וּ nach DRIVER, Problems 106[1], ev. durch aram. Beeinflussung entstanden, s. jedoch BLH 382c u. NÖLD. BS 18. Ein A bleibt jedenfalls fraglich, da aram. Analogien späte Neubildungen sind und nur begrenzt vorkommen (s. NÖLD. op. cit. 17).

8. ע״ע. KAUTZSCH hat in OrSt. 771ff. (vgl. auch GK § 67g Anm.) eine vollständige Statistik der rund 90 sog. »aramaisierenden« Formen der impf. qal., hif. u. hof. der Verba ע״ע, bei welchen an Stelle des 2. der 1. Radikal verdoppelt wird, gegeben und nachzuweisen versucht, daß der Name irreführend sei, da die Streuung über das ganze atl. Schrifttum gehe, ferner bewußte Absicht zugrunde liege, um Bedeutungen zu differenzieren und Verwechslungen zu vermeiden, und schließlich z. T. auch die Natur des Stammanlautes dazu geführt habe. Selbst wenn man dies gelten lassen wollte, bliebe trotzdem die Möglichkeit aram. Einwirkung bestehen, ganz abgesehen davon, daß es sich um eine Frage der Punktation handelt, wobei das Alter der Texte ohne Bedeutung ist. Doch sprechen noch weitere Gründe, wie sie VG I, 635c Anm. zusammengefaßt sind, gegen diese Ansicht. Da in keiner andern sem. Sprache ein analoger Vorgang zu bemerken ist, muß vielmehr eine derart bezeichnende aram. Lauteigenschaft vorliegen, daß entsprechende he. Formen darauf zurückzuführen sind, s. BLH 433h, BM § 79d. u. schon Gesen. HG 1813, 81. — Bei שֹׁאסַיִךְ statt * שֹׁסַיִךְ Jer 30 16, pt. qal mit sf., v. שׁסס »plündern, ist offenbar die aramaisierende Form שֹׁאסַיִךְ beabsichtigt, s. GK § 67s; RUDOLPH Jer 162 u. BLH 439p. אֶשְׁתּוֹלְלוּ Ps 76 6 (vorexil., GKL. 330f.) hat ־א statt ־ה, s. oben 2 u. 3: hitp., bzw. ʾetpa. v. שׁלל »plündern« (GK § 54a; BLH 439p).

9. ע״וי. Einige Verben flektieren wie im Aram. (BLA 146r, 151u), sei es a) in allen, sei es b) bloß in einzelnen Formen der intensiven Stämme, indem sie nach Analogie des starken Verbums *w* oder *j* als starken 2. Stammkonsonanten auftreten lassen. Wenngleich die Verben ע״וי urspr. vielleicht dreiradikalig waren (BLH 386b—d; BIRKEL. 102), kennt doch das Ug. nur (noch?) schwache Bildungen, ausgenommen Verba II יו u. zugleich III יו (GdUM § 9. 46 u. 50; BM § 80, 1b), so daß man im He. bei solchen Formen wohl an aram. Einfluß denken darf, s. VG I, 614g; BGSTR. Gr. II § 28ru; BLH 394l, 406w u. BM a. a. O.; ferner BARDTKE Esth 390[27]. Mhe. sind bes. Bildungen nach ע״י sehr beliebt geworden. Vgl. zu a): איב »sich feindlich verhalten«, sehr häufig, u. a. schon Ex 23 22 (J, EISSF. Hex. 150*; hauptsächlich im pt. אוֹיֵב »Feind«; ug. ʾ*b*, EA *ibi*, BASOR 89, 1943,

32[26]); גוע »umkommen«, etwa 20×, nur nachexil.; zu b): חִיַּבְתֶּם Dan 1 10 Sir 11 8, pi. v. חוב »in Schuld bringen«; הִצְטַיַּדְנוּ Jos 9 12. cj. 4, hitp. v. צוד »sich als Wegzehrung mitnehmen«; קַיֵּם frühester Beleg Ez 13 6, pi. v. קום u. a. »bekräftigen, einsetzen« (eher skeptisch gegenüber aram. Einfluß äußert sich hingegen RUDOLPH Ruth 28). — Zuweilen findet sich ferner, mit Vorliebe im hif., (analog den Verben ע״ע) Gemination des 1. Radikals, z. T. verbunden mit einer Bedeutungsdifferenz (s. BM § 80, 8), vgl. hif. II הִנִּיחַ »stellen, legen, setzen« mit hif. I הֵנִיחַ »sich lagern lassen« v. I נוח »sich niedersetzen«.

10. ל״ה. הִמְסִיו Jos 14 8 statt * הִמְסוּ, mit aram. sf. (BLA 155q; BLH 424). הִשְׁתַּחֲוָיָתִי II Reg 5 18 statt * הִשְׁתַּחֲ(ו)וֹתִי, mit aram. inf.-Endung (BLA 160t; BLH 426). — Wie weit aram. Einfluß bei den Analogieformen nach ל״א, die im Aram. größtenteils zusammengefallen sind (s. NÖLD. ZDMG 57, 1903, 418 u. SG § 172; SCHAED. 233ff. u. BLA 151a), in Rechnung zu stellen ist, bleibt im Einzelnen manchmal schwer zu entscheiden. Wie beim umgekehrten Vorgang des Aufgehens von Verba ל״א in ל״ה, der etwas häufiger ist (BGSTR. Gr. II § 29e—h u. 30q), hat das Aram. aber im Ganzen gewiß beförderlich gewirkt. Offensichtlich wird dies z. B. bei der Verwischung des Unterschiedes von ה־ und א־, s. oben § 10. Die Belege sind gesammelt BLH § 57″, 54r u. 59. — Gemäß der aram. Form der Verba tertiae infirmae (BLA 151b, vgl. ferner oben § 16, 6a) werden zu erklären sein: תְּגַלֵּה Lev 18 (9× ; s. BLH 422t), אֶהְיֵה Jer 31 1, תִּהְיֵה־ Jer 17 17, יַעֲשֵׂה Jes 64 3, תַּעֲשֵׂה 4×, u. a. Gen 26 29 (J, NOTH UegPt. 30), נַעֲשֵׂה Jos 9 24, und תִּרְאֵה Dan 1 13. — Zu יֵרֵא Gen 41 33 u. תֵּרֵא u. a. Mi 7 10, s. BLH 425f. — אַרְאֶנּוּ (=af.?) Mi 7 15 fällt wohl weg; anders ROBINSON Mi 150.

11. ל״א. Zu Analogieformen nach ל״ה s. oben 10.

12. *Doppelt schwache Verben.* Was oben 10/11 über die Vermengung der Verba ל״א/ל״ה vermerkt ist, gilt auch hier. — Entsprechend אָסָעֲרֵם, s. oben 4, sind zu verstehen: אֵפוּ Ex 16 23 (P, NOTH UegPt. 18; EISSF. Hex. 141*: J) statt * אֲפוּ; und אֵחָיו Jes 21 12 (sekd., s. EISSF. Einl. 388), 56 12 u. cj. Jer 12 9 (s. BLH 442g). Aramaisierende Endung weisen ferner תֵּבֵא Prov 1 10 statt * תֹּבֶה und יְנַקֵּה Nah 1 3 auf, s. BLH 442eg und oben 10.

III. TEIL. AUSWERTUNG

Die nachstehenden Ausführungen beziehen sich lediglich auf die lexikal. Aramaismen, sofern nichts anderes erwähnt ist

KAP. 1. DIE HÄUFIGKEIT DER ARAMAISMEN IM AT

§ 1. 1. Eine erste Tabelle vermittelt ein Bild über die *absolute Häufigkeit* in den einzelnen Schriften, wobei allfällige textliche Unsicherheiten einzelner Belege der Übersichtlichkeit halber nicht angemerkt sind. Nicht mitgezählt sind ferner Wörter, welche im atl. He. bloß auf Grund von Emendationen belegt sind, sowie die diversen Kombinationen mit שֶׁ. Wegen der grundsätzlichen Schwierigkeiten bei der Erfassung von A (s. I § 7) können die Zahlen natürlich nur approximativ gewertet werden; es handelt sich also lediglich um Richtwerte.

Tabelle 1

Verwendete Sigla: B = Gesamtzahl der Belege, V = Verba, N = Nomina, P = Partikeln, W = Wörter, St = Stämme, akk./pe./gr. = Lww., die letztlich auf das Akk. bzw. Pers. oder Griech. zurückgehen, unb. = Lww. letztlich unbekannter Herkunft.

	Mehr oder weniger sichere A																	Unsichere A[1]		
	Wörter insgesamt						davon: a) durch aram. Vermittlung							b) nn. pr.			Wörter insgesamt		
	B	V	N	P	W	St	B	akk.	pe.	gr.	unb.	W	St	B	W	St	B	W	St
1. Pentateuch																			
a. Genesis	19	4	5		9	9								6	1	1	5	4	3
b. Exodus	51	3	7	1	11	11	37	3				3	3				3	2	2
c. Leviticus	11	2	4	1	7	7	1	1				1	1				1	1	1

[1] Nr. 23 33f. 43 50 54 57 62—67 74ab 80f. 82a 99 106a—e 108 143 155f. 164 181 194 196—198 203 214 220 232—234 236f. 247 251 267 272 304g 321f. 325 327, vgl. auch 204a.

	Mehr oder weniger sichere A															Unsichere A		
	Wörter insgesamt						davon: a) durch aram. Vermittlung							b) nn. pr.			Wörter insgesamt		
	B	V	N	P	W	St	B	akk.	pe.	gr.	unb.	W	St	B	W	St	B	W	St
d. Numeri	29	3	4	1	8	8	11	2				2	2						
e. Deuteronomium	8	2	6		8	8	2	2				2	2				1	1	1
f. J[2]	12	3	3	1	7	7								1	1	1	4	1	1
g. E[3]	8	4	1		5	5											4	4	3
h. P	90	5	9	2	16	15	49	4				4	3	5	1	1	1	1	1
2. Josua	9		6		6	6	1[4]	1				1	1						
3. Richter	15	3	2		5	4											2	1	1
4. I/II Samuel	27	2	9	1	12	12	1	1				1	1	16	2	2			
5. I/II Könige	25	2	10	3	15	13	2	1				1	1				4	3	2
6. Jesaja (Kap. 1—39)	32	7	7		14	13	1				1	1	1				10	8	5
7. Deuterojesaja	26	6	4	2	12	11	2	1				1	1				1	1	1
8. Jeremia	22	3	11	1	15	14	3	3				3	3				4	4	4
9. Ezechiel	49	8	16	1	25	23	7	3				3	3				3	3	3
10. Hosea	1		1		1	1											2	1	1

[2] Gen 4 26 (II אֱנוֹשׁ), Ex 8 22 (הֵן) u. Num 12 8 (חִידָה) in der Zuweisung zu J unsicher.

[3] Gen 27 29 (II הוה), 45 17 (II טען), Ex 18 9 (חדה) u. 24 11 (חזה) in der Zuweisung zu E unsicher.

[4] s. Nr. 5.

	Mehr oder weniger sichere A																Unsichere A		
	Wörter insgesamt						davon: a) durch aram. Vermittlung							b) nn. pr.			Wörter insgesamt		
	B	V	N	P	W	St	B	akk.	pe.	gr.	unb.	W	St	B	W	St	B	W	St
11. Joel	4	2	2		4	4													
12. Amos	3	1	1		2	2											1	1	1
13. Obadja	1		1		1	1													
14. Jona	13	5	3	1	9	9	2[5]	2				2	2						
15. Micha	6	3	2		5	5	1	1				1	1						
16. Nahum	—				—												1	1	1
17. Habakuk	2	1	1		2	2													
18. Zephanja	2	1	1		2	2											2	2	2
19. Haggai	1			1	1	1													
20. Sacharja																			
a. Kp. 1—14	9	1	7		8	8	4	4				4	4				1	1	1
b. Kp. 9—14	5	1	4		5	5	2	2											
21. Maleachi	1		1		1	1											—	—	
22. Psalmen	112	33	28	2	63	58	8	5				5	5				12	10	10
23. Proverbien	33	13	11	2	26	24	2	2				2	2				7	4	4

[5] טַעַם ev. pers.

	Mehr oder weniger sichere A																Unsichere A		
	Wörter insgesamt						davon: a) durch aram. Vermittlung							b) nn. pr.			Wörter insgesamt		
	B	V	N	P	W	St	B	akk.	pe.	gr.	unb.	W	St	B	W	St	B	W	St
24. Hiob																			
a. inklusive Elihureden	124	20	22	1	43	40	3	3				3	3				9	9	9
b. nur Elihureden	23	10	5		15	14											4	4	4
25. Canticum	32	4	12	2	18	16	3	3				7	7				5	3	3
							5		3										
							1			1[6]									
26. Ruth	2	2			2	2													
27. Threni	8	2	6		8	8	2	2				2	2				1	1	1
28. Qohelet	78	6	21	4	31	27	7	4				7	7				15	5	5
							2		2										
							1				1								
29. Esther	144	7	29	1	37	36	32	9[7]				19	18				1	1	1
							38		10[8]										
30. Daniel	36	4	16	3	23	23	4	3				6	6				1	1	1
							8		3										
31. Chronistisches Werk																			
a. Esra	41	2	25	1	28	23	4	4				13	13	16	10	5	1	1	1
							7		6[8]										
							4			3[9]									
b. Nehemia	58	7	26	2	35	28	16	7[7]				12	11	14	10	7	1	1	1
							9		3[8]										
							3			1									

6 אַפִּרְיוֹן ev. pers.
7 אִגֶּרֶת ev. pers.
8 * זְמָן ev. akk.
9 * אֲגַרְטָל ev. pers.

Mehr oder weniger sichere A																Unsichere A		
Wörter insgesamt						davon: a) durch aram. Vermittlung							b) nn. pr.			Wörter insgesamt		
B	V	N	P	W	St	B	akk.	pe.	gr.	unb.	W	St	B	W	St	B	W	St
c. I/II Chronik																		
	6		4			11	6				12	12	50	25	13	2	2	2
		53		63	48	6		4										
111						1			1[10]									
						1				1								
d. Gesamtes chronistisches Werk																		
209	13	78	5	96	74	31	15[7]				31	28	80	34	15	4	3	3
						22		12[8]										
						8			3[9f.]									
						1				1								

2. Was die lexikalischen A betrifft, so enthalten mit ev. Ausnahme von Nah in unterschiedlicher Dichte sämtliche atl. Bücher aram. Lehngut; zieht man auch die grammatikalischen[1] und syntaktisch-stilistischen[1a] bei, so zeigt sich überhaupt kein atl. Buch frei von z. T. freilich auf die Masoreten zurückzuführendem aram. Einfluß. Im Folgenden soll indessen nurmehr die Rede von ersteren sein. Davon sind beachtenswert die frühen Belege etwa im Jakobssegen Gen 49 9 u. 22 (אַרְיֵה u. I שׁוֹר), im Mosesegen Dtn 33 2 u. 22 (אתה u. אַרְיֵה), im Bundes-

[10] s. Nr. 6.

[1] Vgl. z. B. מְאֹד Nah 2 2, s. II § 7.

[1a] Als Beispiele seien erwähnt: a) die Präposition עַל < *'*alaj* »auf, über«, die immer mehr auch den Geltungsbereich und die Funktion von אֶל »in Richtung nach« einschließt, entsprechend dem Aram., wo אֶל aam. u. äga. noch in Gebrauch steht (s. DISO 13), in den späteren aram. Idiomen aber durch עַל verdrängt worden ist (s. MG 354[2] u. KBL 1107). Schon in ältern he. Texten wie II Sam 15 20 oder I Reg 22 6 auftretend und wohl durch Tradenten verschuldet, ist diese Erscheinung besonders bei Jer, Ez und im chronist. Werk zu beobachten (s. Kropat 41f.; Würthwein, Text 19; Zimmerli Ez 6; GB 588 u. KBL 704, 8; ferner Budie 46ff.). Auch in den Qumrantexten werden אֶל u. עַל oft nicht mehr deutlich unterschieden (s. Gese ZAW 69, 1957, 60[11]). Indessen wird man als Grund nicht nur die direkte Einwirkung von aram. עַל annehmen dürfen, sondern auch die allgemeine Tendenz, die Laryngallaute in der Aussprache nicht mehr genau zu beachten, ja schließlich ganz zu elidieren (vgl. oben II § 9). א und ע wurden in der Aussprache dadurch stets ähnlicher, woraus sich erklärt, daß im He. umgekehrt auch עַל durch אֶל ersetzt werden konnte (s. KBL 48, 3). b) die Partikel לְ zur Umschreibung des Akkusativs (an Stelle von אֶת־), wie sie für das Aram. charakteristisch ist (s. Bro. HS § 95 u. VG II §§ 211 de u. 212; BLA § 100; GK § 117n; Kropat 35 u. KBL 465, 18b). Meist auf Personen bezogen, vgl. Jer 40 2, kommt z. B. Thr 4 5 auch die Verbindung mit einem unpersönlichen Akkusativobjekt vor.

buch Ex 21 22f. (אָסוֹן, aber unsicher), in den Bileamsprüchen Num 24 4. 16 (חזה), im Deboralied Jdc 5 8. 11. 26 (cj. אזל, מחק u. ev. תנה), in Ps 19 3. 5 (I חוה u. מִלָּה) und 68 18. 24 (רִבּוֹ u. מנה), wobei es sich, wie auch z. T. beim Nachstehenden, um altes Erbgut (s. oben I § 2 u. unten § 6, 1) handeln wird.

Wenig A finden sich in den beiden Quellenschriften des Pentateuchs J (II אֱנוֹשׁ, אָסוֹן: unsicher, הֵן, חזה, חִידָה, III מלל, II פתה u. רַהַט; s. aber Tabelle 1 Anm. 2) und E (אָסוֹן: unsicher, II הוה, זבד u. זֵבֶד: unsicher, חדה, חזה, חרת: unsicher, II טען, nebst פרק: unsicher; s. ebenfalls Tabelle 1 Anm. 3); relativ bescheiden ist der Befund auch bei P und weiterhin beim Dtn. Eine Häufung von 13 Belegen zeigt Jdc 14, freilich nur 3 Wörter bzw. 2 Stämme umfassend (חִידָה/חוד u. אַרְיֵה). Im II. Samuelbuch enthalten die als Nachträge zu verstehenden, aber dennoch mindestens teilweise altes Gut vermittelnden Kp. 21—24 6 A (21 8 עַדְרִיאֵל, 22 30 I שׁוּר, 22 35 נחת, 23 2 מִלָּה, 23 20 אַרְיֵה u. 24 24 I מְחִיר). Ein etwas vermehrtes Vorkommen ist in den Profetenüberlieferungen der Königsbücher festzustellen, vornehmlich I Reg 20 u. II Reg 6, wo Kriege mit Syrien im Hintergrunde stehen[2] (I Reg 13 24-26. 28 u. 20 36 אַרְיֵה, 20 14f. 17. 19 מְדִינָה, 21 2 I מְחִיר, II Reg 2 20 צְלֹחִית, 4 39 פַּקֻּעֹת: unsicher, 6 8f. cj. נחת, 6 11 מִשֶּׁלָּנוּ, 6 13 אֵיכֹה u. 6 24 Q דִּבְיוֹנִים).

Ausgesprochen klein ist die Zahl der A in den vorexil. Profetenbüchern, unter welchen nur Jer einen etwas höhern Bestand zeigt, der sich indes zeitgeschichtlich gut begreifen läßt; es entfallen auf echte Abschnitte (Mow.'s Quelle A) 13, auf die Erzählungen über Jer (Mow.'s Quelle B) 4, auf die dtr. Bearbeitung der Reden (Mow.'s Quelle C) sowie auf Mow.'s Quelle D je 1 und auf die Fremdvölkerorakel 4 Belege. Aber auch unter den nachexil. Profetenschriften zeichnen sich bloß Ez und Jo durch vermehrt auftretende A aus.

Von den Ps werden 58 betroffen: 31[3] mit je 1 Beleg, 12[4] mit je 2 Belegen, 6[5] mit je 3, die Ps 55 73 u. 104 mit je 4, Ps 9/10 68 u. 139 mit je 5, Ps 144 mit 6 u. Ps 119 mit 8 Belegen (welche sich jedoch auf 176 vv. verteilen). Im Ganzen ist auch hier der Befund verhältnismäßig gering, um so mehr, als andere nachexil. Ps wie 1 14 33 usw. von A frei sind.

Unter den nachexil. Büchern zeigen sich ferner Ruth[6] u. Thr ziemlich frei von aram. Lww. Relativ wenig umfangreich ist der Be-

---

[2] vgl. ZATU 228[3].

[3] 6—8 12 16 21 34 38 46 49 56 60f. 64 66 72 74 84 87 89 90—92 98 103 114 117 124 (3 × אֱזַי) 129 147 149.

[4] 2 18 19 44 65 78 88 105—107 145f.

[5] 11 17 22 27 58 63.

[6] von Rudolph Ruth 26ff. u. a. m. freilich in die spätere Königszeit verlegt, s. aber Eissf. Einl. 595f. u. Sellin-R. Einl. 153; zur Frage der A bei Ruth s. im weiteren Rudolph ebd. 28.

stand an aram. Fremdgut auch bei den Prov (beachtenswerterweise übrigens auch bei Sir). Vermehrt in Erscheinung treten A indessen bei Hi (insbesondere in den Elihureden 32 2—37 24, auf welche etwa 1/5 aller Belege u. etwa 1/3 aller Wörter und Stämme des Hi-Buches entfällt)[7]. Am zahlreichsten sind sie jedoch in Cant, Qoh, Esth u. Dan[7a].

§ 2. 1. Einen Anhaltspunkt für die *relative Häufigkeit* der A in den am stärksten mit aram. Lehngut durchsetzten Büchern mag nachstehende Tabelle geben. Um eine Vergleichsbasis zu finden, ist stets der Gesamtwortbestand eines Buches (bei Hi ohne Prolog und Epilog, bei Dan u. Esr nur der he. Abschnitte) zugrunde gelegt worden. Die Prozentzahlen geben dabei das numerische Verhältnis der A zum Wortbestand des betreffenden Buches wieder.

Tabelle 2

	Anzahl der Belegstellen von A im Verhältnis zum gesamten Wortbestand des Buches	Anzahl der aram. Lww. im Verhältnis zum gesamten Wortbestand des Buches	Anzahl der entlehnten aram. Stämme im Verhältnis zum gesamten Wortbestand des Buches
Hi (ohne Elihureden)	1,6%	0,45%	0,4%
(Hi) Elihureden	2%	1,35%	1,3%
Cant	2,6%	1,5%	1,4%
Qoh	3,1%	1,4%	1%
Esth	5,3%	1,35%	1,3%
Dan	1,75%	1,1%	1,1%
Esr	1,9%	1,25%	1%
Neh	1,2%	0,7%	0,55%
I/II Chr	0,55%	0,3%	0,25%
Chronist. Werk . . .	0,8%	0,35%	0,3%

2. Was die Belege betrifft, steht Esth obenan (wo freilich die vielen pers. Fww. zu berücksichtigen sind, ohne welche sich eine

[7] KAUTZSCH 101 zählt in den Elihureden 13 aram. Wörter u. 31 Belege gegen 32 bzw. 84 im ganzen Hi-Buch; POSSELT 101ff. gibt das Verhältnis der A mit 7:33 an; vgl. auch KUHL ThR 21, 1953, 259 u. HÖLSCHER Hi 83. — Von den A im atl. He. sind im übrigen 2 sichere (בָּהִיר u. כתר Nr. 144) u. 3 unsichere (I חַף, סַד u. שׂרה) nur in den Elihureden belegt, von שַׂגִּיא u. אֶכֶף der Stamm auch anderwärts.

Die Elihureden werden heutzutage allgemein für unecht gehalten, s. KUHL a. a. O. 257ff. u. RGG III, 357; HÖLSCHER a. a. O.; FOHRER 445 u. EISSF. Einl. 561f.; dennoch hat es auch nie ganz an Verfechtern der Echtheit, für welche z. B. BUDDE, CORNILL, WILDEBOER, SELLIN und HERRMANN eingetreten sind, gefehlt.

[7a] Vgl. zum Ganzen auch ALBR. in Intr. Rev. Stand. Vers. OT 39f.

Reduktion auf etwa 4% ergibt), gefolgt von Qoh u. Cant. Bei den einzelnen aram. Wörtern und Stämmen schwingt dagegen Cant obenaus. Beträchtlich geringer ist demgegenüber der Prozentsatz der A in I/II Chr, während er im Vergleich dazu bei Esr u. Neh etwa 2—4mal höher ist.

§ 3. Diese starke Durchdringung des he. Wortschatzes mit A und das öfters auch syntakt. u. stilist. enge Berührung mit dem Aram. aufweisende He. gewisser Texte[8] hat mitunter zur Vermutung geführt, es möchte ein *aram. Original* zugrunde liegen:

1.[9] Ez: s. Torcz. EJ III, 135 (der für das ganze Buch oder wenigstens Teile davon aram. Ursprung annimmt) :: Fohrer Ez XIII. XXIV;

2. Prov: s. Albr. a. a. O. 24 (»some sections of Prov are clearly translations from an Aramaizing dialect ...«); anders Gemser Prov 9f;

3. Hi: s. Tur-Sinai Job XXXff. 110ff. (ohne Rahmenerzählung), auch Albr. AJSL 44, 1927, 24f., der mit einem »Edomite Aramean« rechnet (vgl. dazu Pfeiffer ZAW 44, 1926, 17ff. u. Intr. 680ff., ferner E. ben Yehouda JPOS 1, 1921, 113ff. mit seinem Versuch, Edomitismen aufzuspüren; nach Torcz. MGWJ 39, 1925, 239 erachtete schon der jüd. Gelehrte Abr. ibn Esra um 1100 n. Chr. den he. Hi-Text als eine Übersetzung aus dem Edomitischen) — wogegen u. a. Hölscher Hi 7f., Baumg. ThR 5, 1933, 269 u. ZATU 230[2] und neuerdings Fohrer Hi 43 (hier in Anm. 61 auch Lit. zu einer gelegentlich vorgeschlagenen ar. Urschrift) Stellung genommen haben.

4. Qoh: s. Burkitt JTHSt. 23, 1921, 23ff.; Zimmermann JQR 36, 1945, 17ff. u. 40, 1949, 79ff.; Torrey JQR 39, 1948, 160; Ginsberg, StQoh. :: Gordis JQR 37, 1946, 67ff., 40, 1949, 103ff. u. JBL 71, 1952, 93ff.; Montg. Dan 15; Eissf. Einl. 611f.; Sellin-R. Einl. 154; Albr. VTS III, 14f.; Galling Qoh 50, ThR 6, 1934, 357 u. RGG V, 513 und Hertzberg Qoh 29 (Gord. IEJ a. a. O. 85ff. u. Dahood Bibl. 33, 1952, 191ff. u. 39, 1958, 302ff., weisen andererseits auf ug., bzw. phön. Entsprechungen hin);

5. Esth: s. Torrey HThR 37, 1944, 1ff. :: Bardtke Esth 252; Alth.-St. ASpr. 213 (Gord. IEJ 5, 1955, 86ff. macht auf ug. Parallelen aufmerksam);

6. I/II Chr: s. Zimmermann JQR 42, 1951, 265ff. 387ff. :: Rudolph Chron XIII[13]; Noth UegSt. 111;

[8] S. z. B. Kropat; ferner Striedl, Untersuchungen zur Syntax u. Stilistik des he. Buches Esth, ZAW 55, 1937, 81ff.

[9] Im folgenden Lit. nur in Auswahl. — Kleinere Textabschnitte wie z. B. Esr 1 9-11a (s. Nr. 3) oder Hi 36 2a (s. Dhorme Job 491) bleiben unberücksichtigt.

7. Sir: Während z. B. SMEND Sir CL; SCHÜRER, Geschichte des jüd. Volkes III, 217; SEGAL JQR 25, 1934, 140; PFEIFFER, History of NT Times 398f.; KAHLE VT 1, 1951, 47f. u. KG 27; TRINQUET VT a. a. O. 287ff.; DI LELLA Bibl. 44, 1963, 171ff. u. EISSF. Einl. 741 die Ende des 19. Jh.'s in der Kairoer Genisa entdeckten he. Fragmente für ursprünglich bzw. auf ein he. Original zurückgehend ansehen und darauf die sy. u. gr. Version fußen lassen, ist von andern Forschern deren Ursprünglichkeit in Frage gestellt und eine aram. Grundschrift angenommen worden: s. MARGOLIOUTH, The Origin of the »Original Hebrew« of Eccl.; BÜCHLER JQR 13, 1922f., 320; GINSBERG ZAW 55, 1937, 309 u. JBL 74, 1955, 93ff.; GORD. JBL 56, 1937, 415; TORREY, The Apocryphal Lit. 97; ZEITLIN JQR 39, 1948, 180 u. a. m. Nach der Auffindung neuer Sir-Fragmente in Qumran (DJD III 75ff. u. IV 79ff.) und schließlich in Masada mit Texten aus der mittleren oder späteren Hasmonäerzeit (YADIN 4) ist die Frage nun zweifellos zugunsten der erstgenannten Forscher entschieden (s. ebd. 7).

8. Sehr kompliziert ist die Frage bei Dan, weil hier Zweisprachigkeit herrscht, im Unterschied zu den aram. Dokumenten bei Esr (4 8-6. 18 u. 7 11-26) aber der aram. Teil des Buches (2 4b-7 28) nicht mit der sachlichen Zweiteilung übereinstimmt. Als Lösung wurde versucht, ein aram. Original entweder für das ganze Buch (so z. B. schon HUET, Demonstratio Evangelica, 1721, 472; ferner BUHL PRE³ 451; CHARLES Dan §§ 6 u. 10; MARTI Dan IXf.; DUP.-S., Les Araméens 99; ALTH.-ST. ASpr. 213; ZIMMERMANN JBL 57, 1938, 257; GINSBERG, StDan. u. VT 4, 1954, 246ff.; vgl. auch EISSF. Einl. 651f.), oder wenigstens für den Anfang 1 1—2 4a[10] anzunehmen (so die Mehrzahl der Forscher, z. B. DALMAN, Worte Jesu 11; TORREY, Notes on the Aram. Part of Dan I, 249; ROWL. ZAW 50, 1932, 256ff.; PREISWERK, Der Sprachenwechsel im Buche Dan, 109ff.; MONTG. Dan 90ff.; BENTZEN Dan 9; BAUMG. RGG I, 533 u. II, 29), wobei die Vorschläge im Einzelnen divergieren (s. BAUMG. ThR 11, 1939, 78ff.; EISSF. Einl. 637f.; MONTG. u. BENTZEN a. a. O.).

9. Während Dan 1 1—2 4a tatsächlich auf einer Übersetzung aus dem Aram. beruhen wird — bei Kp. 8—12 ist dies viel weniger sicher — dürfte der Nachweis einer analogen Situation für keine andere atl. Schrift vollgültig erbracht worden sein (s. auch ALBR. in Intr. Rev. Stand. Vers. OT 32f.). Bei unserer unzureichenden Kennt-

---

[10] Der Vorgang wäre etwa in der Weise zu verstehen, daß Kp. 1—7 aram. verfaßt wurden, bei Anfügung der he. Kp. 8—12 aber der Anfang 1 1—2 4a ins He. übersetzt worden ist. — Umgekehrt ist für ein ausgefallenes he. Mittelstück z. B. auch Ergänzung aus einer aram. Vorlage vorgeschlagen worden, s. GOETTSBERGER Dan 9f. u. EISLER II, 662.

nis des zeitgenössischen He. bleiben Hinweise auf »Übersetzungs-He.« bzw. »Lehnübersetzung« (vgl. z. B. TORCZ. EJ III, 133) meist stark im Hypothetischen stecken[10a]. Zu Recht läßt sich mit GALLING Qoh 50 auch fragen, warum denn die Übersetzer so viele ausgesprochene A stehen gelassen hätten.

§ 4. Gestreift sei noch das Problem einer allfälligen *nordisr. Herkunft* einzelner Texte wie E[11], des Grundbestandes des Dtn's[12], Hos's[13] oder einzelner Ps[14]. Die Schwierigkeit liegt darin, daß die Existenz eines nordisr. Dialektes wohl vorausgesetzt werden darf, wir ihn aber nicht deutlich genug erfassen können und somit genauer Kenntnis ermangeln (vgl. R. MEYER ZAW 63, 1951, 224 u. THOMAS OTMSt 256). Gewöhnlich wird u. a. mit vermehrtem aram. Einfluß gerechnet (s. oben I § 2) doch ergeben die lexikal. A in dieser Hinsicht bei den genannten Schriften keine nähern Anhaltspunkte; es müssen demnach andere Argumente ins Feld geführt werden können.

KAP. 2. DIE ZEITLICHE EINORDNUNG DER ARAMAISMEN

§ 5. 1. Nachstehende Tabelle vermittelt eine *Übersicht*, die freilich wegen der mancherlei Unsicherheiten in der zeitlichen Bestimmung verschiedener Texte nur ein ungefähres Bild zu bieten vermag. So könnte man, neuern Auffassungen entsprechend, z. B. etliche Ps für älter halten (s. STAMM ThR 23, 1955, 29ff.; GALLING RGG V 672ff. u. KRAUS LVIIff.), oder mit GEMSER Prov 4f. Prov 10—22 16 ein bis anderthalb Jhe. nach Salomo ansetzen. Das würde die Zahl der vorexil. A etwas vergrößern. Im allgemeinen ist in solchen umstrittenen Fällen jedoch der niedrigere Ansatz gewählt worden. Der Umfang der berücksichtigten A ist derselbe wie bei Tabelle 1, s. oben § 1, 1 (nicht einbezogen sind auch die nur bei Sir belegten), und wie dort haben die Zahlen hier ebenfalls bloß die Funktion von Richtwerten.

[10a] Als Beispiele sicherer Übertragung eines aram. Ausdruckes in das He. vgl. חוּץ מִן (Nr. 48) חַד אֶת־אַחַד (Nr. 82b) u. כְּאֶחָד (Nr. 124); s. dazu MANNES 10f.

[11] Das war die allgemeine Auffassung im 19. Jh., die aber auch heute noch vertreten wird, vgl. z. B. ALT Kl. Schr. II, 273; SELLIN-R. Einl. 64; DRIVER Congr. Vol. Copenh. 35 u. PLÖGER RGG II, 436f.; angefochten wurde sie u. a. von EISSF. Einl. 241f. u. NOTH UegPt. 249.

[12] So u. a. ALT a. a. O. u. 275; SELLIN-R. Einl. 72.

[13] Nordisr. Dialekt haben u. a. DRIVER a. a. O. u. besonders NYB. erkennen wollen, ZAW 52, 1934, 241ff. u. Uppsala Universitets Årsskrift I, 1935, 12; s. indes die krit. Würdigung durch BEGRICH OLZ 42, 1939, 480f.; vgl. auch ZATU 226 u. FOHRER ThR 19, 1951, 284.

[14] Vgl. z. B. Ps 42/43, s. GKL. 180, Ps 45, s. GKL. 193, oder Ps 89, s. GKL. 389.

Die Zuteilung der Belegstellen enthaltenden Texte ist folgendermaßen erfolgt:

a) Bis und mit 8. Jh.:
J E Dtn 33 Jos 7 1. 17f. 14 4 15 3. 25 18 24 Jdc 5 u. 14 I/II Sam (ohne Nr. 172, 179 u. 187: unbestb.) I/II Reg (ohne Nr. 28 u. 51a: unbestb.) Jes (ohne die unter c u. d genannten Stellen) Hos Am (ohne Nr. 93: unbestb.) Mi (ohne Nr. 93, s. o. Am, u. die unter c genannten Kp.) Ps 19 1-7 68 1-30 Prov 25—29.

b) 7. Jh. bis Exil:
Jer (ohne Nr. 28, soweit sekd., 29, 190 u. 323: nachexil.) Nah Hab Zeph Ps 2 18 21 46 61 63 72 84 89 144 Prov 22 17—24 22.

c) exil./nachexil.:
P Dtn (ohne die unter a u. d erwähnten Kp.) Jes 13 21 23 24—27 33 u. 35 Dtjes Ez Joel Jon Mi 4f. Hag Sach Ps 9/10 16 22 34 38 44 49 55 66 68 31ff. 73f. 78 87f. 90 92 98 103 105 107 117 119 123f. 129 136 139 145—147 Prov 1—22 16 Hi Cant Ruth Thr Qoh Esth Dan Esr Neh I/II Chr.

d) unbestimmbar:
Dtn 32 (s. Nr. 7 Anm. 3) Jos 22 8 Jdc 21 21 Jes 1 1 2 1 11 7f. 15f. 37 38 10-20 (s. Nr. 292 Anm. 3) Ob 9 (s. Nr. 255 Anm. 2) Ps 6—8 11f. 17 27 39 56 58 60 64f. 91 104 114 149 Prov 24 32 31.

Tabelle 3

Mehr oder weniger sichere A																Unsichere A[1]		
Wörter insgesamt						davon: a) durch aram. Vermittlung							b) nn. pr.			Wörter insgesamt		
B	V	N	P	W	St	B	akk.	pe.	gr.	unb.	W	St	B	W	St	B	W	St
1. Bis und mit 8. Jh.																		
106	16	28	5	49[2]	42	6	2				2	2	17	7	5	25	18	12
2. 7. Jh. bis Exil																		
a. Gesamthaft																		
45	15	18	1	34	31	4	4				4	4				8	8	7
b. Neu gegenüber der frühern Zeit																		
	8	11		19	17		3				3	3					7	6

[1] s. Tabelle 1 Anm. 1.

[2] חֲדַתָּה, אִדַּר u. הֵן ev. erst aus späterer Zeit.

	Mehr oder weniger sichere A																Unsichere A		
	Wörter insgesamt						davon: a) durch aram. Vermittlung							b) nn. pr.			Wörter insgesamt		
	B	V	N	P	W	St	B	akk.	pe.	gr.	unb.	W	St	B	W	St	B	W	St
3. Vorexilisch insgesamt	151	24	39	5	68	59	10	5				5	5	17	7	5	33	25	18
4. Exilisch/nachexilisch																			
a. Gesamthaft	944	69	195	12	276	206	159	40[3]				70	59	85	37	19	57	35	32
							73		23[4]										
							9			4[5]									
							3				3								
b. Neu gegenüber der frühern Zeit		49	180	9	238	166		37[3]				67	64		28	10		25	23
									23[4]										
										4[5]									
											3								
5. Zeitlich unbestimmbar																			
a. Gesamthaft	55	12	15		27	26	1	1				1	1				6	5	5
b. Nur hier belegt		1	4		5	3												2	1
6. Gesamtbestand	**1150**	74	223	14	**311**	**228**	170	42[3]				**72**	69	101	**35**	15	96	**52**	42
							73		23[4]										
							9			4[5]									
							3				3								
							255												

2. Am auffallendsten ist im Vergleich mit der vorexil. Zeit die spätere Vermehrung um rund das 6-fache bei den Belegen und das 4-fache bei den Wörtern und Stämmen, worin sich die starke Zunahme des aram. Einflusses deutlich kundtut. Andererseits ist indessen auch der Anteil der Periode vor 700 v. Chr. sehr beachtenswert und höher als erwartet. Doch sollen über diese generellen Ergebnisse hinaus im

[3] s. Tabelle 1 Anm. 5 u. 7.
[4] s. Tabelle 1 Anm. 8.
[5] s. Tabelle 1 Anm. 9 u. 10.

folgenden einzelne wichtigere Wortgruppen noch genauer ins Auge gefaßt werden:

§ 6. 1. So ist von besonderem Interesse der Bestand an altem *Erbgut* (s. I § 2), das für uns freilich oft nicht mehr erkennbar ist. Vielleicht sind z. B. einige der nachstehend aufgeführten Wörter in Wirklichkeit urspr. nw.-sem. gewesen, danach im He. verdrängt worden und unter aram. Druck in späterer Zeit wieder in Gebrauch gekommen. Vgl. etwa: כֹּפֶר I/כָּפָר * חוד/חִידָה חזה חוה I חדה הוה II אתה אַרְיֵה[17] (אָסוֹן) אֱנוֹשׁ I/II מחק מלל/מִלָּה נחת II פתה u. I שׁוּר, außerdem cj. I חמה.

2. Relativ spärlich sind in vorexil. Zeit aram. *Personennamen* israelitischer Träger vertreten (s. hierzu auch I § 1 Anm. 11). Mit Ausnahme von II אֱנוֹשׁ (dessen vorexil. Beleg freilich unsicher ist), Kombinationen mit זבד, ferner טָפַת, עַדְרִיאֵל und צִיבָא, gehören alle nn. pr. der exil./nachexil. Welt an, wobei natürlich daran gedacht werden muß, daß die späten Listen auch altes Namensgut enthalten und uns nur ein kleiner und zufälliger Teil überliefert worden ist: אֲבִישׁוּר אִשַׁי אֱלִיאָתָה, גִּלְלַי גָּלָל, weitere Kombinationen mit זבד, זְבִינָה מְהִיר II מְהֵיטַבְאֵל יֶשֶׁבְאָב יַחְזְיָה יַחְזִיאֵל יְחִדְיָהוּ יַחְדִּיאֵל יַחְדּוֹ טַלְמוֹן טֶלֶם חֲטִיפָא מְשֵׁיזַבְאֵל II עֵדֶר* עֵדֶר I עֵרֶד (שִׁיזָא) שַׁעַף (תֶּלַח).

3. An *Ortsnamen*, die israelit. Siedlungen betreffen, können als A nur חֲצַר־אַדָּר, חָצוֹר חֲדַתָּה u. כְּפַר הָעַמֹּנִי genannt werden, wobei ersterer (ableitungsmäßig aber etwas fraglich) und letzterer vorexil. belegt sind. Obwohl außerhalb Israels gelegen, sind auch גְּבָל u. דַּרְמֶשֶׂק in Anbetracht ihrer aram. Wortform einbezogen worden. S. ferner II § 2.

4. An *Partikeln* fallen in vorexil. Zeit: אִשׁ אֵיכָה בֵּית הֵן (זְעֵיר מִזְעָר) u. שֶׁ (mit Kombinationen); später erst sind belegt: אִזַּי אִלּוּ (בְּכֵן) הֵיךְ אֶת־אַחַד חַד, מִן חוּץ, II חֲלֵף כְּאֶחָד כְּבָר u. * מִסָּה.

5. Eine Gruppe für sich bilden jene Wörter, bei welchen lediglich eine bestimmte Bedeutung als *»Lehnbedeutung«* (*calque*) dem Aram. entnommen worden ist, wobei gelegentlich unsicher bleibt, ob die Entlehnung tatsächlich nur die Bedeutung betrifft. Schon in vorexil. Zeit gehören: אֵיכָה/כֹּה wo?, בהל eilen, דור wohnen, הֵן wenn, (חזק umgürten), I חסד/I חֶסֶד schmähen/Schmach, מנה (pi.) bestimmen, zuteilen, *עַתִּיק entwöhnt, פצה (u. פרק) befreien; erst nachexil. belegt sind: אחז verriegeln, אלף (be)lehren, II בחר prüfen, זִכָּרוֹן Memorandum, (חֵפֶץ Angelegenheit), טַעַם Befehl, Erlaß, כתר warten, II מלך (nif.) mit sich zu Rate gehen, (II סוג umhegen), * עֲבָד u. מַעֲבָד Tat, עבר (pi.) bespringen, * עָתֵק/עַתִּיק alt/alt angestammt, קדם zuvorkommen, früh

[17] In Klammern im folgenden stets unsichere A

tun; zeitlich unbestimmbar ist die Belegung von עתק altern u. שלם (hif.) völlig preisgeben. — S. dazu auch KUTSCHER, Tarbiz 33, 1963, 118ff.

6. *Indirekte A.* a. Mit 255 Belegen und 72 Einzelwörtern ist der Bestand an Fremdgut, das selbst nicht dem Aram. entstammt, bei welchem das Aram. vielmehr lediglich Vermittlerdienste geleistet hat, beachtlich. Indessen sei auch an dieser Stelle unter Verweis auf I § 7, 4 die verschiedentliche Ungewißheit bei der Erfassung dieses Gutes und somit die im einzelnen manchmal vorhandene Fragwürdigkeit der hier sich findenden Zahlen und Listen erwähnt.

b. Mehr als die Hälfte der Wörter und Belege entfällt auf das urspr. *akk.*, letztlich z. T. sum. Element (vgl. z. B. אָמָּן, מַלָּח u. נְכָסִים) und umfaßt u. a. Verwaltungstechnisches, Bauliches, Seemännisches und allerlei Ausdrücke für Kulturgüter (vgl. BAUMG. KBL XXVIIIf. u. ROSENTH. Gr. 57f.). Gesamthaft wird die Zahl der akk. Lww. von BAUMG. a. a. O. auf etwa 100 geschätzt; demnach wäre der ein wenig größere Teil nicht durch aram. Vermittlung, sondern durch direkte Entlehnung in das He. gelangt (große Verdienste in der Erforschung des Materials haben sich FRD. DELITZSCH und ZIMMERN erworben, s. KBL XVIIIf. u. ZATU 229[1]). Unter den durch das Aram. übermittelten Wörtern sind 5 schon vorexil. belegt: אִדָּר Tenne (in n. l. Nr. 5), * זָוִית Ecke, I מְחִיר Kaufpreis, קְרָב Kampf u. שַׂכִּין Messer; 37 erst exil./nachexil.: die Monatsnamen אֲדָר, אֱלוּל, טֵבֵת, כִּסְלֵו, נִיסָן, סִיוָן u. שְׁבָט, sodann אִגֶּרֶת Brief (ev. urspr. pers.), אָמָּן Künstler, אָשְׁיָה Pfeiler, Stütze (s. Nr. 29), אַשָּׁף Beschwörer, בִּירָה Zitadelle, Schloß, בִּיתָן Palast, טַעַם Befehl, Erlaß (ev. urspr. pers), כֶּבֶל Fessel, כחל die Augen schminken, * כְּנָת Gefährte, כְּתַל Wand, II מִדָּה Abgabe, * מֶזֶג Mischwein, * מָחוֹז Hafenstadt, II מְחִיר (Kaufpreis) n. m., מֶכֶס (kult.) Abgabe, * מִכְסָה Betrag, * מַלָּח Seemann, מִסְכֵּן bedürftig, מִסְכֵּנֻת Armut, מְשֵׁיזַבְאֵל (Wurzel שֵׁיזִב retten) n. m., מְתֻרְגָּם übersetzt, נְכָסִים Vermögen, פֵּשֶׁר Erklärung, קְר(וֹ)בִים kampftüchtig (?), רִשְׁיוֹן Ermächtigung (Wurzel רשה Gewalt bekommen: nur Sir; s. Nr. 290), שְׂרָד Gewebe, שַׁרְבִיט Stab, Zepter, תְּכֵלֶת Purpurwolle u. תַּלְמִיד Schüler. Vgl. ferner cj. * חָצִין Axt, das unsichere אָסוֹן tödl. Unfall, und die nur bei Sir belegten תגר Kaufmann תשניק Atemnot.

Erst der nachexil. Zeit können aus chronologischen Gründen angehören:

c. einerseits die 23 *pers.* Lww.[18], welche vornehmlich Ausdrücke des Königshofes, der Verwaltung u. ä. betreffen (vgl. KBL XXIX; ZATU 231[3]; WIDGR. IsK. 25ff. u. ROSENTH. Gr. 58f.) und ungefähr

[18] Sie lassen sich teilweise bis in das Sanskr. zurückverfolgen (vgl. I גְּנָזִים oder כַּרְפַּס; zu ind. Herkunft s. im übrigen ZATU 231[5] u. 239). — Nicht mitaufgenommen wurden Wörter, deren pers. Herkunft fragwürdig und umstritten ist.

zur Hälfte auf Esth entfallen (s. hierzu Widgr. op. cit. 37). Die historischen Umstände (s. I § 1) wie auch z. T. die lautlichen Verhältnisse lassen aram. Vermittlung als das Nächstliegende erscheinen. Cf.: אֱגוֹז Nuss (s. Nr. 2), *אֲחַשְׁדַּרְפְּנִים Satrapen, אֲחַשְׁתְּרָנִים herrschaftlich, königlich, * אַפֶּדֶן Prachtzelt, גִּזְבָּר Schatzmeister, I גְּנָזִים Schatzkammer, * גַּנְזַךְ Schatz-, Vorratshaus, דָּת Gesetz, הֹדּוּ pers. Satrapie Indien, * זְמָן bestimmte Zeit, Datum, זמן (pu. pt.) festgesetzt sein (ev. urspr. akk.), זַן Art, Sorte, כַּרְמִיל Karmesin(farbe), כַּרְפַּס feines Gewebe, I נָדָן (Schwert-) Scheide, נֵרְדְּ Narde, נִשְׁתְּוָן Brief, פַּרְדֵּס Baumgarten, פַּרְתְּמִים Edle, פַּת־בַּג kgl. Tafel, פִּתְגָּם Bescheid, פַּתְשֶׁגֶן Abschrift u. תִּרְשָׁתָא Statthalter;

d. andererseits die *griech*. Lww.[19], von denen jedoch nur * דַּרְכְּמוֹן Drachme sicher, אֲגַרְטָל Ledersack (?) und אַפִּרְיוֹן Tragsessel wahrscheinlich griech. Ursprungs sind. Zu * אֲדַרְכּוֹן Darike s. Nr. 6.

e. *Unbekannter Abstammung* und sämtlich nachexil. belegt sind: אַרְגְּוָן Purpur, גּוּמָּץ Grube und גִּר Kalk; vgl. ferner אֱגוֹז Baumnuß (s. Nr. 2 u. o. c) אֻשְּׁיָה Pfeiler (s. Nr. 29 u. o. b), דַּרְמֶשֶׂק Damaskus, * כֶּתֶר Krone, מְכֻרְבָּל (pu. pt.) eingehüllt und סְמָדַר Knospenhülle.

Kap. 3. Die thematische Gliederung der Aramaismen

Es wird ein Wort in der Regel nur ein Mal aufgeführt, auch wenn es noch zu einer andern Sachgruppe gezogen werden könnte; maßgebend ist die atl. meistbezeugte Verwendung. Nn. pr. u. nn. l. finden nur Erwähnung, wenn ihre Wurzel nicht vertreten ist, ihre Einordnung erfolgt nach der Wurzelbedeutung. Ein Ursprungsvermerk ist lediglich dort beigeführt, wo letztlich nichtaram. Herkunft vorliegt. Fragwürdige A sind mit Klammern versehen. Wo ein Wort bloß bei Sir belegt ist, wird (Sir) hinzugesetzt. Mit »cj.« soll auf ein durch eine Emendation erschlossenes Wort hingewiesen werden.

A. Kult

אֱסָר Enthaltungsgelübde, אַשָּׁף Beschwörer (akk.), חָזוּת Vision, מֶכֶס kult. Abgabe (akk.), סגד sich anbetend beugen, שַׂגִּיא groß, erhaben (v. Gott), I שבח preisen, שבח u. תשבחה Lob (Sir).

[19] Früher rechnete man mit einem größeren Bestand an Graecismen, s. z. B. für Qoh: Galling ThR. 6, 1934, 362. Schon Gesen., Geschichte der he. Sprache u. Schrift § 17. 4, hat aber vor allzu unbedachter Herleitung aus dem Gr. gewarnt. Beträchtlich war der Einfluß des Gr. u. a. auf das Palm. (s. Cant. Gr. 154ff. u. Rosenth. Spr. 90ff.), Ja. (s. Krauss u. Dalm. Gr. 182ff.) u. Sy. (s. LS passim u. Schall); man beachte auch die aus dem Gr. stammenden Namen dreier Musikinstrumente im Ba. (KBL XXIX; Rosenth. Gr. 24 u. 59; Terrien Job 206[3]). Vgl. ferner I § 1.

B. Der Leib, seine Eigenschaften und Tätigkeiten

אזל weggehen, אֱיָלוּת/אֱיָל Kraft, אחז verriegeln, אכף jem. zusetzen (v. Hunger), אתה kommen, בהל eilen, בטל aufhören, cj. II * גֵּו Inneres (v. Leib), (* גֶּלֶד Haut), (גֹּלֶם Embryo), (דוץ hüpfen), חזה sehen, (חזק festbinden, umgürten), cj. * I חמה sehen, (II* חֹסֶן Stärke, חָסֹן stark), II טנף beschmutzen, טעה schweifen, ישט entgegenstreckten, כפן hungern u. כָּפָן Hunger, כתר warten, I מחא klatschen, מַעֲבָד Tat, מְשֵׁיזַבְאֵל (Wurzel שֵׁיזִב retten akk.) n. m., נחת hinabziehen, I נַחַת Niederfahren (des Arms), (II סוק umzäunen), סלק hinaufsteigen, * עֲבָד Tat, עגן sich ehelichem Verkehr enthalten, cj. * עָטָם Schenkel, II עלל hineinstecken, פצה befreien, (פרק befreien), קבל annehmen, קדם zuvorkommen, (קרם mit Haut überziehen), קרץ früh auf sein (Sir), I רבע begatten, רגש unruhig sein, רֶגֶשׁ u. רִגְשָׁה Unruhe, II רעע zerbrechen, שׂגה/א groß werden, machen, (שַׁחֲרוּת schwarze Haare, ?), שׁתק zur Ruhe kommen, (תֶּלַח, Wurzel תלח spalten, n. m.).

C. Gemütsbewegung, Ethisches

II אלה wehklagen, גדף lästern, גִּדּוּפָה/גִּדּוּף Lästerworte, (זָבָד (Wurzel זבד beschenken) n. m.), (II חבב lieben), חדה sich freuen, חֶדְוָה Freude, חוב sich verschulden, I חסד schmähen, I חֶסֶד Schmach, (חַף sauber, in übertragenem Sinn), יאב sich sehnen, יְהָב Last, Anliegen, (כתם ein Schmutzfleck sein: von der Schuld), לעב sein Spiel treiben, verspotten, מְהֵיטַבְאֵל (Wurzel יטב kaus. »Gutes tun«) n. m., (מוק höhnen), נֶזֶק Bedrängnis, Belästigung, I סלה abweisen, * סָרָב widerspenstig, II עֵדֶר (Wurzel עדר »helfen«) n. m., עִנְיָן Mühe, קֹשְׁטְ Wahrheit, רַחֲמָן barmherzig, שׂבר hoffen, שֵׂבֶר Hoffnung, I שׁפר gefallen, (* תִּגְרָה Erregung).

D. Geistige Tätigkeiten

אַחְוָה Darlegung, אלף (be)lehren, (בדא ersinnen u. * II בַּד Geschwätz), II בחר prüfen, בקר nachforschen, cj. * המס sinnen, I חוה verkünden, חִידָה Rätsel, חוד Rätsel stellen, cj. * טָבָה Gerücht, לעז fremdländisch reden, * מַאֲמָר Wort, מַדַּע Verständnis, III מלך (nif.) mit sich zu Rate gehen, מִלָּה Wort, III מלל reden, II עשׁת sich eingedenk zeigen, עַשְׁתּוּת Meinung (?), * עֶשְׁתֹּנֶת Gedanke, פֵּשֶׁר Erklärung, Deutung, רָז Geheimnis (Sir), *III רֵעַ das Wollen, II רְעוּת u. רַעְיוֹן Streben, שׂבר prüfen, שׁעה sich unterhalten u. שׁעיה Gespräch (Sir), תַּלְמִיד Schüler (akk.), תנה besingen (?)), תקן Sprüche in gute Form setzen, cj. * תַּרְעִית Sinnen.

E. Familie, Gesellschaft, Wohnraum

I אֱנוֹשׁ Mensch, * אַפֶּדֶן Prachtszelt (pers.), I בַּר Sohn, דור wohnen, * כְּנָת Gefährte (akk.),* כָּפָר u. I כֹּפֶר Dorf, II פתה weiten Raum schaffen.

F. Werden und Vergehen, Alter, Krankheiten

אַבְדָן Untergang, (אָסוֹן tödlicher Unfall, akk.), *I גִּיל Alter, (דוב am Leben zehren u. * דּוּב Knochenschwund), II הוה werden, סוֹף Ende, עתק altern, עַתִּיק alt überliefert, עָתֵק alt angestammt, קְצָת Ende, שׁלם (hif.) preisgeben, תשניק Atemnot (Sir.)

G. Die Zeit und ihre Bestimmung

7 Monatsnamen (akk.), * זְמָן Zeit u. זמן (pt. ps.) festgesetzt sein (pers. oder akk.), סְתָו Winter, cj. * קֵיט Sommer, שׁעה Stunde (Sir).

H. Bauwesen

אָשְׁיָה Pfeiler (akk.), בִּירָה Zitadelle, Schloß (akk.), בִּיתָן Palast (akk.), בִּנְיָה u. בִּנְיָן Gebäude, גּוּמָּץ Grube (Herkunft unbekannt), גִּר Kalk (Herkunft unbekannt), * זָוִית Ecke (akk.), * חָנוּת gewölbte Decke, II טלל bedachen, * כְּתֶל Wand (akk.), מֶלֶט Mörtel, (צֲלִיל Eingang (?)), (* צַנְתָּרוֹת Röhren (?)), * רָהִיט Dachsparren, I שׁוּר Mauer u. שׁוּרָה Stützmauer.

I. Landwirtschaft

אִדָּר Tenne (akk., in n. l. Nr. 5), רַהַט Tränkrinne.

K. Geräte, Utensilien

* אֲגַרְטָל Ledersack (?; gr. oder pers), אַפִּרְיוֹן Tragsessel (gr., ?), cj. * חָצִין Axt (akk.), כַּשִּׁיל Axt, צְלֹחִית Schüssel, שַׂכִּין Messer (akk.).

L. Textilien, Kleidung

אַרְגְּוָן Purpur (Herkunft unbekannt), כַּרְמִיל Karmesin(farbe; pers.), כַּרְפַּס feines Gewebe (pers.), מְכֻרְבָּל eingehüllt (s. Nr. 167), I

עדה Kleider ablegen), שְׂרָד Gewebeart (akk.), תְּכֵלֶת violette Purpurwolle (akk.), תַּכְרִיךְ Mantel.

M. Kunst, Schmuck, Wertgegenstände, Schönheitspflege

אָמָּן Künstler (akk.), יַקִּיר teuer, wert, יְקָר Kostbarkeit, כחל die Augen schminken (akk.), כֶּתֶר Krone u. כתר (hif.) als Kopfputz tragen, (מִכְמַנִּים verborgene Schätze), נֵרְדְּ Narde (pers.), (פְּקָעִים Zierat), שַׁעַף (Balsam) n. m.

N. Schriftwesen

אִגֶּרֶת Brief (akk. oder pers.), *זִכָּרוֹן Memorandum, (חרת eingraben), כְּתָב Schriftstück, מְתֻרְגָּם übersetzt (akk.), נִשְׁתְּוָן Brief (pers.), פַּתְשֶׁגֶן Abschrift (pers.), רשם aufzeichnen.

O. Handel, Soziales

* אֲדַרְכּוֹן Darike (s. Nr. 6), *דַּרְכְּמוֹן Drachme (gr.), זְבִינָא (Wurzel זבן kaufen) n. m., זַן Art, Sorte, חוֹב Schuld, (I חסן, nif., aufgespeichert werden, I חֹסֶן Vorräte), חֶסְרוֹן Mangel, טען (ein Tier) beladen, יִתְרוֹן u. כִּשְׁרוֹן Gewinn, Gelingen, (מוֹתָר Vorteil), I מְחִיר Preis (akk.), * מִכְסָה Betrag (akk.), ממון Geld (Sir), מְנָת Anteil, מִסְכֵּן bedürftig u. מִסְכֵּנֻת Armut (akk.), נְכָסִים Vermögen (akk.), * צֹרֶךְ Bedarf, קִנְיָן Besitz, תגר Kaufmann (akk., Sir.).

P. Schiffahrt

* מָחוֹז Hafenstadt (akk.), * מַלָּח Seemann (akk.), סְפִינָה Schiff.

Q. Königshof, Verwaltung, Rechtswesen

* אֲחַשְׁדַּרְפְּנִים Satrapen (pers.), אֲחַשְׁתְּרָנִים herrschaftlich (pers.), גִּזְבָּר Schatzmeister, I גְּנָזִים Schatzkammern u. * גַּנְזַךְ Schatzhaus (pers.), דָּת Gesetz (pers.), הֹדּוּ pers. Satrapie Indien (pers.), טְעֵם Befehl, Erlaß (akk.), cj. כְּלִילָה Krone, II מִדָּה Abgabe (akk.), מְדִינָה Bezirk, II מחה treffen auf (v. der Grenze), מנה (pi). zuteilen, bestimmen, (סֵדֶר Ordnung), סְפָר Zählung, פַּרְתְּמִים Edle (pers.), פַּת־בַּג kostbare Speise, königl. Tafel (pers.), פִּתְגָּם Bescheid, Spruch (pers.), רִשְׁיוֹן Ermächti-

gung (Wurzel רשה Gewalt bekommen: nur Sir; akk.), * שָׂהֵד Zeuge, שַׁרְבִּיט Zepter (akk.), תִּרְשָׁתָה Statthalter (pers.).

R. Macht und Gewalttat

* אֶכֶף Drängen, Druck, אנס nötigen, אונס Zwang (Sir), חטף rauben, מגר (zur Erde) stürzen, niederwerfen, מחק zerschmettern (?), נתע (Zähne) ausschlagen), * עַבְדֻת Knechtschaft, שלט Macht gewinnen, שִׁלְטוֹן u. שַׁלִּיט Machthaber, שַׁלֶּטֶת mächtig, שלם (hif.) völlig preisgeben, (תֹּךְ Bedrückung), תַּקִּיף stark, תקף überwältigen u. תֹּקֶף Machtfülle.

S. Militärisches

בזר zerstreuen (Völker), כֶּבֶל Fessel, מְחִי Stoß (v. Sturmbock), מַרְדּוּת Auflehnung, I נָדָן (Schwert-) Scheide (pers.), I נטר bewachen u. מַטָּרָה Wache, (סַד Fußblock), II צדה verheeren, (* קְבֹל Belagerungsmaschine), קטל töten u. קֶטֶל Mord, קְרָב Kampf u. קְר(ו)בִים kampftüchtig (?; akk.), קֶשֶׁט Bogen, cj. * שָׁלָף Schwertklinge.

T. Tiere

אַרְיֵה Löwe, גָּלָל (Schildkröte) n. m., דִּבְיוֹנִים Taubenmist (?), טוש hin u. her fliegen, עבר (pi.) bespringen, (I עדה schreiten, v. Löwen), I עֲרָד (Wildesel) n. m., (II פרח fliegen), פֶּתֶן Cobra, צָפִיר Ziegenbock, (קִפֹּד Igel).

U. Pflanzen und sonstige Natur

אֱגוֹז Baumnuß (pers.), בָּהִיר glänzend (?), IV בַּר Feld, * בְּרוֹת phön. Wacholder (akk.), גְּבַל (Berg oder umgrenztes Gebiet) Byblos, זֵרְעֹנִים Pflanzennahrung, טֶלֶם u. טַלְמֹן (Glanz?) nn. m., טֶפֶת (Tropfen) n. f., * כֵּף Fels, מֶזֶג Mischwein (akk.), נהר leuchten u. נְהָרָה Licht, (סְמָדַר Knospenhülle), * סַרְעַפָּה Zweig, עֳפִי dichtes Laub, (פקע Gedröhn: nur Sir, פַּקֻּעֹת Koloquinte), פַּרְדֵּס Baumgarten, צִיבָא (Ästchen) n. m., שָׁבִיב Funke, I שחר schwarz werden, שְׁחוֹר Schwärze, Ruß, שָׁחֹר schwarz, * שְׁחַרְחֹר schwärzlich, שַׁלְהֶבֶת Flamme, (שרה Donner loslassen).

V. Diverses

(חֵפֶץ Angelegenheit, Sache), כשר es beliebt, (רִבּוֹ(א zehntausend.

W. Personennamen s. oben § 6, 2

X. Ortsnamen s. oben § 6, 3

Y. Partikeln s. oben § 6, 4

KAP. 4. ZUSAMMENFASSUNG

§ 7. Bei einem gesamten Wortbestand des atl. He. von etwa 8000 Wörtern ergeben die 311 mehr oder weniger sichern A einen Anteil von etwa 3,9 %, zusammen mit den unsichern A ungefähr 4,5 %.

§ 8. Interessant ist die Beobachtung, daß sich unter den A etwa 2½× mehr Nomina als Verba finden, was nach SCHERER IgdF. 61, 1954, 212f. im indogermanischen Bereich bei Lww. seine Analogie hat.

§ 9. G. R. DRIVER hat in seinem I § 5 besprochenen Aufsatz nachzuweisen versucht, daß »the diction of Hebrew poetry owes much of its distinctive colouring to the Aramaic language . . .« (26; vgl. auch BENTZEN Intr.[2] II, 168[4]). Die vorliegende Untersuchung bestätigt diese Aussage, indem ungefähr 600 (= etwa 60%) der Belege sicherer und 60 (= etwa 65%) der Belege unsicherer A poetischen Texten zugehören. Der Grund liegt zweifellos nicht zuletzt im sog. parallelismus membrorum, der die Dichter veranlaßte, auch Lww. als Synn. zu gebrauchen (vgl. z. B. Nr. 244 oder 295 u. s. TERRIEN Job 29[10]).

§ 10. Daß die fortschreitende Entwicklung des Geisteslebens in zunehmendem Maße Abstrakta erheischte, kommt darin zum Ausdruck, daß ihnen etwa 40% der aus dem Aram. entlehnten Nomina zuzurechnen sind (vgl. II § 16, 1a).

ABKÜRZUNGS- UND LITERATURVERZEICHNISSE

Allgemeines

>	wird zu
<	entstanden aus
=	gleich
×	mal (10 ×)
*	nicht belegte, erschlossene Form
::	im Unterschied, im Gegensatz zu
/ /	parallel
§	betrifft die Paragraphen dieser Arbeit, sofern nicht in Verbindung mit einem anderen Werk genannt.
A	Aramaismus, Aramaismen
a. a. O.	am angegebenen Ort
aam.	altaramäisch
aass.	altassyrisch
abab.	altbabylonisch
adj.	adjecticum
ad loc.	ad locum
adv.	adverbium
af.	ʾAfʿel
Afform.	Afformativ
äg.	ägyptisch
äga.	ägyptisch-aramäisch
aind.	altindisch
akk.	akkadisch
Anm.	Anmerkung
ape.	altpersisch
ar.	arabisch
aram.	aramäisch
armen.	armenisch
asa.	altsüdarabisch
ass.	assyrisch
Assim.	Assimilation
äth.	äthiopisch
atl.	alttestamentlich
av.	avestisch
ba.	biblisch-aramäisch
bab.	babylonisch
Bedlw.	Bedeutungslehnwort
bes.	besonders
betr.	betreffend
bzw.	beziehungsweise
c.	cum

cf.	confer
cj.	conjectura
corr.	corruptum
cp.	christlich-palästinisch
cs.	status constructus
Denom.	Denominativ
Der.	Derivat
d. h.	das heißt
dialekt.	dialektisch
Dimin.	Diminutiv
Dissim.	Dissimilation
dor.	dorisch
dtr.	deuteronomistisch
ebd.	ebenda
engl.	englisch
entspr.	entsprechend
etc.	et cetera
etym.	etymologisch
ev.	eventuell
f. ff.	folgender, folgende
f.	femininum
frz.	französisch
Fw.	Fremdwort
Gemin.	Gemination
gen.	genitivus
gew.	gewöhnlich
G-Stamm	Grundstamm
gr(iech.)	griechisch
Gramm.	Grammatik
gramm.	grammatikalisch
Grdb.	Grundbedeutung
Grdf.	Grundform
Gt-Stamm	Grundstamm mit ta-Infix
haf.	Hafʿel
he.	hebräisch
hif.	Hifʿil
hitp.	Hitpaʿel
hitpal.	Hitpaʿlel
hof.	Hofʿal
ib.	ibidem
imp.	imperativus
impf.	imperfectum
inf.	infinitivus
inschr.	inschriftlich
isr.	israelitisch
it.	italienisch
ja.	jüdisch-aramäisch
ja^{b}.	jüdisch-babylonisch-aramäisch

ja^{t}.	ja.-targumisch
Jh.	Jahrhundert
Jt.	Jahrtausend
K	Ketīb
kan.	kanaanäisch
kaus.	kausativ
keilschr.	keilschriftlich
Komm.	Kommentar(e)
Kp.	Kapitel
l.	lege
lat.	lateinisch
Lit.	Literatur
Lw.	Lehnwort
m.	masculinum
masor(et).	masoretisch
mbab.	mittelbabylonisch
md.	mandäisch
mehr.	mehri
mhe.	mittelhebräisch
mpe.	mittelpersisch
nar.	neuaramäisch
n.-ass.	neuassyrisch
nab.	nabatäisch
nbab.	neubabylonisch
n. d.	nomen dei
Nf.	Nebenform
n. f.	nomen femininum
n. m.	nomen masculinum
n. l.	nomen loci
nö.	nordöstlich
npe.	neupersisch
n. pr.	nomen proprium
npun.	neupunisch
Nr.	Nummer; betrifft die Wortliste dieser Arbeit, sofern nicht ein anderes Werk ausdrücklich genannt ist.
n. t.	nomen territorii
nw.	nordwestlich
ntl.	neutestamentlich
o. ä.	oder ähnlich
op. cit.	opus citatum
or.	orientalische Textüberlieferung
pa.	Paʿel
palm.	palmyrenisch
parth.	parthisch
pe.	Peʿal
phön.	phönizisch
pf.	perfectum
pehl.	Pehlevi; die aram. Ideogramme im Mittelpers.

pe(rs.)	persisch
pi.	Pi'el
pilp.	Pilp'el
pl.	pluralis
pl. fr.	pluralis fractus
portg.	portugiesisch
pron.	pronomen
proth.	(א)-protheticum
ps.	passivum
pt.	participium
pu.	Pu'al
pun.	punisch
Q	Qerē
refl.	reflexiv
s.	siehe
S.	Seite
saf.	Saf'el
šaf.	Šaf'el
ṣafat.	ṣafatenisch
sam.	samaritanisch
sanskr.	sanskrit
sbst.	substantivum
script. def.	scriptio defectiva
sekd.	sekundär
sem.	semitisch
SEM	gemeinsemitisch
sf.	suffixum
sg.	singularis
sogd.	d. aram. Ideogramme im Sogdischen
soq.	soqotri
spbab.	spätbabylonisch
spezif.	spezifisch
st. abs.	status absolutus
st. emph.	status emphaticus
s. v.	sub voce
sy.	syrisch
Syn.	Synonym
talm.	talmudisch
tib.	tiberiensisch
tg. (vgl. ja^{t}.)	targumisch
tham.	thamudisch
trad.	traditionell
t. t.	terminus technicus
u.	und
u. a.	unter anderem
u. a. m.	und andere(s) mehr
u. ä.	und Ähnliches
ug.	ugaritisch

unbestb.	(zeitl.) unbestimmbar
u. ö.	und öfter
urspr.	ursprünglich
usw.	und so weiter
u. U.	unter Umständen
Var.	Variation
v.	von
V.	Vers
v. Chr.	vor Christus
vgl.	vergleiche
z. B.	zum Beispiel
z. St.	zur Stelle
zit.	zitiert
z. T.	zum Teil

Autoren und Literatur

Biblische Bücher: Gen Ex Lev Num Dtn Jos Jdc I/II Sam I/II Reg Jes Jer Ez Hos Joel Am Ob Jo Mi Nah Hab Zeph Hag Sach Mal Ps Hi Prov Ruth Cant Qoh Thr Esth Dan Esr Neh I/II Chr; I Macc Sir Jub; Mt Mc Lc Gal I Thess Apc

𝔄	Versio Arabica
Abr-Nahrain	An Annual . . . of Semitic Studies, University of Melbourne
AD	s. DRIVER G. R.
AO	Der Alte Orient
ActOr.	Acta Orientalia
AfO	Archiv für Orientforschung
AGWG	Abhandlungen der Gesellschaft der Wissenschaften zu Göttingen
Aḥ.	Aḥiqar
AISTL.	AISTLEITNER J.; Untersuchungen: Untersuchungen zur Grammatik des Ug., 1954; Wb.: Wörterbuch der ug. Sprache, ed. O. EISSFELDT, 1963
AJSL	American Journal of Semitic Languages and Literatures
ALBR.	ALBRIGHT W. F.; Arch.: Archäologie in Palästina, 1962; RI: Die Religion Israels im Lichte der Ausgrabungen, 1956 ([2]1959); Voc.: The Vocalisation of the Egyptian Syllabic Orthography, 1934; VSZC: Von der Steinzeit zum Christentum, 1949
ALT A.	Kl. Schr.: Kleine Schriften, I—III 1953/9
ALTH.-ST.	ALTHEIM F.—STIEHL R.; ASpr.: Die aram. Sprache unter den Achaimeniden, 1958ff.; AsR.: Asien und Rom, 1952; WAs.: Weltgeschichte Asiens im griech. Zeitalter, I 1947, II 1948
ANEP	PRITCHARD J. B., The Ancient Near East in Pictures, 1954
ANET	PRITCHARD J. B., Ancient Near Eastern Texts relating to the OT, 1955
Annali	Sezione Linguistica, Instituto Orientale di Napoli
AnOr.	Analecta Orientalia

AP	Cowley A., Aramaic Papyri of the Fifth Century B. C., 1923
APN	Tallqvist K., Assyrian Personal Names, 1914
ArchLing.	Archivum Linguisticum
ArchOr.	Archiv Orientalní
Arslan Tash	s. Thureau-Dangin
As.	Inschrift des Königs Asoka
AT	Altes Testament
BA	The Biblical Archeologist
Baethgen F.	Ps: Die Psalmen, ³1904
Baentsch B.	Ex, Lev.: Exodus und Leviticus, 1900; Num: Numeri, 1903
Bardtke H.	Esth: Das Buch Esther, 1963
Barrois A. G.	Manuel d'Archéologie Biblique I 1939, II 1953
Barth J.	EtSt.: Etymologische Studien, 1893; Nom.: Die Nominalbildung in den sem. Sprachen, ²1894; WU: Wurzeluntersuchungen zum he. u. aram. Lexicon, 1902
BASOR	Bulletin of the American Schools of Oriental Research
BAss.	Beiträge zur Assyriologie
Bauer Hs.	Alphabet: Das Alphabet von Ras Schamra, 1932; Zur Frage der Sprachmischung im Hebräischen, 1924; s. BLA u. BLH
Bauer Th.	Ostkan.: Die Ostkanaanäer, 1926
Bauer W.	WbNT: Griech.-deutsches Wörterbuch zu den Schriften des NT und der übrigen urchristl. Lit., ³1937 (⁵1958).
Baumg.	Baumgartner W.; s. KBL u. ZATU
BDB	Brown F.—Driver S. R.—Briggs Ch. A., A Hebrew and English Lexicon of the OT, 1906
Beer G.	Der Text des Buches Hiob, 1897; Ex: —Galling K., Exodus, 1939; —Marti K., 'Abōt, 1927
Begrich J.	Der Psalm des Hiskia, 1926
Bentzen A.	Dan: Daniel, ²1952; Intr.: Introduction to the OT., 1948 (⁴1958)
Benzinger I.	He. Archäologie, ³1927; Chr: Die Bücher der Chronik, 1901
Bertholet A.	Esr/Neh: Die Bücher Esra und Nehemia, 1902; Ez: —Galling K., Hesekiel, 1936; s. auch Budde
Bezold C.	Babylonisch-assyrisches Glossar, 1926
Bgstr.	Bergsträsser G.; Einführung: Einführung in die sem. Sprachen, 1928; Gl.: Glossar des neuaram. Dialekts von Maʿlūla, 1921; Gr.: He. Grammatik, I 1918, II 1929
BH	Biblia Hebraica, ed. R. Kittel, ³1937
BHH	Reicke B.—Rost, L., Biblisch-Historisches Handwörterbuch 1962 ff.
Bibl.	Biblica
Bible Jérusalem	La Sainte Bible en français sous la direction de l'Ecole Biblique de Jérusalem, Paris, 1933 ff.
BiOr.	Bibliotheca Orientalis
Birkel.	Birkeland H., Akzent und Vokalismus im Althebräischen, 1940; Language: The Language of Jesus, 1954
Blass-Debrunner	Blass F.—Debrunner A., Grammatik des neutestamentl. Griechisch, ¹¹1961

BLA	Bauer H.—Leander P., Grammatik des Biblisch-Aramäischen, 1927
BLH	Bauer H.—Leander P., Historische Grammatik der he. Sprache des AT, 1922
Blake F. R.	A Resurvey of Hebrew Tenses, 1951
BM	Beer G.—Meyer R., Hebräische Grammatik (Göschen), I 1952, II 1955
BMAP	Kraeling E. G., The Brooklyn Museum Aramaic Papyri, 1953
Bodenheimer F.	Die Tierwelt Palästinas, I/II 1920
Borée W.	Die alten Ortsnamen Palästinas, 1930
Böttcher F.—Mühlau	F., Ausführliches Lehrbuch der he. Sprache, 1866/8
BRL	Galling K., Biblisches Reallexikon, 1937
Bro.	Brockelmann C.; AG: Arabische Grammatik, ^{12}1948; HS: Hebräische Syntax, 1956; LS: Lexicon Syriacum, ^{2}1928; SG: Syrische Grammatik, ^{6}1951; VG: Grundriß der vergleichenden Grammatik der semitischen Sprachen, I 1908, II 1913
Brønno E.	Studien über he. Morphologie und Vokalismus, 1943
BSOAS	The Bulletin of the School of Oriental and African Studies
Budde K.	Hi: Das Buch Hiob, ^{2}1913; Ri: Das Buch der Richter, 1897; —Bertholet A.—Wildeboer G., Die fünf Megillot, 1898
Budie M.	Die he. Praeposition *ʿal*, 1822
Burney C. F.	Ri: The Book of Judges, 1920
BWAT	Beiträge zur Wissenschaft vom AT
BZ	Biblische Zeitschrift
BZAW	Beiheft zur ZAW
CAD	The Assyrian Dictionary of the University of Chicago, 1956ff.
Cant.	Cantineau J.; I/II: Le Nabatéen, I 1930, II 1932; Gr.: Grammaire du Palmyrénien Epigraphique, 1935
Chaine M.	Gr.: Grammaire Ethiopienne, 1938
Charles R. H.	Dan: A Critical and Exegetical Commentary on the Book of Daniel, 1929
Cheyne Th. K.	JaS.: Job and Solomon, 1887; OrPs.: The Origin of the Psalter, 1891.
Christian V.	Die Stellung des Mehri innerhalb der semitischen Sprachen (SbWAk., phil.-hist. Kl. Bd. 222/3), 1944
ClR	The Classical Review
Congr. Vol. Copenh.	Congress Volume, Copenhagen, VTS I, 1953
Conti	Conti Rossini K., Chrestomathia Arabica Meridionalis Epigraphica, 1931
Cornill C. H.	Ez: Das Buch des Propheten Ezechiel, 1886; Jer: Das Buch Jeremia, 1905
Cowley A. E.	SL: The Samaritan Liturgy, 1909; s. auch AP
CRAI	Comptes rendus des séances de l'Académie des Inscriptions et Belles-Lettres, Paris
Cullmann O.	Petrus — Jünger, Apostel, Märtyrer, ^{2}1960
Dahood M. J.	The Value of Ug. for Textual Criticism, 1959

Dalm.	Dalman G., Aram.-neuhe. Wörterbuch ³1938; AuS.: Arbeit und Sitte in Palästina, I—VII 1928/42; Gr.: Grammatik des jüdisch-palästinischen Aramäisch, ²1905; Worte Jesu, 1898
Deimel A.	Akk. — sum. Gl.: Akkadisch-sumerisches Glossar, 1937
Delap.	Delaporte L., Epigraphes Araméens, 1912
Delitzsch Fz.	Cant: Das Hohe Lied, 1871; Qoh: Qohelet, 1875; Ps: Commentar über den Psalter, I/II 1859/60.
Delitzsch Frd.	Ass. Wb.: Assyrisches Wörterbuch, 1896; Proleg.: Prolegomena eines neuen hebräischen Wörterbuches zum AT, 1886; Sum. Gl.: Sumerisches Glossar, 1914
de Vaux R.	Les institutions de l'AT, I/II 1958/60
Dhorme P.	Bible: La Bible, l'AT, I/II 1959; Job: Le livre de Job, 1926; Langues: Langues et écritures sémitiques, 1930; Sam.: Les livres de Samuel, 1910
Diening F.	Das Hebräische bei den Samaritanern, 1938
Die Sprache	Zeitschrift für Sprachwissenschaft
Dillm.	Dillmann A.; Hi: Das Buch Hiob, 1869; Lex. aeth.: Lexicon linguae aethiopicae, 1865
DJD	Discoveries in the Judean Desert (I = QC I, 1955; III 1962; IV 1965)
DISO	Jean Ch. F.—Hoftijzer J., Dictionnaire des Inscriptions sémitiques de l'Ouest, 1960/5
DLZ	Deutsche Literaturzeitung
Dozy R.	Suppléments aux Dictionnaires arabes, I/II 1881
Driver G. R.	AD: Aramaic Documents of the Fifth Century B. C., ²1957; CML: Canaanite Myths and Legends, 1956; Problems: Problems of the Hebrew Verbal System, 1936; SW: Semitic Writing, ²1944; —Mil. BL.: —Miles J. C., The Babylonian Laws, I/II 1952/5
Driver S. R.	Intr.: An Introduction to the Literature of the OT, ⁹1913; —Gray, Job: —Gray G. B., The Book of Job, ²1950
DSS	The Dead Sea Scrolls (Die Texte der Qumran-Höhlen)
Drower E. S.	Prayerbook: The Canonical Prayerbook of the Mandeans, 1959; Questions: The Thousand and Twelve Questions, 1960. S. auch MdD
Duens.	Duensing H., Verzeichnis der Personennamen u. d. geographischen Namen in der Mischna, 1960
Duhm B.	Hi: Das Buch Hiob, 1897; Jer: Das Buch Jeremia, 1901; Jes: Das Buch Jesaja, ⁴1922; Ps: Die Psalmen, 1899 (²1922)
Dup.-S.	Dupont---Sommer A., Les Araméens, 1949; Sfiré: Les inscriptions araméens de Sfiré, 1958
Dussaud R.	Découverts: Les Découverts de Ras Schamra et l'AT., ²1941
E	Die elohistische Quellenschrift
EA	Knudtzon J. A., Die Tafeln von El Amarna (VAB II), 1915
EB	Encyclopaedia Biblica, ed. Institutum Bialik u. Museum antiquitatum iudaicarum, Jerusalem, Bd. 1 1950 (he.)
Ebeling E.	Das aram.-mittelpersische Glossar Frahang-i-Pahlavik im Lichte der assyriologischen Forschung (MAOG XIV, 1), 1941;

	Tod u. Leben: Tod und Leben nach den Vorstellungen der Babylonier, I 1931
Echter-Bibel	Die Heilige Schrift in deutscher Übersetzung (Echter-Verlag), I—IV 1955/9
EHO	Cross F. M.—Freedman D. N., Early Hebrew Orthography, 1952
Eichhorn J. G.	Einleitung in das AT, I—V ^{4}1823
Eil.	Eilers W., Iranisches Beamtentum in der keilinschriftl. Überlieferung, 1940
Eisler R.	ΙΗΣΟΥΣ ΒΑΣΙΛΕΥΣ ΟΥ ΒΑΣΙΛΕΥΣΑΣ, 1928/9
Eissf.	Eissfeldt O.; Einl.: Einleitung in das AT, ^{2}1956 (^{3}1964); Hex.: Hexateuch-Synopse, 1922; Philister: Philister und Phönizier (Der Alte Orient XXXIV 3), 1936
EJ	Encyclopaedia Judaica, III 1929
Eleph.	Elephantine-Papyri, s. AP
Ellenb.	Ellenbogen M., Foreign words in the OT, their origin and etymology, 1962
Elliger K.	Studien zum Habakuk-Kommentar, 1953
Ešm.	phön. Inschrift des Ešmunʿazar von Sidon
EThL	Ephemerides Theologicae Lovanienses
Euseb Onom.	Eusebii Onomasticon, ed. A. Klostermann, 1904
EvMm.	Evangelisches Missionsmagazin
Ewald H.	Lehrbuch: Ausführliches Lehrbuch der he. Sprache, 1870
FF	Forschungen und Fortschritte
Fohrer G.	Ez: —Galling K., Ezechiel, 1955; Hauptprobl. Ez.: Die Hauptprobleme des Buches Ezechiel, 1952; Hi: Das Buch Hiob, 1963; Jes: Das Buch Jesaja, I/II 1960/2
Frae.	Fraenkel S., Die aram. Fremdwörter im Arabischen, 1886
Frah.	Frahang-i-Pahlavik, s. Ebeling
Frankenberg W.	Prov: Die Sprüche, 1898
Freytag G. W.	Lexicon Arabico-Latinum, I/IV 1830/7
Friedr.	Friedrich J.; Gr.: Phönizisch-punische Grammatik, 1951; Heth. Wb.: Hethitisches Wörterbuch, 1952
Fschr. Albr.	Festschrift für W. F. Albright, 1961
Fschr. Alt	Festschrift für A. Alt, Geschichte und AT, 1953
Fschr. Beer	Festschrift für G. Beer, 1935
Fschr. Bultmann	Festschrift für R. Bultmann, Neutestamentl. Studien, 1954
Fschr. Eissf. I	Festschrift für O. Eissfeldt, 1947
Fschr. Eissf. II	Festschrift für O. Eissfeldt, Von Ugarit nach Qumran, 1958
Fschr. Friedr.	Festschrift für J. Friedrich, 1958
Fschr. Furlani	Festschrift für G. Furlani, Rivista degli studi orientali 32, 1957
Fschr. Levi della Vida	Festschrift für Levi della Vida, Studi Orientalistici, I/II 1956
Fschr. Marx	Festschrift für A. Marx, A. Marx Jubilee Volume, 1950
Fschr. Mowinckel	Festschrift für S. Mowinckel, Interpretationes ad Vetus Testamentum Pertinentes, 1955
Fschr. Pedersen	Festschrift für J. Pedersen, 1953

Fschr. Rudolph	Festschrift für W. RUDOLPH, Verbannung und Heimkehr, 1961
Fschr. ZUCKER	Festschrift für M. ZUCKER, 1954
FRONZAROLI P.	La fonetica ugaritica (Sussidi eruditi 7), 1955
G	Septuaginta (s. Rahlfs)
GALLING K.	Esr: Die Bücher der Chronik, Esra, Nehemia (ATD), 1954
GARBINI G.	AA: L'aramaico antico, 1956; SNO: Il semitico di nord-ovest, 1960
GASTER T. H.	Thespis, 1950 (^{2}1961)
GAUTHIOT R.	Gr.: —BENVENISTE E., Essai de Grammaire Sogdienne, I/II 1909/29
GB	GESENIUS W.—BUHL F., Hebräisches und aramäisches Handwörterbuch über das AT, ^{17}1921
GdUM	s. GORD.
GEIGER A.	Urschrift und Übersetzungen der Bibel, 1857
GELB I.	A Study of Writing, 1952
GEMSER B.	Prov: Sprüche Salomos, ^{2}1963
Genava	Bulletin du Musée d'Art et d'Histoire de Genève, NS 8, 1960: IXe Rencontre assyriologique internationale
GERSHEVITCH I.	A Grammar of Manichean Sogdian, 1954
GESEN.	GESENIUS W., Geschichte der hebräischen Schrift und Sprache, 1815; HG: Hebräische Grammatik, 1813, s. auch GK; HWb.: Hebräisches und aramäisches Handwörterbuch des AT, 1810, ^{2}1815 (gekürzte Auflage), s. auch GB; Lehrgebäude: Lehrgebäude der hebräischen Sprache, 1817; Thes.: Thesaurus philologicus criticus linguae hebraicae et chaldaicae, ed. altera 1835
GGA	Göttingische Gelehrte Anzeigen
GIESEBRECHT F.	Jer: Das Buch Jeremia, ^{2}1917
GINSBERG H. L.	Krt: The legend of King Keret, 1946; StDan.: Studies in Daniel, 1948; StQoh.: Studies in Qohelet, 1950
GK	GESENIUS W.—KAUTZSCH E., Hebräische Grammatik, ^{28}1909
GKL.	GUNKEL H., Die Psalmen, 1926; Gen: Die Genesis, ^{4}1917; Urg.: Die Urgeschichte und die Patriarchen, 1921
GnAp	s. 1QGenAp.
GOETTSBERGER J.	Dan: Das Buch Daniel, 1928
GOETZE A.	The Laws of Eshnunna, 1956
GORD.	GORDON C. H.; Grdl.: Geschichtliche Grundlagen des AT, ^{2}1961; Ug. Lit.: Ugaritic Literature, 1949; (Gd)UM: Ugaritic Manual, 1955
GRADWOHL R.	Die Farben im Alten Testament, BZAW 83, 1963
GRAETZ H.	Qohelet, 1871
GRESSM.	GRESSMANN H., Die Schriften des AT, II, 1, ^{2}1921; Israels Spruchweisheit, 1925
GRETHER, Deboralied	GRETHER O., Das Deboralied, 1941
GULK.	GULKOWITSCH L., Die Bildung von Abstraktbegriffen in der hebräischen Sprachgeschichte, 1931
Had.	Hadad-Inschrift
HALLER M.	—GALLING K., Die fünf Megillot, 1940

HARRIS Z. S.	A Grammar of the Phoenician Language, 1936; Dev.: Development of the Canaanite Dialects, 1939
HARTMANN A. TH.	Qoh: Linguistische Einleitung in das Buch Qohelet, 1826
HAUPT P.	SBOT: Sacred Books of the OT., IX, 1904; Purim, 1906
Hazor II	The James A. de Rothschild expedition at Hazor, The Hebrew University Jerusalem, 1960
HbOr.	Handbuch der Orientalistik, III 1/3 (Semitistik), ed. B. SPULER, 1953/4
HEHN V.	Kulturpflanzen und Haustiere, histor.-linguist. Studien, [8]1911
HEMPEL J.	Texte: Die Texte von Qumran in der heutigen Forschung, 1962 (Sonderdruck aus NAWG 1961, 10)
HENNING W.	Ein manichäisches Bet- und Beichtbuch, 1937
HERRMANN J.	Ez: Ezechiel, 1924
HERTZBERG H. W.	Qoh: Der Prediger, [2]1963
HERZFELD E. H.	Altpersische Inschriften, 1938
HIER.	HIERONYMUS
HINZ W.	Altpersischer Wortschatz, 1942
HIRZEL L.	De Chaldaismi Biblici Origine Auctoritate Critica Commentatio, 1830
HÖFNER M.	Gr.: Altsüdarabische Grammatik, 1943
HÖLSCHER G.	Hi: Das Buch Hiob, [2]1952
HOLZINGER H.	Gen: Genesis, 1898; Ex: Exodus, 1900; Num: Numeri, 1903; Einl. Hex.: Einleitung in den Hexateuch, 1893
HÖNIG H. W.	Die Bekleidung des Hebräers, Diss. Zürich, 1957
HORST F.	Hi: Hiob, 1960ff.; s. auch ROBINSON
HThR	Harvard Theological Review
HÜBSCHM.	HÜBSCHMANN H., Armenische Grammatik, I 1897
HUCA	Hebrew Union College Annual
IdgF.	Indogermanische Forschungen
IEJ	Israel Exploration Journal
Intr. Rev. Stand. Vers. OT	An introduction to the Revised Standard Version of the OT, ed. L. A. Weigle, 1952
Islamica	Zeitschrift für die Erforschung der Sprachen ... der islamischen Völker
J	Die jahvistische Quellenschrift
JA	Journal Asiatique
JAOS	Journal of the American Oriental Society
JASTR.	JASTROW M., Dictionary of the Targumin, the Talmud Babli ... and the Midrashic Literature, I/II 1950
JbEOL	Jaarbericht Ex Oriente Lux
JbklF.	Jahrbuch für kleinasiatische Forschung
JBL	Journal of Biblical Literature
JCSt.	Journal of Cuneiform Studies
JJSt.	Journal of Jewish Studies
JENNI E.	Das Wort ʿōlām im AT, 1953
JENNINGS W.	Lexicon to the Syriac NT., 1926
JNESt.	Journal of Near Eastern Studies
Jos. Ant.	FLAVII JOSEPHI Antiquitates

JPhil.	Journal of Philology
JPOS	Journal of the Palestine Oriental Society
JQR	Jewish Quarterly Review
JRAS	Journal of the Royal Asiatic Society
JSOR	Journal of the Society of Oriental Research
JSSt.	Journal of Semitic Studies
JThSt.	Journal of Theological Studies
Kahle P.	Bem.: Textkritische und lexikalische Bemerkungen zum samaritanischen Pentateuchtargum, 1898; CG: The Cairo Geniza, 1947, ^{2}1959, in deutscher Übersetzung (KG: Die Kairoer Genisa) 1962; MW: Masoreten des Westens, I 1927
KAI	Donner H.—Röllig W.: Kanaanäische und aramäische Inschriften, I—III 1962/4
Kautzsch E.	Die Aramaismen im AT, 1902; s. auch GK
KAT	Zimmern H.—Winckler H., Die Keilschriften und das AT, ^{3}1903
KB	Keilschriftliche Bibliothek (IV, 1: Jensen P., Assyrisch-babylonische Mythen und Epen, 1900)
KBL	Köhler L.—Baumgartner W., Lexicon in Veteris Testamenti Libros, 1953, 3. Auflage in Vorbereitung; s. auch Suppl.
Kelso J.	The Ceramic Vocabulary of the OT, 1948
Kent R. G.	Old Persian Grammar, Texts, Lexicon, 1950
Kittel R.	GVI: Geschichte des Volkes Israel, I$^{5.6}$1923, II ^{6}1925, III 1/2 1927/9; Ps: Die Psalmen, 1922
Klamroth E.	Die jüdischen Exulanten in Babylonien (BWAT 10), 1912
Klostermann A.	GVI: Geschichte des Volkes Israel I, 1896
Kluge F.	Etymologisches Wörterbuch der deutschen Sprache, ^{18}1960 (^{19}1963)
Knobel A.	Jeremias chaldaizans, 1831; Qoh: Qohelet, 1836
Knudtzon J. A.	s. EA
Köhler L.	KlL.: Kleine Lichter, 1945; s. auch KBL
König Ed.	Gen: Die Genesis, 1919; Lehrgebäude: Historisch-kritisches Lehrgebäude der hebräischen Sprache, 1881; Wb.: Hebräisches und aramäisches Wörterbuch zum AT, $^{6/7}$1936
Koopm.	Koopmans J. J., Aramäische Chrestomathie, I/II 1962
KQT	Kuhn K. G., Konkordanz zu den Qumrantexten, 1960
Kraeling E. G. H.	Aram and Israel, 1918; s. auch BMAP
Kraetzschmar R.	Ez: Das Buch Ezechiel, 1900
Kraus H.-J.	Psalmen, I/II 1960
Krauss S.	Griechische und lateinische Fremdwörter im Talmudischen, 1898
Kropat A.	Die Syntax des Autors der Chronik, (BZAW 16) 1909
Kupper, Nomades	Kupper J. R., Les Nomades en Mésopotamie au temps des rois de Mari, 1957
Kutscher E. Y.	Language and Linguistic Background of the Isaiah Scroll, 1959 (he.)
Lag.	de Lagarde P. A.; AgUeP: Anmerkungen zur griechischen Übersetzung der Proverbien, 1863; GA: Gesammelte Abhandlungen, 1866; Mitt.: Mitteilungen, I—IV 1884/91; Ue.: Über-

	sicht über die im Aramäischen, Hebräischen und Arabischen übliche Bildung der Nomina (GGA 35 u. 37), 1889/91
LANDMANN S.	Jiddisch, 1962
LANDSB.	LANDSBERGER B., Ana Ittišu, 1937; Kult. Kal.: Der kultische Kalender der Babylonier und Assyrer (LSSt. VI, 1), 1915; MSL: Materialien zum sumerischen Lexicon, 1937ff.; Sam'al, 1948
LANE E. W.	Arabisch-englisches Lexicon, I—VIII 1863/93
LAUFER B.	Sino-Iranica, 1919
LEAND.	LEANDER P., Laut-und Formenlehre des Ägyptisch-Aramäischen, 1928; s. auch BLA u. BLH
LEEMANS W. F.	The Old Babylonian Merchant, 1950
LESLAU W.	Lexique Soqoṭri, 1938
LEVY I.	The Hebrew Text of the Book of Ecclesiasticus, 1904
LEVY J.	Neuhebräisches und chaldäisches Wörterbuch über die Talmudim und Midraschim, I—IV 1876/89
LEWY H.	Die semitischen Fremdwörter im Griechischen, 1895
LIDZB.	LIDZBARSKI M.; Eph.: Ephemeris, I—III 1900/15; Ginzā, 1925; Johb.: Das Johannesbuch der Mandäer, I 1905, II 1915; MdLitg.: Mandäische Liturgien, 1920; NE: Handbuch der nordsemitischen Epigraphik, I 1898
LINDBLOM J.	JesAp.: Die Jesaja-Apocalypse Jes. 24—27, 1938
Litbl. orPhil.	Literaturblatt für orientalische Philologie
LITTM.	LITTMANN E.; Mgld. W.: Morgenländische Wörter im Deutschen, ²1924
LODS A.	Histoire de la littérature hébraique et juive . . ., 1950
LOK.	LOKOTSCH K., Etymologisches Wörterbuch der europäischen . . . Wörter orientalischen Ursprungs, 1927
LÖW I.	Die Flora der Juden, I—IV 1924/34; Aram. Pfln.: Aramäische Pflanzennamen, 1881; Schlangenn.: Aramäische Schlangennamen, 1919
LS	s. Bro.
LSSt.	Leipziger semitistische Studien
MAAG V.	Am: Text, Wortschatz und Begriffswelt des Buches Amos, 1951
MACL.	MACLEAN A. J.; Dict.: A Dictionary of the Dialects of Vernacular Syriac, 1901; Gr.: Grammar of the Dialects of Vernacular Syriac, 1885
MAIER J.	Die Texte vom Toten Meer, I/II 1960
MANDELKERN S.	Veteris Testamenti Concordantiae Hebraicae atque Chaldaicae, 1937
MANNES S.	Über den Einfluß des Aramäischen auf den Wortschatz der Mišnah . . ., 1897
MAOG	Mitteilungen der Altorientalischen Gesellschaft
MARGOLIOUTH G.	The Origin of the »Original Hebrew« of Ecclesiasticus, 1899
MARTI K.	BaGr.: Biblisch-Aramäische Grammatik, 1896; Dan: Das Buch Daniel, 1901; Das Dodekapropheton, 1904
MAYR A.	Die Insel Malta im Altertum, 1909
MdD	DROWER E. S.—MACUCH R., A Mandaic Dictionary, 1963
MEILLET A.	—BENVENISTE E., Grammaire du Vieux-Perse, 1931

Mélanges TISSERANT	Mélanges EUGEN TISSERANT, 1964
MEYER ED.	Israeliten: Die Israeliten und ihre Nachbarstämme, 1906; Entst.: Entstehung des Judentums, 1890
MEYER R.	s. BM
MG	s. Nöld.
MGWJ	Monatsschrift für Geschichte und Wissenschaft des Judentums
MILLER W. E.	The Influence of Gesenius on Hebrew Lexicography, 1927
MONTG.	MONTGOMERY J. A.; AIT: Aramaic Incantation Texts, 1913; Dan: The Book of Daniel, ²1950; —GEHM.: —GEHMAN H. S., The Book of Kings, 1951
MORAG S.	The Vocalisation Systems of Arabic, Hebrew and Aramaic, 1962
MORITZ B.	Der Sinaikult in heidnischer Zeit, 1916
MOSCATI S.	Geschichte und Kultur der semitischen Völker, ²1961
MOW.	MOWINCKEL S.; Test.: Det gamle Testamente, Skriftene I 1955; Psalmenstudien, I—IV 1921/4; Zur Komposition des Buches Jeremia, 1914
MT	Die masoretische Textüberlieferung
MUSS-ARNOLT W.	Assyrisch-englisch-deutsches Handwörterbuch, 1905
MVAeG	Mitteilungen der Vorderasiatisch-Aegyptischen Gesellschaft
NAWG	Nachrichten der Akademie der Wissenschaften in Göttingen
NESTLE E.	G-Studien: Septuaginta-Studien VI, 1911
NGWG	Nachrichten von der Gesellschaft der Wissenschaften zu Göttingen
NÖLD.	NÖLDEKE TH.; BS: Beiträge zur semitischen Sprachwissenschaft, 1904; MG: Mandäische Grammatik, 1875 (Nachdruck mit handschriftlichen Ergänzungen aus dem Handexemplar NÖLD.'s, bearbeitet von A. SCHALL, 1964); NB: Neue Beiträge zur semitischen Sprachwissenschaft, 1910; NsG: Neusyrische Grammatik, 1868; SG: Syrische Grammatik, ²1898; SSp.: Die semitischen Sprachen, ²1899; Untersuchungen: Untersuchungen zur Kritik des AT, 1896; — SCHWALLY F., Geschichte des Qorans, I 1909
NOTH M.	GI: Geschichte Israels, 1950, (⁵1963); Jos: Das Buch Josua, ²1953; Namen: Die israelitischen Personennamen im Rahmen der gemeinsemitischen Namengebung, 1928; Syst. d. 12 St.: Das System der zwölf Stämme Israels, 1930; UegPt.: Überlieferungsgeschichte des Pentateuchs, 1948; UegSt.: Überlieferungsgeschichtliche Studien, 1943; Urspr.: Die Ursprünge des alten Israel im Lichte neuer Quellen, 1961; WAT: Die Welt des AT, ²1953 (⁴1962)
NOWACK W.	Die kleinen Propheten, ²1903
NPN	GELB J. J. — PURVES P. M. — MAC RAE A. A., Nuzi Personal Names
NYB.	NYBERG H. S., Hilfsbuch des Pehlevi, II 1931; StHos.: Studien zum Hoseabuche, 1935
O'CALL.	O'CALLAGHAN, Aram Naharaim, 1948
OLSHAUSEN J.	Lehrbuch der hebräischen Sprache, 1861

OLZ	Orientalistische Literaturzeitung
Oppenheim A. L.	Interpretation of Dreams in the Near East, 1956
Or.	Orientalia (Rom)
Osiris	Commentationes de scientiarum et eruditionis historia rationeque
OrSt.	Orientalische Studien, Th. Nöldeke zum 70. Geburtstag, 1906
OTMSt.	The Old Testament and Modern Study, ed. H. H. Rowley, 1951
OTSt.	Oudtestamentische Studiën
P	Die priesterliche Quellenschrift
PaB	The People and the Book, ed. A. S. Peake, 1925
Pan.	Panammu-Inschrift
Perles F.	Anal.: Analekten zur Textkritik des AT, I 1895
Peterm.	Petermann J. H., Brevis linguae Samaritanae Grammatica, [1873
Peters N.	Hi: Das Buch Hiob, 1928
PEQ	Palestine Exploration Quarterly
Pfeiffer R. H.	Intr.: Introduction to the OT, ^{2}1948; History of New Testament Times...., 1949
Podechard E.	Qoh: L'Ecclésiaste, 1912
Pognon H.	Inscriptions sémitiques de la Syrie, de la Mésopotamie et de la région de Mossoul, 1907
Posselt W.	Der Verfasser der Elihureden, 1909
Powell H. H.	The Supposed Hebraisms in the Grammar of the Biblical Aramaic, 1907
Praet.	Praetorius F.
PRE	Herzog J. J.—Hauck A., Realencyklopaedie für Protestantische Theologie und Kirche, 1896ff.
Preisigke Frd.	Namenbuch, enthaltend alle griech. . . . Menschennamen . . , in griech. Urkunden Ägyptens (semit. Teil von E. Littmann). [1922
Procksch O.	Gen: Die Genesis, ^{2}1924; Jes: Jesaja I, 1930
PRU III.	Le Palais Royal d'Ugarit, III 1955
P. Sm.	Paine Smith R., Thesaurus Syriacus, 1901
P.-W.	Pauly-Wissowa, Realencyclopaedie der Classischen Altertumswissenschaft
QC I	Barthélemy D.—Milik J. T., Qumran Cave I (DJD I), 1955
1QCD	Damaskusschrift
1QGenAp.	Avigad N.—Yadin Y., A Genesis Apocryphon, 1956
1QJes^{a}	Jesaja-Rolle a
1QM	Kriegsrolle
4QPB	Patriarchensegen (Allegro JBL 75, 1956, 174ff.)
4QpJes^{a}	Fragment aus Jes
Q.-Pr.	Qumran-Probleme, ed. H. Bardtke, 1963
1QS	Sektenregel
RA	Revue d'Assyriologie et d'Archéologie Orientale
Rabin Ch.	Ancient West Arabian, 1951
Rahlfs A.	Septuaginta, I/II 1935
RB	Revue Biblique
RdQ	Revue de Qumran
Renan E.	Histoire générale des langues sémitiques, 1858

RGG	Religion in Geschichte und Gegenwart, I—VI ³1957/63
RHR	Revue de l'Histoire des Religions
RIGNELL L. G.	Die Nachtgesichte des Sacharia, 1950
RINGGREN H.	Prov: Proverbien (ATD), 1962; Word and Wisdom, 1947
RLA	Reallexikon der Assyriologie, 1928ff.
ROBERTS B. J.	The Old Testament Text and Versions, 1951
ROBINSON TH. R.	—HORST F., Die 12 kleinen Propheten, ²1954
ROSENTH.	ROSENTHAL F.; AF: Die aramaistische Forschung seit Th. Nöldekes Veröffentlichungen, 1939; Gr.: A Grammar of Biblical Aramaic, 1961; Spr.: Die Sprache der palmyrenischen Inschriften, 1936
ROSSEL W. H.	A Handbook of Aramaic Magical Texts, 1953
RÖSSLER O.	Untersuchungen über die akkadische Fassung der Achämenideninschriften, 1938
ROST L.	s. SELLIN
ROTHSTEIN W.	—HÄNEL J., Das erste Buch der Chronik, 1927
ROWL.	ROWLEY H. H.; Aram.: The Aramaic of the OT, 1929
RUDOLPH W.	Chr: Chronikbücher, 1955; Esr/Neh: Esra und Nehemia, 1949; Cant: Das Hohe Lied, 1962; Jer: Jeremia, 1947 (²1958); Ruth: Das Buch Ruth, ²1962; Thr: Die Klagelieder, ²1962
RÜTHY D.	Die Pflanze und ihre Teile, Diss. Basel, 1942
RUŽ.	RUŽIŽKA R., Konsonantische Dissimilation in den semitischen Sprachen, 1909
RvEIEu	Revue des Etudes Indo-Européennes
RYCKM.	RYCKMANS G., Les noms propres sud-sémitiques, I—III 1934/5
S	Versio Syriaca (Pešitta)
SACHAU E.	Reise in Syrien und Mesopotamien, 1883
SALONEN A.	NBab.: Nautica Babyloniaca, 1942; Wf.: Die Wasserfahrzeuge des alten Mesopotamien, 1939
Samarit.	Der Samaritanische Pentateuch (v. Gall)
SbWAk.	Sitzungsberichte der Wiener Akademie
SCHAED.	SCHAEDER H. H., Iranische Beiträge, I 1930
SCHALL A.	Studien über griechische Fremdwörter im Syrischen, 1960
SCHEFT.	SCHEFTELOWITZ I., Arisches im AT, 1901
SCHLÄPFER R.	Die Mundart des Kantons Baselland, 1955
SchrAT.	Die Schriften des AT
SCHMIDT J.	Die Verwandtschaftsverhältnisse der indogermanischen Sprachen, 1872
SCHOTTR.	SCHOTTROFF W., »Gedenken« im Alten Orient und im AT, 1964
SCHREINER J.	Septuaginta-Massora des Buches der Richter (Analecta Biblica 7), 1957
SCHULTH.	SCHULTHESS F.; HW: Homonyme Wurzeln im Syrischen, 1900; Lex.: Lexicon Syropalaestinum, 1903
SCHÜRER E.	Geschichte des jüdischen Volkes im Zeitalter Jesu Christi, I ⁴1901
SCHWALLY F.	Idioticon des christlich-palästinischen Aramäisch, 1893
SCHWARZB.	SCHWARZENBACH A., Die geographische Terminologie im Hebräischen des AT, 1954

Scientia	Rivista di scienza
Sec.	Secunda, in ORIGENES' Hexapla (s. BRØNNO)
Sef.	Die Inschriften von Sefîre-Suğin
SELLE F.	De aramaismis libri Ezechielis, 1890
SELLIN E.	Das Zwölfprophetenbuch, 1922; —R. Einl.: —ROST L., Einleitung in das AT, ⁹1959
Sém.	Sémitica. Cahiers publ. par l'Institut des Etudes Sémitiques de l'Université de Paris
SG	s. NÖLD.
SIEGFRIED D. C.	Esr/Neh/Esth: Esra, Nehemia, Esther, 1901; Qoh: Der Prediger, 1898
SIMONIS J.	Lexicon Manuale Hebraicum et Chaldaicum, neu bearbeitet von J. G. EICHHORN, 1828
SIEVERS E.	Metrische Studien, I 1901
SMEND R.	Fragm. Sir: Das hebräische Fragment der Weisheit des Jesus Sirach (AGWG, phil.-hist. Kl. NF 2, 2), 1897; Sir: Die Weisheit des Jesus Sirach, 1906
STAMM J. J.	Die akkadische Namengebung (MVAeG 44), 1939
STEUERNAGEL C.	Jos: Das Buch Josua, 1899
StOr.	Studia Orientalia
STRACK H. L.—SIEGFRIED C., Lehrbuch der neuhebräischen Sprache und Litteratur, 1884	
Studi Orientalistici	s. Fschr. Levi della Vida
Suğ.	s. Sef.
Suppl.	KÖHLER L.—BAUMGARTNER W., Supplementum ad Lexicon in Veteris Testamenti Libros (KBL), 1958
Syr.	Syria. Revue d'art oriental et d'archéologie
T. Halaf	FRIEDRICH J., UNGNAD A. u. a. m., Die Inschriften vom Tell Halaf, 1940
Tarbiz	A quarterly Review of the Humanities, Jerusalem (he.)
TERRIEN S.	Job, 1963
Textus	Annual of the Hebrew University Bible project, Jerusalem
T(g.)	Targum
Thes.	s. Gesen.
Thes. ling. lat.	Thesaurus linguae latinae, Onomasticon Vol. II, C, 1909
ThLZ	Theologische Literaturzeitung
ThR	Theologische Rundschau
ThWb.	Theologisches Wörterbuch zum NT., Iff. 1932ff., ed. G. Kittel
THUREAU-DANGIN F.	Arslan Tash, 1931
ThZ	Theologische Zeitschrift
TORCZ	TORCZYNER H.; Entst.: Die Entstehung des semitischen Sprachtypus, 1916
TORREY C. C.	Dtjes: The Second Isaiah, 1928; Notes on the Aramaic Part of Daniel (Notes I), 1909; Pseudo-Ezechiel and the Original Prophecy, 1930; The Apocryphal Literature, 1948
TSB	BENVENISTE E., Textes Sogdiennes, 1940
TU	GRIMME H., Texte und Untersuchungen zur ṣafatenisch-arabischen Religion, 1929
TUR-SINAI N. H.	Job, 1957

	Ungarische Jahrbücher
	Uppsala Universitets Årsskrift
V	Vulgata
VAB	Vorderasiatische Bibliothek
VG	s. Bro.
v. Soden W.	AHw.: Akkadisches Handwörterbuch, 1959ff.; Gr.: Grundriß der akkadischen Grammatik, 1952
v. Rad G.	Gen: Das erste Buch Mose (ATD), 1952; ThAT: Theologie des AT, I ^{2}1957, II ^{3}1960
Volz P.	Jer: Der Prophet Jeremia, ^{2}1928
VT	Vetus Testamentum
VTS	Supplements to the Vetus Testamentum
Wehr H.	Arabisches Wörterbuch für die Schriftsprache der Gegenwart, ^{3}1958
Weiser A.	Einl.: Einleitung in das AT, 1939 (^{5}1963); Hi: Das Buch Hiob (ATD), 1951
Weissbach F. H.	Die Keilinschriften der Achaemeniden, 1911
Wellhausen J.	IJG: Israelitische und Jüdische Geschichte, ^{9}1958; KlPr.: Kleine Propheten, 1898; Proleg.: Prolegomena zur Geschichte Israels, I ^{2}1883; SuV.: Skizzen und Vorarbeiten, VI 1899
Widgr.	Widengren G.; IsK.: Iranisch-semitische Kulturbegegnung in parthischer Zeit, 1960; Mch.: Mesopotamian Elements in Manichaeism, 1946; SKgt.: Sakrales Königtum im AT und im Judentum, 1955
Wildeboer G.	Prov: Die Sprüche, 1897; s. auch Budde
WO	Welt des Orients
Wolf S. A.	Wörterbuch des Rotwelschen, 1956
Wolff H. W.	Hos: Hosea, 1961
Wuthn.	Wuthnow H., Die semitischen Menschennamen in griechischen Inschriften und Papyri, 1930
WZKM	Wiener Zeitschrift für die Kunde des Morgenlandes
WZsL	Wissenschaftliche Zeitschrift der Karl-Marx-Universität Leipzig
Yadin Y.	The Ben Sira Scroll from Masada, 1965
ZA	Zeitschrift für Assyriologie
ZATU	Baumgartner W., Zum Alten Testament und seiner Umwelt, 1959
ZAW	Zeitschrift für die Alttestamentliche Wissenschaft
ZDMG	Zeitschrift der Deutschen Morgenländischen Gesellschaft
ZDPV	Zeitschrift des Deutschen Palästinavereins
Zimmer C.	Aramaismi Jeremiani, pars I aramaismi grammaticales, 1880
Zimmern H. Z	Akkadische Fremdwörter als ein Beweis für babylonischen Kultureinfluß, ^{2}1917
Zimmerli W.	Ez: Ezechiel, 1954ff.
ZNW	Zeitschrift für die neutestamentliche Wissenschaft
Zorell F.	Lexicon Hebraicum et Aramaicum Veteris Testamenti, 1954
ZS	Zeitschrift für Semitistik
Zs. vgl. Sprf.	Zeitschrift für vergleichende Sprachforschung

Beihefte zur Zeitschrift für die alttestamentliche Wissenschaft

Herausgegeben von Georg Fohrer

80. Königtum Gottes in Ugarit und Israel. Zur Herkunft der Königsprädikation Jahwes. Von *Werner Schmidt*. 2., neubearbeitete Auflage. X, 105 Seiten. 1966. Ganzleinen DM 28,—

86. Benjamin. Untersuchungen zur Entstehung und Geschichte eines israelitischen Stammes.
Von *Klaus-Dietrich Schunck*. VIII, 188 Seiten. 1963. DM 32,—

87. Salbung als Rechtsakt im Alten Testament und im Alten Orient.
Von *Ernst Kutsch*. X, 78 Seiten. 1963. DM 18,—

88. Untersuchungen zur israelitisch-jüdischen Chronologie.
Von *Alfred Jepsen* und *Robert Hanhart*. VI, 96 Seiten. 1964. DM 18,—

89. Bibliographie zu den Handschriften vom Toten Meer II. Nr. 1557—4459.
Von *Christoph Burchard*. XX, 359 Seiten. 1965. Ganzleinen DM 84,—

90. Tetrateuch, Pentateuch, Hexateuch. Die Berichte über die Landnahme in den drei israelitischen Geschichtswerken.
Von *Sigmund Mowinckel*. VI, 87 Seiten. 1964. DM 18,—

91. Überlieferung und Geschichte des Exodus. Eine Analyse von Exodus 1—15.
Von *Georg Fohrer*. VI, 125 Seiten. 1964. Ganzleinen DM 24,—

92. Erwählungstheologie und Universalismus im Alten Testament.
Von *Peter Altmann*. IV, 31 Seiten. 1964. DM 9,—

93. Das altisraelitische Ladeheiligtum.
Von *Johann Maier*. X, 87 Seiten. 1965. Ganzleinen DM 21,—

94. Vatke und Wellhausen. Geschichtsphilosophische Voraussetzungen und historiographische Motive für die Darstellung der Religion und Geschichte Israels durch Wilhelm Vatke und Julius Wellhausen.
Von *Lothar Perlitt*. X, 249 Seiten. 1965. Ganzleinen DM 42,—

95. Stammesspruch und Geschichte. Die Angaben der Stammessprüche von Gen 49, Dtn 33 und Jdc 5 über die politischen und kultischen Zustände im damaligen „Israel".
Von *Hans-Jürgen Zobel*. XII, 163 Seiten. 1965. Ganzleinen DM 34,—

97. Die Zionstheologie der Korachiten in ihrem traditionsgeschichtlichen Zusammenhang. Von *Gunther Wanke*. VIII, 120 Seiten. 1966. Ganzleinen DM 28,—

98. Der Erzvater Israel und die Einführung der Jawe-Verehrung in Kanaan.
Von *Horst Seebass*. X, 112 Seiten. 1966. Ganzleinen DM 30,—

99. Studien zur alttestamentlichen Prophetie (1949—1965).
Von *Georg Fohrer*. Etwa 368 Seiten. 1966. Etwa DM 74,—

100. Jüdische Lehre und Frömmigkeit in den paralipomena Jeremiae.
Von *Gerhard Delling*. Etwa 96 Seiten. 1966. Etwa DM 24,—

101. Wesen und Geschichte der Weisheit.
Von *Hans Heinrich Schmid*. Etwa 312 Seiten. 1966. Etwa DM 58,—

Lieferungsmöglichkeiten und Preise der früheren Hefte auf Anfrage

VERLAG ALFRED TÖPELMANN · BERLIN 30

Die Agada der Tannaiten

Von Wilhelm Bacher

I. Von Hillel bis Akiba. Von 30 bis 135 nach der gewöhnlichen Zeitrechnung.
2., verbesserte und vermehrte Auflage. Oktav. X, 496 Seiten. 1903.
Nachdruck 1965. Ganzleinen DM 72,—

II. Von Akibas Tod bis zum Abschluß der Mischna
135—220 nach der gewöhnlichen Zeitrechnung.

Oktav. VIII, 578 Seiten. 1889.
Nachdruck 1966. Ganzleinen DM 78,—

Der hebräische Pentateuch der Samaritaner

Von August Frhr. von Gall

5 Teile. Quart. XVI, XCIV, 440 Seiten. 1914—1918. Nachdruck 1965.

Ganzleinen DM 110,— (Verlag Alfred Töpelmann)

I. Prolegomena und Genesis. Mit 4 Tafeln. — II. Exodus. — III. Leviticus. —
IV. Numeri. — V. Deuteronomium nebst Nachträgen und Verbesserungen.

Geschichte der Juden im Zeitalter des Talmud

In den Tagen von Rom und Byzanz

Von Michael Avi-Yonah

Groß-Oktav. XVI, 290 Seiten. 1962. Ganzleinen DM 38,—
(Studia Judaica Band 2)

WALTER DE GRUYTER & CO · BERLIN 30